中国教育学会体育、卫生分会

中国“十城市”学校体育研究会系

学校体育理论与实践
解读、解惑与解析

■ 刘端文 等 编著

XUEXIAO TIYU
LILUN YU SHIJIAN
JIEDU JIEHUO YU JIEXI

北京师范大学出版集团
BEIJING NORMAL UNIVERSITY PUBLISHING GROUP
北京师范大学出版社

图书在版编目(CIP)数据

学校体育理论与实践解读、解惑与解析／刘端文等编著.—北京：北京师范大学出版社，2010.9
ISBN 978-7-303-11311-8

Ⅰ.①学…　Ⅱ.①刘…　Ⅲ.①学校体育－研究－中国
Ⅳ.①G807

中国版本图书馆CIP数据核字(2010)第140207号

出版发行：北京师范大学出版社 www.bnup.com.cn
北京新街口外大街19号
邮政编码：100875
印　　刷：北京外文印刷厂
经　　销：全国新华书店
开　　本：184 mm × 260 mm
印　　张：8
字　　数：195千字
版　　次：2010年9月第1版
印　　次：2010年9月第1次印刷
定　　价：14.00元

策划编辑：周光明　　责任编辑：周光明
美术编辑：高　霞　　装帧设计：华鲁印联
责任校对：李　菡　　责任印制：张　坤

本书编写组成员

刘端文　马　麟　张钟铸　金永明
韩书印　宋超美　刘　钢　张晓红

前 言

学校体育教育在近30年来变化很大，发展也很快。广大学校体育工作者，在理论和实践两个方面都受到极大的挑战：无论是学校体育教育观念上的转变，还是学校体育教学教材建设与管理；无论是什么是“传统”，什么是“现代”教学方法的争论，还是如何从教师在教学中的“主导”向确立学生“主体”教学的发展转变；无论是对当前学校体育实际情况的认识、分析和探索，还是如何尽快跟上时代前进的步伐等问题。这些都需要我们一方面加强体育教育理论的学习和研究，更要以丰富的知识与经验武装自己，才能更好地开展学校体育教育工作；另一方面也要从实践中不断地去总结提高。为此，我们编写此书，愿能为广大学校体育工作者的理论学习和实践探讨，提供一些参考和抛砖引玉之用。

此书由两个部分组成：一是对教育学、心理学的70条基本词条，做一些联系体育学科知识特点的简单解读；二是对广大学校体育工作者在教学实践中所遇见的30条问题做一些肤浅的解惑与解析。两个方面的解读、解惑和解析，共100个词条。

此书由刘端文主编。第一部分的“解读”由刘端文负责撰写；第二部分的“解惑与解析”由刘端文、张钟铸、金永明、韩书印、宋超美、刘钢、张晓红、马麟等共同撰写。因个人理论水平与写作撰稿能力有限，有不妥之处，望批评指正。

编　者

2010年7月

目 录

第一部分　学校体育教育基本概念解读

教育概念是教育的科学的抽象。学习、研究、掌握并运用这些概念，其实质在于追求更合理的教育实践。从体育专业的角度，从学校体育教育发展的角度，对某些教育基本概念的解读，其目的是如何合理而完美地结合专业特点去学习、研究、掌握并运用这些概念，指导学校体育的实践活动，使其成为典型的学校体育教育基本概念。

一、教育学、教育心理学(共50条词条)

(一)教育现代化

原意：使教育适应时代的发展，反应并满足现代生产、现代科学文化发展需要，达到现代社会发展所要求的先进水平。其基本内容包括以下几个方面。

(1)教育观的现代化。在社会上，特别在教育工作者中树立符合时代潮流的教育价值观、质量观、人才观、学生观、教学观等，以奠定教育现代化的思想基础。

(2)教育目标的现代化。使年轻一代乃至整个社会成员，都具备做一个现代人所应有的素质。

(3)教育结构的现代化。建立包括青少年儿童教育和成人教育在内的多类型、多层次、多规格的教育结构，满足社会各方面对教育的要求，培训各种人才，充分发挥现代教育的社会功能。

(4)教育内容的现代化。教学内容要反映现代科学技术和各门学科发展的最新成果，不断改进教材及体系，提高教育质量。

(5)教学手段和方法现代化。充分利用现代视听工具和信息传播工具进行教育和教学，扩大教学范围，提高教学效率。

(6)教育理论和教育研究方法的现代化。通过科学研究与实验，提示现代教育、教学规律，形成现代教育的科学理论，以推进教育和教学实践。

解读：首先，教育现代化的第一个要求就是教育观的现代化，作为体育学科，体育教育现代化的第一要素也应是体育教育观念的现代化。新中国成立以来，体育课程已经经历了七次改革，每一次改革的最终目标都是为体育教育现代化。在体育教育观念上一次一次的发生变化。在最新的课程标准的实施中，也是体现当代教育现代化。“素质教育”、“健康第一”、“终生体育”就是体育教育现代化在当代体育教育教学思想观念上的典型表现。所以，体育教学观的现代化，即课程的基本理论也体现在以下四个方面。

(1)坚持“健康第一”的指导思想，促进学生健康成长；

(2)激发运动兴趣，培养学生终生体育的意识；

(3)以学生发展为中心，重视学生的主体地位；

(4)关注个体差异与不同需求，确保每一个学生受益。

其次，教学内容的现代化，很重要的表现是“不断改进教材与体系”。那么，体育教材的现代化如何去体现呢？我国的学校体育教材从过去几十年的“统一”，到如今完全放开(从理论上讲，现时是三级管理，可国家没有统一教材，各地方又没能力编订教材，各学校又不知如何去选择教材，三级管理变成了“三不管”)。这不是学校体育教材的进步，更不是教材发展的现代化，而是使用“混乱”。我认为：国家应该编制统一教材，哪怕是有几个版本，这对各地方是一个重新制订的参考，对各学校也是一个样本。现在的三级管理课程的办法，从理论上讲是加大课程内容的选择性，对各地方、对各学校是有了更大的自由度和更多的灵活性，可是，这个“跨越”太大了，让广大学校的体育教师无从适应。2009 年 7 月初，在长春召开的《中国十城市》首届中小学学校体育改革与发展论坛上，各地学校体育教师反映最大的问题就是教材问题，是现在没有教材，不知如何去上课？可见，在教学内容现代化的问题上，现时的“教材”是急迫需要解决的。我们国家东、西、南、北这么大，自然条件和经济发展差异也较大，国家就应根据当代学校体育发展水平。同时编订几套学校体育教材版本供各地参考、选择。其实任何方面的现代化都离不开实事求是。

另外，我认为教育现代化的另一典型特征就是学校办学的特色化。学校办学要有自己的特色，没有特色的教育绝不是教育现代化。学校体育教育是学校教育的重要组成部分。对于体育学科来讲，实现教育现代化最重要标志之一是学校体育要特色化。没有特色的学校体育教育教学将直接影响该校实现教育现代化。个人也同样如此，教学艺术和教学风格的建立是突出个人的体育教学特色，是个人为教育现代化而努力的最终落实。学校体育包括三大方面：体育教学、群体活动、运动队训练。无论哪一方面特色的建立，都是体育学科为教育现代化的贡献，是教育现代化在体育学科的具体体现。

概述：教育发展现代化，学校体育特色化。教学风格个性化，体育教学多样化。

(二)教育功能

原意：亦称“教育作用”或“教育职能”。把人类积累的知识、经验传授新一代，促进其身心发展，以为适合社会需要的人，保障和推动社会的发展。教育对人的发展功能和对社会的发展功能二者之间相互联系，既是通过培养人以促进社会的发展；也是对照庆祝会发展需要来培养人、促进人的发展。细分起来教育有如下功能：

(1)政治的功能，教育要为一定社会的政治经济制度服务；

(2)经济的功能，教育要为经济发展培养人才；

(3)文化的功能，教育要传递发展社会文化，促进社会文明建设；

(4)发展个性的功能，使其都得到充分的发展。

解读：体育学科是学校教育教学所开设的重要学科之一，必然承担学校教育功能，具体表现如下。

(1)政治与经济功能的显现。一方面作为学校教育的重要组成部分，体育学科的重要任务是促进学生的全面发展。学生的全面发展首先是指学生的健康水平的提高，同时也包括通过体育课程的学习与锻炼，促进学生思想意识、情感意志和道德观念的发展与提高。所以，体育课程的功能不是唯一的，是三维(德、智、体)甚至是四维的(德、智、体、美)；另外，学校体育的运动训练工作是为国家竞技体育运动培养后备人才。而竞技体育运动的水平是国家综合实力的体现，成绩是国家的荣誉。运动员为国争光，是从小从学校体育摇篮里逐步成长起来的。北京奥运会火炬传递是国人民族精神的象征，奥运会所取得的成绩与精神，往往超过了体育运动的范畴，是经济、政治的胜利，是体育的骄傲，是学校体育的骄傲，更是全国各民族的骄傲。鼓舞着全国人民在各自战线上为国争光。这就是体育最大的功能。

(2)文化功能的显现。体学教育同样要传递和发展社会文化。体育与健康课程学习中，所包括的知识和技能覆盖了社会文化传承的方方面面：为促进身体健康和终生体育必需的运动技能；关于体育与健康的基本知识和科学锻炼方法；正确的体育与健康观念；欣赏运动的能力；安全运动的能力；与运动有关的野外生存技能；运动体育与健康资源、信息、产品和体育与健康服务的能力。文化的传承需要教学活动来完成，也就是说需要教师的“教”。其实，新课标的实质也不是取消教师的主导，而是讲究从学生学的角度去考虑如何教，如何选择更适合学生实情的教学方法去完成教与学。技术仍然是要教的，有难度的技术也仍然是要教的。体操项目绝不能抹掉，它本身就是最具锻炼价值的运动项目。我们总不能看到我们的学生今后离开学校后，看见单杠、双杠都不知如何去运动；就做一个“屈臂摆撑”都不会；不能只会“滚铁环”的“小儿科”活动吧！总之，教学是师生双边共同的活动过程，有教也有学，“教”要激发学生的学习兴趣；学要在教师引导、指导下去自主主动学习，只有这样相互配合，才能真正完成文化的传承。

(3)发展个性的功能。体育对人的个性发展具有多方面价值：首先，增进健康，这个道理不用多讲；其次，提高心理健康水平。体育运动过程是不断与困难和挫折作斗争，从而提高抗挫折能力和情绪调节能力；培养勇敢顽强的意志品质；在运动中不断克服困难，在超越自我的经历中，学生会体验到进步或成功的喜悦。从而能形成客观评价自我的习惯和能力，增强自尊心和自信心，形成积极向上、乐观开朗的人生态度，这是对学生一生最最重要的。再次，增强社会适应能力。体育是人的社会化的重要方式，通过体育学习的交流、合作，共同探讨自我、群体和社会的责任感得到加强；合作精神与竞争意识同样得到加强；培养了对他人的尊重和关心。总之体育本身所具有的特点和功能，具有不可替代的价值。国外一名著名的教育家指出：“体育的任务是要把所有潜藏在人身上的天赋的生理力量全部发挥出来。”我们同样也认为：它也有助于人的智力和非智力因素的挖掘，这就是体育功能。

概述：政治功能为祖国，经济功能为人才，文化功能为社会，个性功能为发展。

(三)教育艺术

原意：一种达到娴熟、精湛境界，能巧妙地获得创造性教育成效的技艺。内容包括以下几个方面：

(1)能自如地驾驭整个教育活动的过程，使它臻于和谐、完善；

(2)能得心应手地运用各种教育方法和技巧；

(3)能恰到好处地配合使用语言手势和情感；

(4)能巧妙地运用教育机智处理教育过程中的偶发事件；

(5)善于用自己的心灵去感化学生的心灵。

教育艺术来源于教师个人长期的教育实践，反映了对教育规律的深切的理解和掌握。教师的教育艺术，不仅能提高教育和教学质量，而且能给学生的智慧的启迪，美的享受和感情的陶冶。

解读：学校体育教育艺术含以下两个层面的效应。

其一，对学校整体而言，能通过各种体育活动对学生实施和谐的体育教育，使学校办学具有某些方面的较突出的体育特色，并能较完善的促进学生树立“健康第一”、“终生体育”现代体育观；能充分利用体育的各种活动激励、唤醒、鼓舞学生，并能让学生在体育活动中充分享受体育带来的愉悦，助其不断追求，不断向上的乐观性格的形成，使全体学生健康成长。比如，太原迎泽区校尉营小学的晨炼活动，教师把硬笔书法、古诗词集体朗诵和体育活动巧妙结合在一起，既保证了学生每天一小时的体育锻炼，而又结合锻炼进行了文化培养，进行了热爱祖国的爱国主义思想的培养，形成了独特的体育教育艺术。又比如，成都市龙泉中学冬季大课间的集体跑步，利用集体跑步的锻炼形式，进行“爱我班级”、“爱我学校”的人文思想教育，学生整齐划一的步伐，高亢起伏的口号声，步步进你胸怀，声声感人心，让观者深为激动，这就是体育教育的魅力。

其二，对个人而言，学校体育教育艺术是建立在个人体育教育才能基础上的升华。其主要表现在以下几个方面。

(1)能根据学校条件建立学校体育特长的特色体育教育。并能根据自身特点，不断努力建立个性特长的特色教育风格。无论是在群体活动，体育运动训练与比赛还是体育教学课堂艺术方面，都有突出的个性风格。

(2)尊重学生，热爱学生，善于发现学生个性特长，能有针对性地实施专项体育教育，因材施教培养人才，有能根据情况变化创造性地进行教育的高超的教育机智。

(3)能充分表现出既是专项知识的传导者，又善于成为学生学习的合作者，是师也是友，既让学生尊敬，又能让学生亲近，充分表现出新一代人民教师的风范。

总之，体育教育艺术来源于学校体育教育实践，实践出真知，实践出人才，实践出“艺术”。对个体而言，体育教育艺术也源于体育教师对体育工作的热爱和执著。体育教育艺术不仅能提高各项学校体育教育工作质量，也提高了学校教育艺术。学校体育教育艺术能极大地感染学生，给予学生美的享受和情感熏陶，促进学生健康成长。

概述：娴熟教育成艺术，精湛境界创艺术，巧妙获取靠艺术，创造教育促艺术。

(四)教育才能

原意：培养人的知识、经验与能力的总称。主要包括以下几个方面。

(1)厚实的文化科学基础知识、技能或某类学科的专业知识、技能；

(2)必要的教育理论知识，懂得教育的规律、原理和方法；

(3)善于接近、观察学生与了解学生，能洞察和理解学生的内心世界，取得学生的信任；

(4)有随机应变取得良好教育效果的机智；

(5)较强的组织能力，善于协调来自各方面对学生的要求，引导学生自主地开展各种活动；

(6)良好的口才，能明确、系统、具体、深刻地阐述问题，启发学生独立思考，解决疑难；

(7)坚强的自制力，能控制自身的喜、怒、哀、乐，在学生中始终表现出一个教师应有的模范行为；

(8)丰富的想象力和预见力，善于设计教育与教学活动，预见其可能遇到的困难和发生的问题，设法预防与解决，以达到预期的目的。

解读：教育才能是学校教育艺术的基础。体育教育才能是体育专项活动表现出来的教师个人才华在体育教育中的总体表现。体育教育才能除了要服从教育才能的一般内容要求外，还具备以下学科特点的要求。

①要有比其他学科要求和具备更高的活动组织能力。体育教师是学校一切大型活动和体育专项活动的组织者和现场指挥者，这就要求必备高超的活动组织能力，队伍的调动要指挥自如，口令的下达要准确洪亮，通达到每个学生、每一个角落。一般而言，队伍的精神面貌，队伍的整齐划一，都是要通过指挥者的指挥艺术去激发和调整。它要求除了指挥者的评议类口头评议要具艺术性外，还应有口哨语言的补充与延伸，这是体育专业必备的特殊才能。现实中，有很多青年教师还基本不会用口哨去“说话”，失去了体育专项才能，必须尽快学习，尽早的在体育专项活动中，用好口哨这门独特教育工具。另外，体育课堂教学主要是在室外进行的教学活动，无论在活动范围和身体活动都比室内广得多，也扩展得多；学生热情投入也丰富得多，要在这样的动态变化情境中有效地组织教学，其难度也相应大得多。所以，教学组织才能也有更高的要求。

②有比其他学科要求更高的因材施教的教育能力。同一个班级，甚至同一个年级实施同一个教案的教学活动，因学生身体条件、心理素质的差异比其他学科难度要高得多。如何有针对性地进行统一教学和差异教学，使每一个同学都受益的教法选择也更具挑选性。要分别对待、分别组织，就必须要求教师教学要具有创造力，不能墨守成规，不能生搬硬

套；要具有善于捕捉零散信息、综合考虑教学的体育教育才能。

③室外活动必然造成学生心理活动的复杂变化，如何实施有效教学方法以提高学生心理健康水平的任务，也比其他学科大得多。体育教学在和谐、友爱、充满激情中进行，会使学生有激励感并能享受体育的乐趣。与困难斗争，征服困难，占用自我的过程会使学生更坚强、更勇敢地面对未来的社会考验，促进各种心理素质的提高，增强了自尊、自强和自信心。

总之，体育教育才能，不完全是先天的给予，它更多的是依靠教师本身的责任感和对本职工作的热爱，是后天努力而来的，是要经过长期不懈努力才能获得的技能。

概述："才能"有专业知识，"才能"懂教育规律，"才能"有教育机智，"才能"启发解难疑。

(五)教育机智

原意：一种善于根据情况变化创造性地进行教育的才能。构成教育艺术的主要因素之一。包括两个方面：在教育教学工作中，有高度的灵活性，能随机应变、敏捷、果断地处理问题；有高度的智慧，能巧妙地、精确地、发人深省地给人以引导、启示和教育。一个教师的教育机智是在长期教育实践中，经过磨炼，结合学习教育科学理论，逐步形成的，是其经验、才识、智慧的结晶。

解读：体育教育机智是体育教育艺术的主要表现因素之一。

体育教育机智在体育教学课堂上，表现出课堂教学调控的灵活、巧妙、敏捷、精确的特征，是教师教育才华与教学经验的有机结合。体育教育机智更多的表现在体育教学活动之中。体育课堂教学是一个由多方因素构成的复杂的过程。它有师生之间教与学的和谐；有生生之间的同伴合作学习的和谐；也有人与环境(场地、器材、气候变化等)之间的和谐；还有健康目标和体育技术目标的发展协同和谐。同时体育教学课堂是一个变化万千、丰富多彩的动态环境。它不像其他自然学科的科学，学生主要是动脑的学习，身体基本处于一种静止状态。而体育是脑、体的结合，大多数时间是身体的剧烈活动变化大于"脑"的活动变化。所以，体育教学难度增大，教学管理和调度也加大；教学方法、手段的实施更为复杂，要求也更应准确。体育教学活动中的问题会随时出现，"险情"也会经常产生，这就需要教师在教学方法和整个过程中能随机应变，果断处理问题。能巧妙地、发人深思地给予学生引导和教育。所以，体育教师的课堂教育机智的表现，直接影响教学质量，是对体育教学格外重要的教育才能。比如，在进行体操支撑跳跃的教学练习中，教师发现学生学习热情特别高，学生一个紧跟一个练习，甚至前面一个同学还没有安全落地，后面同学已经助跑起动。这虽然是学生学习主动性的表现，但同时也最容易出事故。所以，教师必须制止如此练习。那么，如何使学生既能安全锻炼，同时又不伤害其积极性呢？这时，教师可以让学生暂停下来。首先，表扬学生练习热情，同时提出合理安全练习建议，让前面同学安全落地后，后面同学才助跑起动。这样同学之间既能互相观察，互相帮助，提出问题，纠正问题，又能保证安全。这种教师的即时引导，就是教育机智的表现。又比如，在实际教学活动中，有时也能碰上这样的情况：学生不按教师的要求或规定动作去自主练习。如果生硬地批评，一来伤了学生自主学习积极性；二来又容易引起该学生情感上的不满，影响师生和谐关系，也影响继续学习。这时教师可以想一个办法间接"批评"，可以以表扬的语气"赞誉"学生的动作，能动脑筋，在教师布置任务的基础上去发展动作。同时也告之；同学们也可以学习这个动作，但不是今天，老师以后会专门安排时间练习。今天的规定动作掌握好，今后还能发展更多的技术动作。还可以问一句："同学们，你们说好吗？"这种亲切的语气，学生在情感上一定会接受，并能改变自己，更好的完成本课技术动作的学习目标。这也是一种处理问题的教学机智；再比如，在体育教学过程中，因存在很多不确定因素，很有可能在师生之间发生矛盾，甚至造成学生顶撞教师的现象发生。这时教师千万不要发脾气。也不要急于去解决问题，不要非弄清是非曲直不可。更不要当着全班同学的面去批评学生。这样做只能加深矛盾，不好收场。教师此时就要运用教育机智去缓解或转化矛盾，把问题放下来，让学生继续学习。等课后去解决，等学生“气”消下来以后再去解决。这不单是一般处理问题的方式、方法，而且是典型的教育机智的表现。一个优秀的、有经验的教师，就应具备这种浓厚的教育机智。

总之，教育机智与教育才能一样，不是主要靠先天的“赠予”，而应是从教师的教学实践中去总结、完善，最后在经验的总结中形成个人的教育机智。

概述：随机应变灵活性，敏捷果断坚决性，智慧巧妙精确性，引导启发创造性。

(六)主观能动性

原意：亦称“自觉能动性”，指人的主观意识和活动对于客观世界的积极作用。包括能动地认识客观世界和能动地改造客观世界，并统一于人们的社会实践活动中。辩证唯物主义科学地说明主观能动性和客观规律的关系，既重视发挥人的主观能动性，又强调遵循客观规律。在教育和发展方面，学生的主观能动性有不可低估的重要作用。学生发挥了自身的主观有动性，才能更好地吸取知识、信息，并运用知识进行创造，使自己得到发展。在同样的环境和教育影响条件下，学生主观能动性发挥的程度不同，每个学生的发展就不同，甚至差异很大。

解读：个体自主的意愿为“主观”，个体积极主动的投入性为“能动性”。主观能动性就是个体自主、自觉积极地投入认识世界和改造世界的心理过程。在教学活动中，学生投入程度的大小，决定了学生发展程度的高低。

主观能动性在体育教学过程中，表现在教师的“教”和学生的“学”两个方面：

(1)什么是教师教学的主观能动性呢？其表现特征人们已认知颇多，在此不一一列举。我们在这里强调的是影响教师主观能劝性发挥的主要因素是教师的教学情感，包括教学的激情和对学生的关爱感情。教师不能把个人情感上的喜、怒、哀、乐等带入课堂。进入课堂后就一定要有激情，反映出你的责任心和事业心；反映出对学生深深的爱惜之心。没有激情的课，就像白开水一样淡而无味。没有感情的投入，就没有教师的主观能动性的发挥，同样也调动不了学生的主观能动性。

(2)什么又是学生学习的主观能动性呢？在同等条件下，主观能动性的投入程度大小，取决于个体非智力因素(学习中的非认知因素)，即爱好、兴趣、动机、情感、意志和个性特征，等等。过去，我们的体育教学比较重视教师的主导作用，注意“三基”的培养和提高。其实，这本身并无错，但在如何提高学生学习效果上，从非认知因素方面的考虑较少或者根本没有考虑。现在，课改的真正意义就在于教学应更多地从学生“学”的方面入手，突出学习要素中的学生主体性。加强非认知在教学中的作用，提高学生学习兴趣、爱好，提高投入积极性，从情感因素下手调动学生学习参与的主观能动性。从而让学生真正学到知识，会学知识，自我提高。

从词条原意中我们看到：在同样的学习环境和教育因素影响下，学生主观能动性发挥程度不同，每个学生的发展就不相同，甚至差异很大。那我们如何使学生的学习主观能动性都能得到充分发挥呢？那就得因材施教。就应根据不同的个性特征去有的放矢安排教学；改变学习环境和教育因素的影响，加大激发力度，增进学生激情投入，从而获得更大的主观能动性。可是，我们的教学受班级学生容量的影响，不可能实施对学生个体有分别、有针对性的指导与学习。解决共性，面向全体学生的教学还应是主要的。那怎么具体安排呢？

我们的建议有两点：其一，在教学时间安排上，面向全体学生教学的时间不要过“满”，要留出个体指导、学习时间。从比例上说，最好三分之二时间面向全体学生，三分之一的时间为分别学习和个别指导。其二，在教学方式上，课前了解学生的情况，“同质”者应尽量编为一个组。按若干组的不同情况，分别制订单元计划和课时计划，因材施教。当然，分组也不能太多，最好不超过3～4个组，不然课堂上教师没法分组指导。在小组划分上还要尽量注意以下几点：

(1)每个小组都应有学生学习骨干，在教师不在场时，能组织教学活动；

(2)要注意学生的分组“心向”，尽量保持同一“心向”的学生相对集中；

(3)要慎用按能力分组办法，绝不能有损“学习困难生”的人格。如果安排不当，不但不能增强主观能动性，反而伤害了参与积极性。

总之，如何发挥全体学生学习的主观能动性，是我们备课的重点方面，也是我们选择教学方法的主要出发点。我们必须从简单的“为教技术而教学”的观点中解放出来，转变到为学生全面发展；为教师、学生树立“健康第一”、“终生体育”的新体育教育观上来。尽最大努力去发挥学生主观能动性，对我们新的教学至关重要。

概述：主观能动是核心，客观规律要遵循。辩证唯物来指导，教育环境能促进。

(七)因材施教

原意：在共同的教育目标下，针对受教育者的个别差异和具体特点，采取不同的教育措施。始倡于中国古代教育家孔子。宋代朱吉普将孔子在这方面的思想和经验概括为：“孔子教人，各因其材。”长期以来，形成为中国教育的优良传统，公认的一项教育原则。贯彻这一原则，要全面深入地了解每个学生，系统掌握其成长发展的资料。在教学工作中，注意对个别学生进行特殊培养，采取能力分组以及组织兴趣小组等；在思想品德教育中，针对由不同遗传素质、家庭环境、社会关系、个人经历等所形成的不同个性特点，有的放矢地进行教育。

解读：因材施教，广而言之是指对人的方方面面的成长教育。要因人而异，要实施不同的培养手段、措施和策略使人成才。就如上述“孔子教人，各因其材”。另外，我们在此也有另一种解读。对于学校而言，开展体育活动一定要根据以下几点。

(1)学校的客观条件不同，采取的方法也应不同。比如，场地的大小、器材的多少、学生条件和爱好等。不能生搬硬套别人的经验。大场地有大场地的气势；小场地有小场地的灵活。只有符合自己客观条件的才是最好的。

(2)要根据学校教师的特长，去选用和开发“校本运动”，要搞出自己的体育项目传统。传统的概念有两条：其一是学生喜爱和追崇的运动，是有群众基础的运动，是能培养出人才的运动；其二是你的师资队伍具有此专长的运动，或是能发挥体育师资才华的运动，名师出高徒。

我们从狭义而言，是指体育教师本身的“因材施教”和对学生教育的因材施教。前者是从一个新的角度去分析因材施教，是指体育教师在学校开展的各项体育活动(包括体育教学)，一定要充分发挥自己的特长，要因(根据)自己的才能去对学生的教育(教学)。要树立自己的威望，要有大批的拥护者(按当代语言说，要有“粉丝”)。只有学生佩服你，他才能听你的，你的工作才有可能“出色”，否则将是平庸的。一个没有特长的体育教师，没有自己的专长项目，也一定没有学生的拥护。学生的认可度将直接影响体育工作的顺利开展。所以，我们要求从事学校体育工作的人，一定要有自己专长，有能被学生佩服的专长，你也才能因你的“才”去“施”你的教。体育教学是学校体育工作的主战场，这是无可置疑的。但在学校体育工作中，因材施教的另一个重要方面是学校运动训练。每一个体育教师都要根据自己的专长去搞运动训练工作，去搞运动成绩提高工作，一来是培养人才；二来是树立个人工作威信。体育教师获得的这种威信将会在学生中一代一代地下传，这对工作是十分有利的。曾经有一个学校搞过一种试验，为了使体育教师工作精力更集中、更专一，将教师分成两种：一种只教课不搞训练(课时多些，课时费高些，不要训练补贴)；另一种只搞训练不教课(没有课时费，只拿训练补贴和比赛奖励)。经过一段时间的实践证明：只搞运动训练的教师，在学生中威信高，学生“佩服”；而只抓教学的老师，学生认为没有“本事”，因而威信下降，也直接影响了教学工作。所以，我们讲：体育老师一定要具备个体体育专长，此专长越“高级”对学校各方面的体育工作更有利。你也才有“资格”去因材施教。

关于对学生的教育要实施因材施教问题，前面已分析了很多，在这里就不再重复表述了。

概述：各因其材认差异，激发学生有热情。教师才能要发挥，挖掘潜力都受益。

(八)人文主义教育

原意：亦称“人道主义教育”。欧洲文艺复兴时期人文主义者提出的一种以人道反神道、强调尊重儿童、注重使儿童身心全面发展的教育思想。人文主义教育思想以重视儿童和尊重儿童个性为特征，以发展儿童的人格为任务，提倡儿童身心全面发展，德、智、体并重，反对中世纪的“肉体是灵魂的监狱”的观点，不仅恢复体育，并把美育也作为教育的重要内容。注重儿童身心特点和个别差异，反对教会学校的强迫纪律、严酷体罚、死记硬背，采取诱话法、直观教学和参观旅行等新方法进行教学，以激发学生学习的兴趣和主动性、积极性。

解读：人文主义教育就是尊重学生，注重学生身心全面发展的教育。

人文主义教育在学校体育教育方面的主要体现，也应该是尊重学生个性特征，发展学生身体，促进身体技能和心理素质的全面发育的教育。要尊重学生的个性特征，那么，何为尊重呢？现在有一些学校的个别老师，打着要激发学生兴趣，发扬个性特点的幌子，在进行体育课堂教学时，学生喜欢打篮球的就让去打篮球；学生喜欢踢足球的就可以去踢足球；女生不喜欢剧烈活动的就“踢毽子”、“跳房子”，甚至什么也不干，互相聊天。这就是尊重学生了吗？不！这是“放羊课”，是不负责任的放任自流课。如任其发展下去，最终耽误了学生最佳发展期而害了学生。一时的放任，学生终生受害。

我们知道，体育课是一种发展技能学习为主的课程。教学是有目标、有计划、有学习方法安排的教学活动；是在教师引导、指导下的学生学习活动。没有“主导”，也就没有什么“主体”之说。也就是说，没有教师的“教”，就不称其为教学活动了。当然，反思我们过去的教学，过多、过重地强调了教师的主导作用，追求教学的规范化、标准化、整齐统一化，教学多半表现出的是“强制”性学习。不管学生喜欢不喜欢，必须这样跟我学。现在看来，不从学生主体去研究教学，安排教学，实质就是对学生的不尊重。我们的课程改革，不是不要教师的“教”，而是强调应如何去“教”；不是不让学生学习运动技术，而是要从学生的主体出发，考虑和选择让学生如何去学技术。其实，没有技术的课，学生也不会喜欢；不教学生运动技术的老师，学生一定不会认为你是他们心中的好老师。尤其是初中以上的学生，越含有有技术难度的运动学习，对他们更是一种积极“刺激”，更能激发学生学习兴趣与动机。

那么，如何体现出在体育教学过程中，对学生个体的尊重呢？其实很简单，承认学生之间的差异就是一种尊重。而学生之间的差异主要表现在以下两个方面：其一，学生受先天遗传影响给学生带来的身体发育方面的差异；其二，学生后天受各种环境影响，带来的运动需求和运动表现的差异。前者是无法改变的；后者还可以通过教师的启发、引导、指导而改变。如果体育教学能考虑到学生学习的这些差异选择教学方法，让每一个同学都受益，就是对学生差异的承认和尊重。比如，我们在进行跨越式跳高的教学时，同一个班级，由于受先天遗传的因素影响，有身高达1.8米的学生，也有身高只有1.5米的学生(还不考虑胖、瘦因素)，统一跳高度为1.2米的横杆，前者是轻而易举、不费吹灰之力一跃而过，实质得不到锻炼；后者就可能怎么跳也过不去而望洋兴叹，失去了信心和勇气，两者均未受益。这时，教师就必须安排不同高度的横杆，供学生选择，这就是尊重。又比如，教师安排中长教材的教学。学生因为兴趣和自我能力的估计，表现出来的可能就是有积极认真，情绪高昂的，也有消极惧怕的。教师可以在教学方法上采用分段式，将长距离分成若干段来进行。各段之间安排一些游戏或有兴趣的活动来调节。乐于表现的在各分段跑中可以充分展示；能力差的，通过各段之间的调整来激发，也能逐渐跑起来，最终使学生人人受益。这也就是对差异的一种尊重。

总之，人文主义教育是尊重学生，承认差异，是激发学生学习兴趣、主动性的教育。在体育教学中，应用人文主义教育，能使学生身心获得全面发展，是现代教育观的体现。

概述：尊重儿童是人道，发展人格为第一。尊重承认有差异，发展兴趣全得利。

(九)发展潜力

原意：亦称“人的潜力”。人的生理可能具有而尚未实现的能力。20世纪初，美国心理学家詹姆斯认为，普通人只用了他们全部潜力的极小部分，又说，与我们应该成为的“人”相比，我们只苏醒了一半。我们只运用了自己头脑和身体资源中的极小一部分。人类学、心理学、逻辑学、生理学的最新发现证明，人只利用了100亿～150亿脑细胞中的一小部分。研究还证明，阻碍人的各方面潜力实现的主要因素有早期营养不良及文化环境分管，错误的教育，对人的本能的压制，缺乏自信心，怕冒险，怕犯错误和墨守成规等。美国心理学家马斯洛认为，人的本质中有一种发展的趋势，还有一种倒退、害怕发展、不能自我实现的反趋势。如果有良好环境和教育条件以及自我实现的强烈需求，人的才能将发展到前所未有的高度。

解读：我们通常对一些学生的评论，往往是某某人有发展或者是某某人没发展。这里讲的发展实质就是指发展潜力。

我们从发展潜力的原意中，已经了解到影响人的发展潜力因素主要有四个方面：

(1)早期营养不良和文化环境贫乏；

(2)错误的教育对人体能的压制；

(3)缺乏自信心，怕冒险，怕犯错误；

(4)墨守成规。

第一点：早期的营养不良和文化环境贫乏，一般而言是受家庭和社会环境影响，是社会问题，教育往往无能为力，这一点在此不做深入分析。

第二点：错误的教育和对体能的压制，这就是我们教育的问题了，值得反思。我们过去办事，包括教育，一般都采用“一刀切”的简单方法。就拿体育教学来说，统一教材，统一教学方法，统一考核标准及教师的统一评价。在这种统一规范下，不考虑学生个性特征以及个性差异。陈述或教学的统一灌输，使体能差的“受不了”，而体能强的又受到一定程度的压制。“吃不了”、“吃不饱”同时存在。打击了学生自主参与的积极性，阻碍了学生潜力的发展。

第三点：缺乏自信心，怕冒险，怕犯错误。我们第二点中讲的“吃不了”的学生，久而久之，必然会失去对运动的兴趣，同时也失去了对自己的自信心。而现时，在贯彻新课标的工作中，部分教师错误地理解了新课标提出的“降低技术难度的要求”。在教学中不教运动技术了，更不教带有难度的体操项目了(比如，单杠、双杠、技巧、支撑跳跃等)。采取了不负责任的“放羊”或只安排娱乐性教学内容，这种错误的教学，使学生失去了敢于面对困难的锻炼，失去了对学生顽强、勇敢精神的培养。没有一丝的“冒险”和“勇气”，也没有了责任心。这种做法同样阻碍了学生的潜力发展。

第四点：墨守成规，一是我们教师的教育教学墨守成规，带来了学生学习的消极对待。没有创新的教育，如何培养创新人才。有的教师，几十年一套，班级学生不断地变化，他教育、教学方法一成不变，这怎么能发展学生潜力呢？二是墨守成规的教育方法，使学生失去兴趣，失去创造的思维。死记硬背的教育，当然激发不了学生的学习兴趣，失去了敢于“闯江湖”的勇气。2009 年 5 月，我看了一条新闻报道：2008 年的大学毕业生，现仍有二十余万在家闲着，沦为“啃老族”。无论是何原因，起码说明这些大学生没有勇气去社会上闯一闯，没有艰苦奋斗、发奋图强的精神；没有勇气和自信心挖掘自己的发展潜力。这不得不引起我们教育的反思，也包括我们体育教育教学的反思。应该说：我们教育(包括体育教育)的最大功能，就是尽最大努力去挖掘人的发展潜力，使人的才能发展达到前所未有的高度。

概述：人的潜力靠开发，营养环境影响大。教育唤醒是关键，强烈需求潜力挖。

(十)发展的内因

原意：通常指心理发展的根据或内部矛盾。在个体与客观事物相互作用的过程中，由客观事物(社会生活条件和教育等)向个体提出的要求所引起的个体的新要求和个体已有心理发展水平和心理状态之间的矛盾，是个体心理不断向前发展的动力。已有发展水平，指个体以前形成的认识水平或特征，即过去反映活动的积累，过去在脑皮层形成的暂时神经联系，过去外界条件影响的结果。它是进一步接受外界条件影响的基础。新的需求，指当前社会环境和教育的要求在主体内部的反映，一般表现为动机、兴趣、爱好、志向等。由于社会生活条件和教育要求总是不断变化发展，不断增强新的内容，因此，个体内部新的需要也不断出现，同已有发展水平不断形成矛盾，从而推动个体心理的不断发展。

解读：在解读发展的内因之前，我们必须首先认识什么是“发展”。一般来讲，将属于身体方面的变化叫“成长”、“发育”，将心理方面的变化才叫“发展”。身体发育包括机体正常发育和体质增强。心理发展包括：认识的发展，如感觉、知觉、记忆、思维等的发展；意向的发展，如需要、兴趣、情感、意志等的发展。认识是人脑对客观世界的反映，而意向则是人对待客观世界的态度。人在认识客观事物的同时，形成对待该事物的意向和态度。这就是发展的内因。可见发展内因就是心理方面的发展过程和需求，它是包含着认识和意向两个方面的心理变化。所以，我们的体育教育(教学)既要使学生认识方面得到发展，又要使学生意向得到发展。

新课标的基本理念是以学生发展为中心。那么，促使学生发展的内部条件，是要满足学生认识的发展和意向的发展。要使学生在学习过程中，要有感觉、知觉、记忆、思维等认识目标，同时也要有需要、兴趣、情感、意志等的意向基础。这样的体育教学过程才是对学生成长发育的发展。我们就拿“放羊课”来说，没有教学目标，没有教学手段，放任自流没有认知的发展。其实你别看学生对一时的“自由”给予拥护，但绝不是学生意向方面的兴趣和意志的表现，是对我们过去教学的“生硬”、“死板”的情感发泄。这种所谓的兴趣、爱好，绝不能持久。因为学生内部的求知欲会在一定时间发挥作用，会逐渐厌倦和回避这种无教学方法和过程的教学形式。真正要学生通过体育教学得到发展，就应满足学生发展内因，即认知的发展和意向的发展。在教学中要传授知识，要传授运动技术，要满足学生内部的“求知”需求。当然不能是灌输式，而必须从学生主体如何“学”出发，用创新教学方法激活学生学习意向，满足需要、提高兴趣、加深师生情感、形成个人意志。同时，我们也应清楚看到，各种不同的意向和态度对于认识活动的发展产生很大的作用。只有有兴趣、有情感、有意志的投入，才能使体育教学能激发学生认知、记忆和思维，真正从发展中培养人才。

其实，体育锻炼的身体发育与体育教学中的心理发展是密切联系的。脑是心理的器官，身体的发育又有促进脑的神经系统的发育变化，反过来又能制约着心理的活动和发展，心理发展在一定程度、一定范围内对身体发育也产生影响。所以，无论是在理论和实践中，身体的发育和心理的发展都是密不可分的，互相制约。

概述：内因是发展需求，需求促使人前进。内因是发展意向，意向产生驱动力。

(十一)发展的外因

原意：通常指个体心理发展的外部条件，主要指环境和教育。个体心理发展只有在适应外因条件下，才能实现。

(1)外因是心理发展的可能性变为现实性的必要条件。生来具有健全头脑和器官的婴儿，无良好环境和教育，不可能正常发展；脱离社会环境和教育，不可能向人的正常方向发展。

(2)外因条件决定个体心理发展水平、速度、方向和个别差异。不同时代人们心理发展水平的差异，是由社会生产和文化教育的不同发展水平决定的。相同条件的两班儿童，由不同水平、素质的老师用不同的观点和方法教育，两班儿童的发展速度、水平、方向都会出现差异。

(3)一定的外因是激起心理发展内因活动的条件。外在环境和教育影响引起个体产生新需要，从而形成新需要与原有心理发展水平之间的矛盾。这种矛盾活动是心理发展的内因。

(4)外因对发展的影响是通过内因来起作用。

解读：通过以上的发展的外因原意，我们明白了以下几点。

(1)营造一个有利于内因发展的外部环境是心理发展的可能性变为现实性的必要条件。我们现在的体育教学，要求要以学生发展为中心。要激发学生学习体育的兴趣、爱好、动机和意志。那么，要达到此目的应营造的一个可能实现的外部环境是什么呢？答案是教师教育观念的转变：在整个教育过程中，要从过去被动的执行者，变成能主动结合个人与学校的实际，实施有针对性教育的决策者；在对课程目标认识上，要从唯一关注学生的运动能力提高和成绩达标，变成全面关注学生身体健康发展；在对教师主导地位的认识上，从过去强调接受学习、机械训练，转变到从强调“教”到强调“学”，从灌输到引导、指导上来，让学生能自主学习。从单纯教运动技术的教师，转变到为促进学生全面发展的，真正意义上的教师；从师道尊严转变为学生学习的合作者，等等。

(2)要根据发展的阶段性、差异性去营造一个适宜的促进内因发展的环境。首先，个体发展是一个由量变到质变的矛盾运动过程。代表新质的量积累到一定程度时，就取代旧质而居于矛盾的主要方面，也就是量变发生了质的飞跃，表现出发展的阶段性。所以，我们的体育教学一定要根据学生学段和年龄的不同而带来的认知、思维、个性和活动特点的不同，严格掌握从量变到质变的转化，有的放矢，因材施教。其次，正常的人，从幼儿到儿童，又从儿童到少年至青年，其发展的速度、水平以及发展的优势领域千差万别。表现模式有三种：第一种是不同学生的同一方面发展速度和水平各不相同，有的较早，有的则较晚，就体育方面来说，有的身体素质发育较快，有的则较慢，所以很多在小学阶段不“显眼”的学生，到中学反而成绩突出了。第二种是不同方面的发展相关关系存在差异。有的灵活性强，反应快；有的则力量比同龄人大得多。第三种是不同青少年儿童具有不同的个性心理倾向，在同龄的学生中也具有不同的兴趣、爱好和性格。比如，有的喜欢带有强烈刺激的对抗性运动：篮球、足球、跑步等；而有的则喜欢安静的动脑运动，各种棋类活动等。因此，必须营造适合各种差异发展的外部环境，才能促进内因的发展。我们的体育教学，无论是教学方法或教学目标，都不能搞“一刀切”，一定要实施有针对性的“差异教学”，才能使全体学生都受益。

(3)要使学生的内因发展，一定要有外因的激发。也就是说，如果要使学生有兴趣、有情感、有意志地投入到运动中去，首先要改变的是教师实施的教学方法、手段和策略。不能墨守成规，要有创新，有强烈的外部环境的外因刺激。

(4)我们体育教学所制定的目标，围绕目标所采取的一切方法、手段和策略都是需要内因来达到目的。所以，教学的主体一定是主体学生，是存在着各种差异的学生，只有以学生的发展为中心，才能实现。教必须为学服务。

总之，外因是激起心理发展内因活动的条件，同时，外因发展的影响是通过内因来起作用。

概述：外是发展的条件，外又能被内改变。外通过内起作用，外激活内促发展。

(十二)情境教育

原意：教育方式之一。通过一定事件的形象描述或一定环境的设置、模拟、激发学生的情感和思维，使学生产生如临其境的逼真感，以达到一定的教育目的。相传中国古代孟子的母亲曾以断机杼的情境，教育孟子学习不可半途而废，可谓情境教育实例。美国教育家杜威认为传统教育失败的根本原因在于未能在教学过程中给学生提供“引起思维”的情境。他主张，教学过程的第一个要素就是“学生要有一个真实的经验的情境”。情境教育可以利用现有的富有教育意义的环境气氛，如进行爱国主义教育可参观祖国的名山大川、优美的传统艺术、古老的文化遗址以培养对祖国的浓厚感情；也可以有意识地创设教育情境，使受教育者得到感染和启发。如教学中常用评议方式提示教材内容本身存在的矛盾，日常概念和科学概念之间的矛盾，新课题和旧知识之间的矛盾，造成问题情境；或以活动方式通过观察自然、制作教具、实验演示等造成问题情境。以此激发学生的积极思维。良好的学校、社会、家庭环境和高尚的人际关系所形成的情境，可以使学生耳濡目染、潜移默化中陶冶性情，受到教育。

解读：情境教育是学校经常采用的，具有明确目的和形象刺激的一种生动，深刻有效的一种教育形式。周一早上的升旗仪式，模拟天安门国旗班的出旗，是爱国主义的情境教育；请消防官兵的模拟表演或类似的现场活动，是消防知识和安全防火教育的情境教育；幼儿园及小学学生的交通游戏是交通法规和人身安全的情境教育；学校周五下午的全校大扫除，是学校进行爱护环境、讲究卫生的日常行为的情境教育；还有组织学生外出参观等都是各种专题教育的情境教育。同样，学校群体活动，大课间活动既是一种运动锻炼活动，也是有组织地号召学生积极参与的集体情境教育活动。

总之，学校体育三大方面，无论哪一方面有力开展活动，都属于有明确目标的情境教育活动范畴。比如，学校开展的冬季长跑运动，提出的口号是“学习老红军，两万五长征”的模拟长跑，就是进行革命传统教育的情境教育，又比如，在北京奥运会前，很多地方的学校都开展了“奥运火炬传递”的象征性长跑，这也是一次情境教育。不但学生锻炼了身体、意志，而且是一次“爱我中华”的爱国主义教育。再比如，很多学校的晨炼，一般都采用集体跑的形式。我参观过四川成都市龙泉中学的清晨的跑步晨炼。真是一种有目标、有组织、有精神、有气势的活动。队伍整齐划一，口号响亮有力。400米大操场，队伍是外两层，内一层。满操场的脚步声、口令声、口号声，师生共跑的壮观场面非常震撼，非常感人。这不但是清晨的身体锻炼，更是一种爱学校、爱集体的集体主义情境教育的显现。在此情境的感召下，又有谁想逃避集体而“自由”呢？这更进一步证明，自觉、自主的锻炼热情，不能只靠个体的爱好和兴趣，更多的是教育者要聪明的去创造有利的教育情境，要在情感上感染学生，驱使学生自主积极地参与，形成具有主观能动性的锻炼欲望，使德、智、体的全面丰收。

学校体育特色的建立也应如此，经常开展特色项目的情境设置教育活动。比如，运动会要专设特色项目；对外参与或参观特色活动，只有有了众多的特色项目的特色情境的设立，将自然会促进学生参加特色项目的活动兴趣，从而形成学校特色体育项目的学习氛围；也只有这样，学校的特色项目才能更好地坚持下去，才有可能发展成更大的特色。所以，体育情境教育是学校开展体育活动的最好形式之一。

概述：教育需要创情境，特色情境形象深。师生情感被调动，锻炼欲望数倍增。

(十三)人生观

原意：对人生的根本看法和态度，是世界观在人生问题上的表现。包括人生需要、人生目的、人生评价、人生态度等方面。具体表现为公私观、幸福观、生死观、苦乐观、荣辱观、恋爱观等。它是一定社会历史条件和社会关系的产物，具有阶级性和历史性。历史上有享乐主义、厌世主义、实用主义、权力意志主义、存在主义等人生观。无产阶级以消灭剥削阶级、剥削制度，实现共产主义为人生最高目的。影响其形成发展的因素，除社会环境外，主要是个人的经历与感受，个人的知识和心理发展水平等。少年期是其初步形成时期，青年中期为确立时期。为学生确立人生观奠定良好基础是学校德育较高层次的目标。

解读：我们已经了解到人生观是世界观在人生问题上的表现。那何为世界观呢？世界观是人们对整个世界的根本认识，是学校思想教育内容的主要组成部分。当然也包括体育学科，体育教育作为学校教育课程之一，作为学生德、智、体全面发展内容之一，我们培养学生身心全面发展，也就包括对学生世界观(人生观)的形成的正向教育和引导。个人世界观是阶级世界观影响下形成的知识、观点、信念和理想的概括体系，是制约个人思想与行为的决定因素。我们在前面的情境教育中已经提出过。比如，体育活动中的“红军二万五长征”模拟跑，奥运火炬接力跑等象征性长跑锻炼，就是为了培养学生从革命传统教育中，从爱国主义教育中树立和促进世界观(人生观)的形成。而体育教育的这种渗透力，其影响也是巨大的。世界观形成过程中，也受心理活动及其发展规律制约，包括理智因素、情感因素以及意志、行为等因素。这些都使体育教育比其他学科的教育更具典型性。体育活动是处于一个动态变化之中，更需要理智因素的培养与发展。动态的变化，使人与人更需合作，更需投入情感。我们不可能看见哪一个运动项目没有表现出练习者的情感变化，而运动中的情感投入、情感变化是相当深刻难忘的；另外，我们已知体育学科与其他学科相比较，它对人的非智力因素的培养更广，也更深刻。体育运动首先能培养人的合作精神，没有哪一项运动是个人孤立的完成，无论是个人还是集体项目，都要有人与人的合作。当然表现形式不同，有些是直接的(一般为集体项目)，有些是间接的(很多个人项目)。

人生观的核心问题是人生价值观，是对人生价值所持观念。即是对个人在社会上所处地位，个人对社会所起作用等方面问题的看法。它支配着人们的思想和行为，影响着活动方式的选择。体育运动能培养人乐观向上、心胸开阔的精神，对人们生活选择起了积极作用；同时，体育运动又能使人遇事冷静，能在激烈的矛盾和冲突中，善于保持正常心态，做出正常判断和选择；体育运动又能培养人们不怕苦的精神，培养人勇于克服困难的精神，等等。能在逆境中不灰心不泄气，敢于面对人生所遇到的坎坷，促进了人生价值观的形成。无产阶级对人生价值的理解包括社会对个人的尊重和满足，个人对社会的责任和贡献。体育运动对这些“价值”都有积极的促进。

概述：人生观具阶级性，幸福生死很分明。社会环境影响大，人生态度应奋进。

(十四)智力

原意：人们认识适应和改变外界环境的心理能力。集中表现为反映客观事物深刻、正确、完全的程度和应用知识解决实际问题的速度和质量。较多学者倾向于把智力看成是各种认识能力的总和，认为它包括观察力、注意力、记忆力、思维力、想象力等，而以思维力为核心。它以先天素质为物质基础，在人们掌握社会历史经验、从事实践活动中得以发展。

解读：智力是具有先天素质的物质基础，又可称为“智商”。智力又是在人们自身成长过程中，不断从实践活动中得以发展，是可不断提高的心理能力。它的标志是对事物反应的速度和深度。在体育运动专项活动中，一般表现在对运动的观察力、记忆力和思维力等方面，它是决定运动成绩的主要心理能力之一。但真正决定运动最终成果的不完全是个人智商能力的高低，而是非智力因素的开发程度。也就是学习中的非认知因素的表现和培养、发展的能力。

什么是学习中的非识知因素呢？一般而言，除认知因素外影响学生学习的各种因素，如动机、情感、态度和人格特征等。有些认知心理学家认为，这些非认知因素对学生学习的影响，虽不像认知结构、认知发展准备性及智能等认知因素直接，但仍是影响学生学习的重要因素，且其本身大都是学校教育的重要目标。尤其是体育学科，有时候最终的结果是非认知因素比认知因素更直接和更重要。比如，动机是学习中的非认知因素，但动机绝对是学习中的一个重要的有效因素。心理学家奥苏泊尔指出：动机在学习期间能以集中精力、加强注意来促进和加强学习的进行，并通过可利用性阈限来影响学习结果的提取。在体育活动中，没有兴趣的参与，是消极、不用力投入的，其身体得不到锻炼，心理素质更得不到提高。课改的主要目标就是要提高学生参与运动的自主兴趣性，这样的运动锻炼才可能“回报”，才可能促进身心的全面发展。又如：情感因素也是学习中的非认知因素。情感即态度倾向对最初的学习产生积极或消极的动机影响，促进或抑制学生对新事物的掌握。尤其是体育运动，它本身就是一种带有众多“情感”的活动，是运动动机的直接“指挥者”。我们从无数“球迷”在运动竞赛中的各种情感“发泄”，就不难看出运动情感对运动的影响是多么的重要。我们的体育教学也仍然是受情感的直接影响：教师上课的激情可以感动和带动学生积极的参与运动；课堂和谐的氛围可以直接影响学生学习的成果，也能使学生产生意志和提高自信心。情感能使学生享受体育的乐趣，最终身心得到健康发展。个性人格特征也与学生的学习成就之间同样有密切联系。如具有充分信心和高度自我胜任期望的学生，不会因失败和挫折而气馁。体育运动更是如此，只有具有高度责任心和坚强意志的人才会最终取得胜利。我们向为国争光的运动员学习，学什么？绝不是也不可能是学成绩，而是学他们为国争光，有高度责任心和坚强意志的爱国主义精神和人格。

学生的健康是体育的功能，但绝不是唯一功能，促进学生的全面发展才是体育的总目标。体育课程的学习是促进学生思想意识、情感意志和道德品质方面的全面发展。无论是智力因素还是非智力因素的培养与体育学科的教育都是紧密相关的。所以，体育课程的目的是三维(德、智、体)，甚至是四维(德、智、体、美)的。

智力的观察力、注意力、记忆力、思维力、想象力等各种能力，在体育教学中是对教学促进的有力条件和保证。同时，好的体育教学又能促进这些智育能力的提高。体育教学过程中，教师无论是对运动项目的技术教学的讲解，还是动作技术的示范，都需要通过学生的注意力、现场观察力来加强记忆和思维活动方能完成。过去我们的课堂教学在这方面也是有贡献的。但由于教师"管"得过严，也"管"得过宽，学生自我发展的空间受到一定的限制。所以，在想象力和创造力方面的培养就明显不足，很难完成对新时代学生的全面的培养。新的课程改革强调以学生为中心，提高了学生积极参与能力和自主活动能力，使每一个学生都受益，显而提高了学生的思维能力。使体育教育与智育的培养更加密不可分，共同完成学校教育对学生全面成都的培养。

概述：先天素质是基础，实践方能催人进。智力是发展保证，情商使人更完善。思维是智力核心，观察注意是基本。想象促进其发展，记忆分析鉴别真。

(十五)学习潜力

原意：教学过程中学生尚未表现的潜在的学习可能性，与现时的学习能力相对。学生通过自身努力或教师指导，可以使之转化为现实的学习能力。有的心理学家认为，除智力因素外，非智力因素如理想、求知欲、坚持性等心理品质也是构成这潜力的重要因素。苏联心理学家维果茨基区分了儿童发展的两种水平：第一种水平，儿童能独立完成智力任务；第二种水平，即发展的潜在能力，称为"最近发展区"，表现为儿童不能独立解决难题，但经过成人帮助和自己努力，能达到完成学习任务的水平，这又称潜在水平。

解读：在体育运动的专业领域中，学习潜力可称着运动潜力。也就是尚未表现出来的某种运动潜在运动能力。那什么是能力呢？它是指顺利完成某种运动所需要的个性生理特征和心理特征。有一般运动能力和特殊运动能力。在青少年正常发育阶段，我们的体育教学面对的是全体学生，我们教学考虑的还是一般运动能力，我们教学目标不是只考虑运动目标，而要以学生身心的全面发展为主，学生的运动成绩主要是自己与自己比，有提高就是进步，就有了发展，即为成功。所以运动潜力大多数情况下，是指特殊运动潜力，是学校运动训练的任务。而这种特殊潜力的挖掘受以下因素影响，有时甚至是"致命"的影响。

(1)受一定的先天条件影响，运动潜力的挖掘具有个性特征。在同等环境下学习(训练)，在每个人身上发展程度是绝不相同的。必须根据先天条件有针对性地挖掘，才能最终出成果。比如，需要身高的运动，一定要参考其父母身高条件，确定是否具有发展潜力；体操项目就一定要考虑学生的灵活性、柔韧性，以及具有敢于面对困难的心理素质，而身高确不能发育太高；现代游泳运动，已发展到很高水平，决定最后成绩的个人条件是"水感"和"身高"等。所以对个人运动潜力的挖掘，先天素质很重要。

(2)特殊运动潜力的挖掘是需要个人不断的努力，需要具有顽强、坚韧、百折不挠的心理素质，而挖掘周期也会因人而异。有人说竞技运动训练，就是一个"金字塔"型，真正走向塔尖的是少数。所以特殊运动潜力的挖掘是一项既艰苦，又需要科技含量的一项工作。

(3)我们学校的运动训练，是属于普及型的运动训练，也是较普通的特殊潜力的挖掘，其主要还是为今后发展打好基础的挖掘。所以，一定要注意发展的全面性训练，不能拔苗助长，过早地要求运动成绩。一般有经验的老师都明白，稳定的成绩表现是循序渐进，水到渠成的。小学时期成绩出得越早、越快(同龄人相比)，到中学就自然会慢下来了，甚至会落后于他人了。这就是挖掘运动潜力一定要具有科学性。

体育教学虽然属于一般运动潜力的挖掘，但对培养学生运动兴趣仍至关重要，建立一个和谐的运动氛围，对学生的运动能力发展也是有相当的促进作用。另外，一个好的体育教师，就应该是一个"伯乐"，要善于识别和发现"千里马"，以助其发展成才。建立和谐运动氛围是教育教学的需要，是学校体育发展的需要。

概述：学生天性具潜力，全靠教师指导引。潜力构成因素多，理想坚持求知欲。一般运动有潜力，身心发展需渐进。特殊潜力靠挖掘，顽强坚韧事能成。

(十六)知识

原意：对事物属性与联系的认识，表现为对事物的知觉、表象、概念、法则等心理形式，可通过书籍和其他人造物独立于个体之外。按反映尝试分，有包括反映事物外部属性外部联系的感性知识；反映事物本质属性、内在联系的理性知识。按反映内容分，有自然的、社会的、思维的知识。按其来源分，有直接知识和间接知识，前者从人类社会实践中直接获得，后者通过书本学习或其他途径获得；但从其总体来看，都来源于实践。它是学校教育的基本内容，实施德育、智育、体育、美育等的基础。

解读：知识，我们在这里强调它的两个属性。其一，知识都是从实践中来，并从实践中获得；其二，知识是学校教育的基本内容，无论德育教育、智育教育、体育教育，还是美育教育，都离不开知识的传授。

体育教学课是学校教育所规定的课程课之一，是学校体育教育的重要方面。有课时规定，有课程总目标和课程计划、有课的教学教材建设，等等。所以，无论是过去还是现在体育教学都要传授知识，传授人们通过长期实践总结出来的学科知识。只是在教学中如何传授，也就是在传授方法的选择上，过去与现在有根本的不同。选择方法不同的原因来自于对学校体育教学总目标的定位不同。远的不讲，从20世纪60年代以来，学校体育的阶段体育观、体质教育观、发展体能的教学观使学校体育教学，注重体育知识的传授，灌输式、陈述式是普遍采用的教学方法。加强“三基”(基本知识、基本技术和基本技能)是教学的核心；而课改从教学总目标上提升到使学生“健康第一”和建立“终生体育”观的高度上，改革后的体育课程全面关注学生的认知、心理情感和行为表现。原来“三基”中的基本知识构成了现在的基本认知能力的一个要素；原来的基本技术和基本技能则构成了学生基本行为表现中的运动行为；教学更注重了学生的心理情感的体验和表现。因此，“自主—合作—探究”教学理念使知识的传授改变了原有的单一模式，更具灵活性、创造性。当然，没有知识传授的“放羊式”自由课，无论什么时代，都是反对的，都不应存在于学校教育之中。

体育运动知识的获取是先外而内，是从外向内的渗透。在体育教学中，最先获取的是运动技术的外部形象的感性认识的感性知识，而后才是与运动技术的内部特性相联系的理性认识的理性知识。一般而言，没有理性认识的知识是不牢固而且容易遗忘的。只有获取了理性知识才能真正学会知识。

在知识社会中，“知识”这一概念也与以前社会中所认为的知识具有根本的区别。“在知识社会中，知识唯有在应用中才能存在。”学生不能应用、不会应用的知识都被认为是不存在的。教育家奈斯比特把不会学习的人称为“功能性文盲”。所以，“会学”是知识存在的条件或是基础。过去我们的体育教学唯一追求知识的灌输，“填鸭式”的“喂养”，只考虑了教师的“教”，很少考虑学生的“学”，到底学生学会没有，是否达到运动的目的，学生是否学会用知识去解决问题就研究不够。现在看来，只有学生把从教师那里“得”来的知识转化为自己的知识，才能算学会知识。

概述：知识来源于实践，感性理性两俱全。知识是教育之源，直接间接基础坚。知识是教学之本，唯有应用功能显。知识是情感传递，行为主动求发展。

(十七)知识结构

原意：知识领域内事实、概念、观念、公理、定理、定律等的组合方式，可分为两个方面。

(1)学科知识结构。它是学科各种内容的有机组合。随着学科知识的发展，其事实、论据和概念的不断充实，同时其作为组合方式的结构也不断改变。

(2)个体知识结构。它是指个体头脑中知识的构成状况，表现为各种门类、各种层次知识结构，为一个组织成员所具有的各种不同知识的集体组合。优化知识结构是学科、个体、群体充分发挥知识的功能，有效吸收新知识，进行自身合理调整的基础。

解读：有人提出过这样的论断，当教师仅是个“知识传授者”的时候，教师的职业是可以被同等学力的人所代替；当教师是个“学生发展的促进者”的时候，教师的职业才具有了不可替代性。也有人提出，单就运动技能的传授而言，体育教师肯定不如一个专业的教练员，甚至任何一个稍有运动特长的普通人，都可能替代体育教师的工作。但是，如果谈到通过体育活动对学生进行全面的教育和培养，全面促进学生的发展，那就只有合格体育教师才能胜任。也只有到这个时候，体育课和体育教师的独特作用才能充分体现出来，体育教师的职业才真正具有不可替代性。可见，作为一名体育教师的知识结构不只是体育专业知识。

就拿体育专业知识来说，它也有两个方面构成：一个是智力认知水平的变化和提升；另一个则是运动实践操作的实施和完善。体育运动的任何项目的知识结构都包括认知水平和操作。认知水平指导实践操作，反过来实践操作又实现认知水平。任何运动项目的知识结构也都包括感性认知和理性认知。它们是相互依存，相互促进的关系。所以，我们要求体育课堂的知识传授是通过讲解和示范两个部分共同完成，缺一不可。现在有些地方的学校，体育教师示范越来越少，越来越简单，光凭一张嘴来说，成了光说不练的“嘴巴式”，就不可能完成完整的体育知识结构的教学。

我们认为，作为一个合格的体育教师最重要的知识结构就是“事实”和“观念”。“事实”是他必须具有体育教育专业的基本知识和技能，而且还必须提高其教育学方面的基本素养；“观念”是必须从一个“教”者转变为学生学习的合作者，从“指挥”的位置下来，成为学生的引导、指导者；从“师道尊严”成为学生的朋友。

总的来说，体育教师的知识和能力结构主要应包括以下几个方面：以学生全面发展为目的的教育伦理；建立在理论、经验和规范基础上的体育教育专业知识体系；体育教学实践中的专业技能；教育的专业性评价；教育教学创新的能力等专业知识体系和专业技能。随着教育的发展，尤其是体育教育的发展，在体育教师的知识结构中，还必须调整和扩充。如：必须具有以学生全面发展为目的的教育伦理；必须具有从教育的专业性入手的体育教学评价；必须具有教育教学的创新能力；必须建立符合现代教育教学理念的新型师生关系，等等。

体育学科优化学科知识结构，除了上述几点外，还必须是和教师的个性特征相结合，使个体知识结构突显出个性特征，要形成具有个性特征的教学风格，这才是真正提升和优化了体育学科教学的个体知识结构。

概述：知识组合为结构，智力认知要提升。专业知识很重要，教学实践获技能。优化结构靠创新，吸新知合理调整。学生发展为基础，个性特征要鲜明。

(十八)能力

原意：顺利完成某种活动所需的个性化心理特征。有一般能力和特殊能力之分，前者适用于多种活动的要求，包括各种认识和实践；后者适于某种专业活动要求。二者相互制约，相互促进。按其发展水平分为再造性能力和创造性能力，前者是后者的基础。个人经过进一步学习和训练而达到更高水平的可能性，称之为潜能或能力倾向。各种活动所需的心理特征在各人身上的发展程度和结合方式不同，故在能力特征上存在个别差异。

解读：按词条“能力”的解释，我们首先应弄清“能力”的几种分类。首先，能力分一般能力和特殊能力。对于体育教师来讲，一般能力指具有教师对学生的一般教育教学能力，能掌握教育学、心理学的原理，应用于体育教学之中，对学生进行全面发展的教育。在对学生德、智、体、美的全面发展教育之中，体育不光是增进学生体质的发展，增强体格的发展，提高学生身体适应各种活动及环境变化的体能，而且是对学生非智力因素的培养。

在培养学生勇敢顽强的意志品质，不怕困难勇于挑战自我的精神，增强自信心、自尊心和积极向上，乐观开朗的精神面貌方面，体育学科比其他学科的作用要大得多，也更具实效性。而特殊能力就是体育专项的教育教学能力。要教会学生各项运动技术，要根据学生个性特征去提高运动技能，过去我们讲的"三基"教学就是体育教师的特殊能力。

另外，按发展水平来划分，能力又可分为再造性能力和创造性能力。前者是后者的基础。根据它的发展水平的可能性，又可分为潜能和能力倾向。一个好的体育教师必须随时代的进步，随教育教学的发展，提高个人的创造性能力，没有创新就不会有进步，没有创新就不能形成具有个性特征的教学风格。另外，一个好的体育教师也要善于开发学生的个性特长，去挖掘学生的潜能。要承认和认识学生的差异，从差异中去发现或寻找学生的个性特征，使之成为一种独特能力，使人人成才。其实，每个学生都存在着各种不同的潜能，需要"伯乐"式的教师，去发现和开发这些"千里马"。

我们从实践中也认识到，与我们体育专业学习和提高的还有两种有着密切联系的能力：一个是认识能力，一个是技能。认识能力是个体在认识过程中各种能力的综合。尤其是现代教学观念中。要突出的不是教会学生知识，而是要让学生学会学习。提高学习的认识能力是教会学生学会学习的关键素质和能力。它包括注意力、观察能力、记忆能力、想象能力和思维能力等。它们都对学会运动和提高运动能力产生极大的作用，而彼此又是相互影响和制约的。虽然个体的先天素质上本身就有差别，但环境和教育还是起决定作用。一个好的和谐融洽的教学环境可增强学生的注意力、观察力、记忆力、想象力和思维力等各种能力。一个主动的、具有活跃的动机和兴趣的个体，同样促进各种认识能力的应用与发展。而被动的、消极的学习，各种认识能力自然会被衰减，所以，教学环境的设置与教学方法的选用对认识能力的提高起决定性作用，是学生学会学习所不可缺少的基本条件和基础。

技能是主体在已有知识经验的基础上，经练习形成的活动方式、活动本领。体育运动属操作技能，是大脑控制机能完成运动的能力。在知识和经验基础上，经过反复练习，基本动作达到自动化水平的是高一层次的技巧。技能的获得直到形成技巧，是需要在实践中反复练习后才能形成的一种操作能力。所以，在我们的体育教学过程中，反复强调教学过程一定要"精讲多练"，就是这个道理。讲是技术的传授，练才是技能获得的唯一途径。过去我们的体育教学强调"三基"教学(基本知识、基本技术和基本技能)。其中基本知识是构成基本认知能力的一个要素；基本技术和基本技能则构成了基本行为表现中的运动行为。实际上，现在的教学也离不开"三基"的教学，只不过课程改革后的体育课更全面关心学生的认知能力、心理情感和行为表现。所以，现在新的教学不是取消"三基"教学，而是更加充实、丰富和完善"三基"教学。

概述：一般能力是基础，认知实践是特性，特殊能力是专业，相互制约互促进；又分再造与创新，二者兼备上水平，发现开发挖潜力，尊重学生有差异。

(十九)体质、体格、体能

原意：体质是指人体在遗传性和获得性的基础上表现出来的功能和形态上相对稳定的固有特性。一般包括体格、体能和身体适应能力。是人们劳动生活的身体基础，其强弱取决于多方面因素。增强学生体质是学校体育的重要任务。

体格是指人体形态结构的状况。包括身体的发育与发展水平、体型和身体姿态，是衡量体质的标志之一。一般通过观察和测量身高、体重、坐高、胸围、肩宽、盆宽、皮脂厚度以及身体各部分的形态大小与比例等评定。

体能是指人体各器官、系统在体力活动过程中表现出来的能力，是衡量体质强弱的主要标志。它包括身体素质，如力量、耐力、速度、灵敏性、柔韧性等；身体基本活动能力。

如走、跑、跳跃、投掷、悬垂支撑、攀登爬越、负重等。各国对体能的含义理解颇广。有的学者认为它是人类精神与身体对于现代生活的适应能力。也有的认为其内容包括体格、内脏器官的效率和运动适应能力。

解读：体质、体格和体能是学校体育工作者经常提到的三个术语，其对于学校体育的意义是至关重要的。

简单而言，体质是人的形态和功能的总称，包含着体格、体能和身体对外界的适应能力。所以学校体育的根本任务之一是增强学生体质，这是人们从事一切活动的身体基础。当然，体质有相当部分受遗传性的影响，但同时也是可以经过人的努力，在获得性基础上求得发展。体质的强弱取决于多方面因素。比如，除遗传性以外的社会环境(包括家庭环境)的影响；营养卫生条件的影响；教育与体育锻炼的影响，等等。但它完全可以通过自己的努力，通过体育锻炼求得改善和增强。

体格是人的外在形态特征，是人直观能感觉的形象，是衡量体质强弱的主要因素之一。它可以通过体育锻炼来改善和发展，是身体健康的外在标志之一。

体能是人体在各种环境和活动表现出来的各种身体能力。竞技运动需要运动员具有适应该项目运动特征的高体能，这需要从艰苦的训练中获得。一般人的体能只需要从事普通的运动锻炼就能获得，但需要养成锻炼习惯，坚持活动去维持所需的体能，保持较好的体质，增进健康。可见培养学生的运动兴趣，养成喜爱和坚持运动的习惯，对他们今后的一生是多么重要。

体能只有通过体育锻炼而不断改善和发展。体能包括各种身体素质和基本活动能力。力量、耐力、速度、灵敏度和柔韧性是人的五大基本素质。它的培养必须从小进行。尤其是柔韧性、灵敏度和速度在小学阶段是最佳培养期。所以，小学阶段必须大量安排发展这些基本素质的练习。要从教学方法去创新，使其得到完善效果。为什么过去练“武”的人都讲究“童子功”，就是这个道理。走、跑、跳跃、投掷、悬垂支撑、攀登爬越和负重是人们的基本活动能力，它们都必须通过各种体育教学的学习和锻炼中去获取。所以，我们的体育教学必须根据学生年龄与学段的不同，选择适合的教材去发展这些基本素质和基本活动能力，要有的放矢地进行教学活动。

增强体质是学校体育教育的重要目标之一，发展体能、促进健康是学校体育教学的课程目标之一。所以，培养学生的运动兴趣和爱好，形成坚持体育锻炼习惯是增强体能的保证；掌握和应用基本的体育健康知识和运动技能是增强体质的条件和保证，也是体育课程文化的传承。体育有三大方面：教学是提高体能的行为保证；群体活动是提高一般体能的实践保证；运动训练是获取运动竞赛所需高体能的保证。

在这里，我们再次强调这些基本概念，其目的就在于通过对体质、体格、体能之间的关系加深认识，帮助我们在体育教学中正确处理好教与学的关系，使学生提高运动兴趣，获得运动知识，养成运动锻炼的习惯，使其终生受益。

概述：体质形态和功能，学校体育之根本，先天遗传受影响，不断努力可改进；体格是形态特征，发育发展的水平，体育锻炼能改善，健康的外在标准；体能是综合能力，体质强弱的象征，重要是锻炼习惯，兴趣是行为保证。

(二十)体育

原意：使受教育者增强体质以及掌握相应知识与技能的教育。学校教育的重要组成部分。对促进儿童、青少年正常发育，完善身体形态和机能等方面有重要作用。为学生智育、德育等发展准备必要身体条件，也有助于形成和发展一定的审美观点和审美能力。

(二十一)健康

原意：人的正常身体发育，功能良好，无残障疾病，体力充沛，精力旺盛，并能正常生活和劳动的状况。可通过观察和测量身体形态、生理与心理功能的一定指标及医学检查的状况来判断。社会学还从人的行为和劳动效能方面分析。现代社会认为它具有身体、智力、心理和社会的性质。联合国世界卫生组织提出“健康”的含义包含充沛的精力，能从容地应付日常生活和紧张的工作；处世乐观，态度积极；乐于承担责任；善于休息，睡眠良好；应变、适应能力强，能抵抗一般疾病；体重适当，身体均匀，姿势协调；眼睛明亮，反应敏锐；牙齿良好；头发有光泽；肌肉、皮肤有弹性。

解读：(体育与健康综合解读)

对于“体育”的定义，说通俗一点，主要是指增强体质、发展体格和提高体能，促进人的健康的一种教育。原属一门独立课程。

从“健康”的定义，我们不难看出世界卫生组织所下的定义是全面高标准的，不是教育的哪一门学科能独立完成的。实际上“健康”也是一门独立完整的学科。从其性质看，“健康”不从小抓起，不从严抓起，不从难抓起，不从人的一生去抓是很难实现的。现在人类的现状如按世界卫生组织的标准去衡量，人类大部分是属于“不健康”或“亚健康”状态。

实质上“体育”与“健康”不是平行的概念。体育能促进健康，但不是健康的全部。健康包括体育中的某些因素，但又不能只从体育中获取。它还包括社会学、医学、营养饮食科学、生命安全等方面。因此现在学校的“体育与健康”课程名称从原则上讲定位不准确，它包含体育的全部，但只包含了健康的一小部分。我们认为，要准确地说，它应该是在健康原则指导下的如何进行体育课程教学的一种教育观念。“健康”应是体育教学总的指导思想。只有这样我们才能真正领会新课程标准的实质，也才能真正贯彻和落实新课标。

我们从全日制义务教育“体育与健康”课程标准实验稿“解读”提供的资料来看，体育与健康是不同的两门课程。世界上大多数国家和地区是以不同方法分设模式(过去我国也是分设)，而也有部分国家和地区是两门课程合设成一门。日本虽然也是合设，但小学仍就叫“体育课”，中学取名为保健体育课(从取的名称上看有一定道理)。体育与健康两门课程的分与合，取决于各个国家的国情。到目前为止，我还没有看出我国国情有何理由、有何条件要“合”(我们经济发展差距较大，尤其是东、西部经济发展很不平衡；城市和农村教育水平不平衡；各地学校体育设备建设不平衡；教师师资水平差距也很大等)。但不管怎么说，这是教育现代化发展过程中的创新之举，是从“大健康”的目标出发提升学校体育课程的总目标，是不同于新中国成立以来的前七次体育课程的改革，是一种新的教育观念指导下的课程改革。因此，也必然带来很多不适应之处。如各省、市、地方的不适应(各地方有权编制教材和选用教材)；各学校领导与管理的不适应(学校也有权选择教材，可编制“校本教材”)；体育教师的认识与实际贯彻的不适应，等等。所以，现实是很多学校不知用什么教材好，体育教师也不知如何准备和上好体育课，使“放羊课”又大批回流。所以，如何科学而稳妥地落实课程标准，还有很远的“路”要走，还有许多重要问题需要解决。以下四个方面的问题必须引起重视，应尽快解决。

第一，要尽快改变目前广大地区的大部分体育教师的知识结构和基础，认知水平不适应“课改”要求的现状，要加强学习、研究和培训。不是请几个“专家”举办一些大部分体育教师不爱听的所谓理论培训。而应是加强联系实践工作的“活学活用”式的学习与研究。可以通过课例的讨论，从小处入手，明白“大”道理。应采用轮训形式，每个教师都学习一次。当然，培训要严格考核，合格上岗。

第二，课程标准中所提出的“教材”三级管理的形式一定要落实。应有相应的检查手段和制度规定，尤其是地方和学校两级是重点。地方是以省为单位，还是以地市、区县为单位，应有明确规定。现在好多地方是管理不到位或是无能力、无条件自己编写教材，学校更是如此。形成了很多老师不知如何选教材上课的尴尬局面。由于受升学率和其他一些因素的影响，有些学校对体育教学放任自流，使一些“放羊课”被说成是培养学生个性特征，提高兴趣的“好课”。认真上课和无目标上课对待都一个样，伤害了教师认真、积极上课的上进心。现在，有很多学校执行“课标”的好坏，全靠体育教研组和体育教师个人的自觉性和责任感了。所以，也要加强学校领导层的体育工作管理培训以及学校体育管理考核办法的制定落实，使贯彻课标工作的“好”与“坏”一目了然。要与“绩效工资”挂钩，表彰先进，鼓励更多的体育教师积极投入学校体育教学工作。要创学校体育工作特色，要创个人的教学风格和教学艺术，使更多有志于学校体育工作的教师得到尊重，实现学校教育的现代化。

第三，课标确定的课程标准体系包括五个方面：增强体能，掌握和应用基本的体育与健康知识和运动技能；培养运动兴趣和爱好，形成坚持锻炼的习惯；具有良好的心理素质，表现出人际交往的能力与合作精神；提高对个人健康和群体健康的责任伤感，形成健康的生活方式；发扬体育精神，形成积极进取、乐观开朗的生活态度。不难看出，前两个方面是体育目标；后三个方面是健康目标。合起来是“体育与健康”课程标准的总课程标准体系。其实，我们也可以这样来理解：前两个目标是学校体育教育的目标，后三个目标是学校教育的目标，也是其他学科的教育目标。那么，我们在体育教学的备课中，一定要从学校教育目标出发，去考虑如何完成体育教育目标。这样就区别于我们过去的为教“教材”而教学了。在选择教学方法和策略上，也应从先后三个方面的健康目标出发，改变习惯的方法，注以新的生命，创造性教学。当然，教材的最终落实仍然在前两个方面。这样，无论是备课还是实际教学就好完成了。比如，我们教小学生的“前滚翻”教材，过去考虑多的是确定课时教学任务的教学重点和难点，教师应如何教；现在的教学不同点就在于如何组织学生“学”；如何提高学生学习兴趣，提高自主参与性；如何使学生自主学习、合作学习，并且用脑学习。有了这个大前题的改变，学习效果就绝对不一样了。

第四，课程标准制定了五种不同性质的学习领域，分别为运动参与、运动技能、身体健康、心理健康和社会适应。它是由两条主线构成：一条是运动主线，包括运动参与、运动技能和身体健康；另一条是健康主线，包括心理健康和社会适应。运动主线贯彻到体育教学各阶段的实践课中，同时它也是一个载体，装载着健康主线在学生身上的实现。所以，我们在教学实践中，教材的实施仍然是运动主线。从实现运动主线的教学理念、方法中去考虑如何实现健康目标。所以，在教学课中，五个学习领域绝不会“齐头并进”，绝不是每一节课教要“全面开花”。教学仍然有主有辅。课标中的“课例”是公开课或精典课，是个人经过长期思考、探究，甚至多人共同研究出来的体育课的“套餐”，不可能天天“吃”。平时的常规课，课量大，进度又交叉出现，所以就不可能一节课全面地体现出两条主线的内容，只能以运动主线为主兼顾健康主线，或者是说从健康主线的角度去考虑运动主线的实施。公开课，研究课向我们展示的是好课的“标准”，是我们学习、研究、提高教学质量的参照。不可能要求常规课节节如此上，如此“高标准”。有了这样的考虑，我们的实际教学就不会无从下手了。

概述：体育是增强体质，学习知识增技能。体育促形态机能，为机能发展准备。健康要从小抓起，生活工作不能离。健康是人类追求，体育促健康永存。

(二十二)体育教学原则

原意：指导学校体育教学工作的准则。根据学校的性质、体育任务和教学的客观规律制定，是长期体育教学实践经验的总结和概括。中国学校体育理论工作者认为，在体育教学中除贯彻自觉积极性原则、从实际出发、直观性、循序渐进以及巩固性等一般教学原则外，尚有反映体育教学特点的各项原则，如身体全面发展原则和合理运动负荷原则。前者指在体育教学中使学生身体的各部位、各器官系统的功能以及各种身体素质和基本活动能力都得到全面协调发展。后者指在教学中依据课程任务、教材特点、学生实际、教学条件以及人体机能适应能力的变化规律，合理地安排各项目内容的运动负荷。

解读：我们在这里进行解读有两层意义，其一是体育教学的七大教学原则，虽然已经历了最少几十年的历程，对当今学校体育教学工作仍然有效。其实，它的前五项原则适用于学校教育的所有课程，是所有课程的基本教学原则，也是我们体育教学遵循的一般教学原则。而后两项原则只针对学校体育教学，是学科特点的反映。其二，随着时代的进步，学校体育教学的发展被注入了新的内含，使原有的七大体育教学原则放射出新的光芒。

第一，自觉积极性原则。其实过去的体育教学也注意了此条原则，不过认识的高度不够，没有更多地从学生主体去考虑如何进行教学。现在是把提高学生的兴趣和动机放在第一位。自觉积极性原则是体育教学的首要原则，只有提高学生学习的自觉积极性，才能使学生真正受益。所以，现在教学注重学生主体主动参与性的自主学习；注意提高学生心理素质的合作学习；也更加注重学生的研究、探讨学习。这些都要求教学不仅教学生运动技术，更应教会学生如何去学习，如何去运动，所以学生获得自觉积极性的教学，一定不是强制性、命令式的教学。改变观念，改变教学方法是现代教学的需要，也是提高学生自学积极性的保证。

第二，从实际出发原则。从实际出发在过去的教学中也普遍运用。就是体育教学要从学校场地、器材的实际出发；要从教师的实际出发；更要从学生实际出发，因材施教。现在，更应突出的一点是要从学生实际出发，要从全体同学的实际出发，要承认和尊重学生差异，教学不搞“一刀切”。要针对不同个性特征的学生出发，实施有针对性的教学方法，既要学生学会运行技术，更需要他们对运动产生兴趣和情感，使其终生受益。

第三，循序渐进原则。过去我们贯彻此原则，主要体现在教学要从易到难，从浅到深。这一点没有错，现在教学也应如此。但现在有更新的要求：教学要从学生特征出发，正确对待和处理技战术的教学。总的原则是简化技战术，降低难度要求。要把复杂的技术简化以适合教学要求，要便于学生掌握。比如，跨栏跑的栏间距，在竞技体育中是有严格规定的。可教学不是训练，更不是竞技训练。有的学生受身高、腿长的遗传影响，三步栏绝对“上”不去。那么，教学就应该降低这些要求，根据不同条件和水平，四步左右腿都行，五步也可以，等学生对技术逐步掌握，技能增长后再进一步要求，这也是循序渐进。

关于直观性原则和巩固性原则，我们就不做过多分析。我们要注意的是这两个原则受教学氛围的影响较大。直观性和巩固性受兴趣、动机的控制。只有好的教学氛围、和谐的教学才能激发学生的参与兴趣，提高学习主观能动性。

另外，身体全面发展原则也是新的教学观念提倡的身心全面发展；合理运动负荷原则是促进身体全面发展，促进心理素质良好发展。运动负荷过大，损害学生身体，有害健康；运动负荷过小，又达不到对身体的锻炼，无效果。所以说，教师要根据学生的实际条件，灵活掌握，要有科学性。而现在在很多地方，学校体育课的运动负荷太小，学生身体得不到锻炼，体质下降。这是对学生、对教育的不负责任，应尽早纠正。

概述：体育教学有原则，人类经验的总结。七大原则有发展，观念进步的体现。

(二十三)美育

原意：亦称“美学教育”、“审美教育”，使学生掌握审美基础知识、形成一定的审美能力、培养正确的审美观点的教育。美育的特点包括以下几点。

(1)通过审美活动进行，即指导学生对自然美、社会美和艺术美的鉴赏，发展学生各方面审美能力，使他们追求美的事物和生活，美化主观世界和客观世界。

(2)形象性、可感性，即以具体、鲜明的形象感染人、教育人，以美感人、以情动人。

(3)在自然享受美的愉悦中，不知不觉地接受教育。其意义为：①以科学的审美观为指导继承历史上一切有审美价值的东西，并用自己的智慧进一步发展创造，以丰富人类文化艺术宝库。②扩大视野，陶冶情操，树立崇高理想，形成道德信念，丰富精神生活，改善社会风尚，加强精神文明建设。③与德、智、体等密切结合，促进人的全面发展。

正确的美学观点和鉴赏美的能力有助于分清真善美和假恶丑；采用艺术手段反映现实世界，可使人的认识更加生动、丰富，提高观察能力、想象能力、思维能力和创造能力；完美的体态和优美的动作能使身体健康均匀地发展，健与美有机结合。

解读：随着时代的发展，社会的进步，对人的美育教育越来越得到人们的重视。同时审美观点和鉴赏能力也是现代人所不可缺少的素质。人们自身也需要这些审美观来享受生活。那么美育所要达到的要求，就应包括使学生掌握审美基础知识，形成一定的审美能力和培养审美观念三方面。

第一方面：审美基础知识。它是审美能力的基础，包括现实美和一定艺术门类的知识，是培养具有一定文化修养的人所必需的。审美基础知识能使人通过对美的理解，更正确、深刻、全面地感受、欣赏美，并进一步表达、创造美。掌握了它，可正确区分美与丑、真与假、善与恶，高尚与低级、文明与野蛮，有助于审美观念的形成。

第二方面：审美能力。培养审美能力能使学生按照美的规律认识世界，改造世界。审美能力指欣赏美的能力和创造美的能力两个方面。其一，欣赏美的能力包括感知美和鉴赏美两方面。前者指通过感官，反映客观存在的美，产生美感的能力。美感能力的不同，使学生的同一健美操的美的感受也不同。后者指对美的事物的鉴别和评价的能力，不仅表现为能识别美丑，而且能理解美的事物，鉴别美的种类和程度。对同一场舞台的演出，不同的人感受是不相同的，这就是审美能力的差别。其二，创造美的能力包括表达美和艺术创造能力两方面。前者表现为在生活和行为中美的能力。如美好环境的布置、良好的语言行为表现等。作为体育教师一定要具有表达美的能力，才能进一步激发学生学习兴趣。无论是教学口头语言和非口头语言都应有表达美的素质和能力。后者则表现为在美术、音乐、舞蹈、书法等方面的创造才能。这是专业的创造能力。而我们体育教学更多的是培养学生的美的表达能力。

第三方面：审美观念。它是由审美经验积累和归纳而成的概念，它能使学生以更自觉的态度，主动、积极、正确地接受审美对象美的信息，有助于审美能力的形成。所以对学生审美观念的培养相当重要。这就需要教师在长期的教学运动过程中，建立上课环境的协调美；建立师生之间、生生之间的和谐美，逐渐培养出学生的审美观念。

我们在体育教学中进行审美教育也是课程的目标之一，体现了体育课程的四维性。体育教学的审美教育的特点，主要体现在形象直观性和可感性，即以具体、鲜明地美好环境、氛围及形象感染人、教育人，以美感人、以情动人。比如，我们选用的舞蹈教材、韵律操(健美操)教材、形体训练教材，等等，都是在音乐旋律感染下的形体美的展现，具有形象美的可感性(其实体育项目的各种运动自身都具有不同程度的美，观摩体育的各种比赛也都是一种“美”的享受)。所以，这些教材的实施一定要以“身”为榜样，传递“美”的信息。同时要投入激情，感染学生，使学生在美的享受中得到教育。当然，这些教材具有一些专业难度，需要经过一些专业培训才能获得，不然是“美”不起来的。这就要求我们教师自己要加强进修，早日达到教学要求。同时在教学中也可请有这方面特长的学生当“助教”。在现在的观念中，师生合作完成教学也是我们提倡的。总之，我们不能轻意放弃这些教材的教学，使学生失去了接受美的教育的机会和权利。

概述：美育是审美教育，掌握知识提能力。体育教学传递美，培养美的表达力。形象感人情动人，追求自然享终生。德智体美共发展，孕育一代杰出人。

(二十四)美育过程

原意：教师根据审美能力形成、发展的规律，有目的地指导学生通过审美活动培养和发展学生审美能力的过程，是教育的特殊形成过程。与审美能力自发形成过程不同，它是为实现一定的美育任务，按美学要求和教育规律自觉组织的，能避免审美能力自发形成过程中可能出现的简单的、初级的、缺乏美学修养的审美观；甚至不正确，不健康的审美趣味、审美标准。与一般的审美活动不同，它是由教师、学生、审美对象三方面相互联系、相互作用而产生的。完整的过程包括三个阶段。

(1)以培养学生审美感知为起点，包括培养审美感觉能力，发展学生对美的事物的情绪体验。

(2)培养学生审美判断力，培养学生高尚的审美趣味、审美理想，教给学生美学知识，明确审美标准。

(3)使学生感受美、鉴赏美的能力用于实践，发展学生创造美的能力，包括指导学生美化校园环境，把审美趣味用于自己的学习、生活、劳动，以及组织各种艺术创造活动等。

解读：美育过程的三个阶段，对于体育教育而言，主要表现在第一阶段，即以培养学生审美感知为起点，发展学生对美的事物的情感体验。也就是美的启蒙、启发阶段，属于初级阶段。在我们体育教学实践中，动用最多、最普遍的地方是课的开始准备部分和课的结束部分。在开始准备部分用音乐伴奏营造出美的氛围，一般用轻快健美的走步、体操动作激发学生上课情感，使学生精力能更好地集中，把情感调动起来，有利于课程的顺利进行。如果本课的教学内容是舞蹈、韵律体操或是与形体训练等有关，开始部分的情感激发就非常重要了。开始准备部分的功能，不仅是身体的“热身”，教师对学生情感的调动也很重要。没有情感投入的课，无论是教师，还是学生都不可能上好，教是无力，学是无味。俗话说，万事开头难。我们有些教师往往忽视开始准备部分的作用，这是错误的。为什么我们观摩的任何形式的体育公开课，开始、结束部分都很精彩，变化丰富，情感动人，因为没有一个好的开始，引不出一节好的体育课。其实除了带有艺术成分的教学内容外，其他所有教学内容都需要情感的激发和调动。比如，田径中长跑，需要调动和培养学生知难而行的不怕苦情感；体操需要调动和培养学生敢于克服困难的勇气情感；就是武术也应调动学生威武震撼的精、气、神的情感。其实武术的重点是形神兼备，以神贯形。我们体育教学过程也就是一个美育教育过程，美的情感的启蒙无时不在。结束部分的安排，无论是舞蹈的放松，心理放松，还是在音乐伴奏下教师的语言情感放松，都是利用一种美的感情，营造一种美的氛围来调节身体，起到身心的回归的作用，从而结束一节激烈的身体运动课，并从美的教育过程中得到享受。

美育过程的第二阶段是需要经过专门的规范学习和训练才能获得的，是学校课程中的音乐、美术及其他课外专门训练的教学任务。现在学校教育是把舞蹈教学放在了体育课程之中，这对体育教师来说，增加了教学难度，一般没有专业基础的很难完成，身体动作都不美，吸引不了学生，激发不了学生学习兴趣，也就不会有美的教育过程了。解决办法有两点：一是自己抓紧“补课”，早日具备美育教育技能；二是找学生骨干，师生共同完成教学任务。

另外，发展学生创造美的能力，是美育教育过程的第三阶段，也是最高阶段。我们一般的体育教学是达不到的。除非学校专门开设系统的舞蹈训练课，才能真正发展学生创造美的能力。过去，我们在一些公开课中，看到教师安排让学生自创韵律操或舞蹈动作，说是培养学生的创新能力。其实要没有美育教育过程的前二个阶段任务的系统训练和学习，这种“创新”只是一种“摆设”，是提前准备好的。所以，美育教育过程一定是真实可行，教育需要扎扎实实地进行。任何超越美育过程的创新都是不可能的。

概述：美育过程三阶段，审美感知为起点，情绪体验不可缺，对美培养需情感。

(二十五)美育原则

原意：实施美育过程中所遵循的基本准则。它包括以下五个方面：

(1)思想性与艺术性的紧密结合；

(2)情绪体验与逻辑思维的正确配合；

(3)艺术内容与表现方法的统一掌握；

(4)美育与学生实践密切联系，可以达到鉴赏和表达的目的；

(5)面向全体学生与因材施教并重。

解读：就如体育教学有七大教学原则一样，美育也有自己的教育原则。不过这些原则多体现在美育的专业培训之中，而与体育教学联系密切的是美育原则的第二原则和第五原则。

美育原则之二：情绪体验与逻辑思维的正确配合。比如我们体育教学采用情境教学法时，就体现了这条美育原则。情境教学的场景设计必须与人的逻辑思维正确配合，使其突显学生的情绪体验。也就是有一个主题，而这个主题必须符合学生年龄特征的逻辑思维能力，不能脱离学生实际，让学生弄不懂这是在“干什么”，不然就失去情境设置的意义。另外，教师应用语言类教学语言和非语言类教学语言去生动地启发学生的思维，尤其是富于情感的逻辑思维去感染学生，激发学生参与兴趣，调动情绪。比如，中长跑教学本来是较枯燥的运动，如果教师设置一个不定期的情境让学生去体验，并用富于情感的具有一定逻辑思维的口头语言去引导，激发学生练习情绪，这时学生不但会减去“累”的感觉，反而会去享受其中的乐趣。从教师的逻辑思维中去认知事物，掌握知识，提高素质，并能启发创造性思维的发展。

美育原则之五：面向全体学生与因材施教并重。在审美教育的学习中，学生审美学习潜力与能力也存在较大的差异。这与体育学习一样，这种差异与先天素质有关，也与生存环境有关，而且起作用的更是学生学习的“艺术”环境。不同的学生生活在不同的美育环境中，其差异是很大的。另外，与我们的体育教学相同的是，美育教育首先应是面向全体，然后根据学生的差异实施因材施教。所以我们体育教学的舞蹈、健美韵律操或形体训练的这些带有关美育性质的教材教学中，教材难度的确定也应是“降低难度要求”。要根据不同个性特征提出不同的要求，也不能搞“一刀切”。在满足全体学生的条件下，利用一定时间去因材施教，满足每一个学生的要求。这个道理是与我们体育教学原则相同的。个体的发展能带动全体的发展，而全体的发展又能促进个体更高更好地发展。美育同样如此。

另外，体育教学中的美育同样是追求以下三个方面。

(1)自然美。我们在越野跑、室外定向运动中，利用大自然的美激起学生愉悦情感，既是体育锻炼也是享受生活。

(2)社会美。我们在体育教学过程中，营造师生之间、生生这间的和谐就是一种社会环境美的体现。良好的关系促进学习，促进师生合作共同完成教学目标。

(3)艺术美。体育教学得用教材的艺术形象，反映出自然美和和谐美，促进师生的情感投入。一是促进了教学；二是满足了人们的审美需求。

概述：美育教育有原则，思想艺术紧密结，情绪逻辑需配合，鉴赏表达更密切。

(二十六)审美情境

原意：能引起审美情趣，激发情感共鸣的教育环境。创设方法主要有施教者善于设置使人产生愉悦心情的优美环境，以饶有情感的语言再现艺术作品蕴含的思想情感，以音响、节奏、旋律构成听觉艺术形象；以色彩、线条、造型构成的视觉艺术形象激发情感；将语言艺术、听觉艺术和视觉艺术综合起来塑造艺术形象，激发学生对艺术作品蕴含的情感产生共鸣，领会意境等。

解读：美是由客观事物所具有的完美性、和谐性、最佳状态等审美属性所引起的一种愉悦的情感体验。那么，审美情境就是为实现这种美的情感体验而创造出的一种客观环境。无论是自然美、社会美和艺术美都需要一种环境去实现。这三种美的特征表现如下。

第一，社会美是按照社会生活的发展规律和审美理想创造出来的社会事物的美及其创造者的思想品质和道德情操的美。其特征为：具有实践性、革命性和创造性；功利性和美善合一。

第二，自然美是自然物体和自然现象蕴含的美，包括纯自然的美和人造自然之美。前者如大自然中的光辉的太阳、浩瀚的海洋、巍峨的群山、野生的珍禽异兽等，均以人们的生活环境和生活资料的形式呈观，引起人们的愉悦感，满足人们的审美需求和生活需要。后者如田野、长城、园林。古建筑等，是人们劳动创造的成果，使人们可以直观自己的创造力，体现人的本质力量。其特征为：具有形式美和观赏性，在形态、色彩、声音、质料等方面有多样性，能使人达到“物我合一”的审美情境；能启迪人们联想和想象，产生移情的作用，通过联想，从自然物体的素质联想到人的精神品质。

第三，艺术美是具有认识、教育、审美功能的艺术作品的美。其特征是：源于生活美，高于生活美，比现实生活中的美更集中、更典型；思想性和艺术性统一，自然美侧重形式美，社会美侧重内容美，艺术美则需要内容美和形式美的和谐结合；具有再现性；与现实生活美相比较，它不受时空限制，使蕴含于作品中的作者思想情感再现，由情悟理。

所以，我们的学校教育，要从“三美”的角度对学校教育环境、教育氛围创设有利于学生的审美情境，教育才能发挥更大的作用。

那么，在我们的学校体育教学中，如何考虑和实施审美情境的创设呢？至少包括下面四个方面：其一，教育教学语言应具艺术性，具有语言情感的感染力。这对激发学生参与运动，提高自主兴趣性是最重要的情感调动，并能消除学生运动疲劳感，保持兴奋度。所以，教师的技术讲解，队伍的调动，表彰和引导等一切语言的应用，一定要课前有一个大概的设计，使其具有语言艺术美。其二，通过音响、节奏、旋律等构成的听觉艺术，激发学生情感共鸣，促进学生主观能动性的发挥，领会意境，促进学习。我们的韵律操、健美操、武术、中长跑以及准备活动的徒手操、轻器械操；结束部分的生理放松、心理放松等都可以配以音乐，用情导入发生共鸣，使一节运动课成为艺术类的享受。另外，情境教学的情境设置，游戏教材的过程都可以安排音乐，创设审美情境，提高教学效果。其三，运动器材、场地设置要注意色彩、线条等造型形象的艺术美，它同样能激发学生学习兴趣。其四，教师个人除了语言以外的非语言行为也应具有亲和力和艺术感染力。这也是一个重要的视觉艺术。教师着装要显现“精神美”，甚至教师的眼神，面部表情也应有“亲和美”。

总之，审美情境能综合激发学生的学习情感，能与学生兴趣产生共鸣，使学生能充分享受体育带来的快乐，终生受益无穷。

概述：情趣是审美基础，激情是审美促进，环境是审美条件，形象是审美艺术。教学语言促激情，旋律构成领意境，用情导入起共鸣，形象感染情意深。

(二十七)注意

原意：清醒意识状态下人的心理活动对一定对象的指向与集中。广泛存在于感知觉、记忆、学习、思维和创造等各种心理活动之中。其对象可以是外界的各种事物和现象，也可以是主体自身内心活动。在同一时刻，并非所有事物都能被人清晰地反映，只有那些进入注意状态的信息才能被认知，并通过进一步地加工而成为个体的经验。其目标、范围和持续时间取决于外部刺激的特点和人的主观因素。

解读：对其目标、范围和持续时间的强度被称为"注意力"。我们在此探讨的就是"注意力"。它同样取决于外部刺激特点和人的主观因素。我们在体育教学的实践过程中，教师经常要强调学生集中注意力。问题是学生能否集中注意力，不是教师强调不强调的问题。它取决于教师采用的外部刺激强度与方式是否有针对性，是否有效；另外也取决于学生主观的学习愿望。学生的注意力取决于以下四个方面：

(1)教学内容的"刺激"是否使学生产生兴趣；

(2)教师的教学方法是否能激发学生兴趣；

(3)教师的语言与非语言行为是否能感染学生，引起学习兴趣；

(4)教学场地器材及其设备能否影响学生情感。

以上四个方面是决定学生注意力的主要外部刺激因素。

体育教学的运动教材很多，不可能每一项运动学生都喜欢。同一项运动，学生有喜欢的，肯定也有不喜欢的。面对这种差异除了讲明道理就需要靠后三个方面的工作了。

教师的教学方法是否恰当对于集中学生注意力是至关重要的。其实在体育教学实践中，注意力可分为一般注意力和专项注意力两种。强化一般注意力多在课的开始进行。比如，刚一上课学生受课间活动的影响，注意力很难集中。教师一般可采用以下三种简单方法调整。

(1)口令、动作的反向练习法。比如教师口令喊"立正"、学生动作必须作"稍息"状态；教师口令喊"蹲下"，学生就必须"直立"状态等。

(2)口哨练习法。比如，教师一声"长哨"，学生"下蹲"；教师两声"短哨声"学生就"直立"等。

(3)简单游戏法。比如，学生分为两排面向站立，一排为"长江"，另一排为"黄河"，教师喊"向前走"以后学生面相对前进，在适当距离时，老师喊到谁，谁马上往回跑对方赶快追赶，拍到对方背部就算胜利；也可以听"口哨"声，击掌声发出信号进行。以上三种小游戏都是课的开始，集中学生一般性注意力的方法，也能调动学生学习热情。专项注意力就需要教师运用适当的教学方法，激发学生兴趣才能提高。

关于教师本人的教学语言与非语言行为是否能感染学生，引起学习兴趣，以及教学场地、器材的情境设置能否激发学生学习情感的问题，前面的词条中，已经分析很多，在此不再论述。总之这些都是能调整学生注意力的外部刺激，教学中教师一定要恰当把握。

学生的注意力的强度也取决于学生的主观因素。根据内、外因之间对发展的影响规律来看，外部刺激对注意力强度的影响大小，是通过学生主观因素来起作用的。只有对体育，对体育学习项目有了兴趣，才能集中学习的注意力。要将学生对教师教学的倾注力，提高到学生亲身投入运动体验的专注力方面来，我们的教学就是成功的教学。

概述：信息是注意认识，刺激是注意强化。主观是注意根本，创新是注意扩伸。注意强度注意力，取决于外部刺激，主观内因能调整，情感因素不能离。

(二十八)记忆

原意：在头脑里保持所经历的事物(包括学习和生活实践中所感知过的事、思考过的问题和理论、体验过的情感、进行过的动作等)事后再认或回忆的心理过程。传统上把记忆分为识记、保持、再认(或回忆)三个基本环节。按学习材料内容的不同，可将记忆分为形象记忆、逻辑记忆、情绪记忆和动作记忆。根据记忆是否建立在理解学习内容的基础上，可将记忆分为有意义记忆和机械记忆。

解读：记忆化分成三个基本环节，即识记、保持和再认(或回忆)。

识记：人的头脑对事物最先接触的初步认识，是未经储存的信息。

保持：学习过的对象在记忆中的储存。学习的一个重要环节。没有保持，人们就不可能有知识、技能和各种经验的积累。保持不是信息的简单储存。记忆的内容在保持中既有质的变化，也有量的变化。质的变化主要表现为回忆内容往往比学习内容更简略和概括：回忆的内容比学习的内容更为详细、合理，但有时也有曲解和遗漏等，其原因可能是由于所识记的材料受新的经验影响形成一种别的联系。

再认：亦称“再认记忆”或“认识”、“识别”，是提取信息的一种形式，也是测量保持的一种方法。其特征是原先学习过的刺激物呈现在学习者的面前，并有时伴随着一些别的干扰物质一起呈现，学习者必须抛开别的干扰物质后识别出识别物。再认的速度和准确度主要取决于识记通过保持后的巩固程度以及别的干扰作用的刺激程度和分辨度。再认对原熟悉的事物可能出现不能识别和能完全识别。

对于体育学科的教学过程而言，我们要研究和探讨的记忆主要是形象记忆，也就是动作记忆。体育教学运动技术的传授是通过两条渠道同时进行的：一是运动技术的讲解、分析，初步建立识记；二是运动技术的动作示范建立视觉情感而加深识记。这是与其他学科的教学所不同之处。教师不能单靠嘴去“说”来传授知识、技术，而要让学生直观感受技术示范动作，从而形成初步的形象识记。再通过学生亲身练习去“保持”和“再认”，最终掌握技术，发展成技能。所以，体育学科决定学生记忆程度的主要是运动技术教学的直观示范的方法和效果。

运动技术的动作示范必须与技术的讲解、分析密切配合进行，才能形成一个完整的运动技术的教学。对于一般难度的运动技术的教学，可以先讲解，后示范。比如，小学阶段的立定跳远的教学，它是双脚同时起跳，同时落地，先说后示范；对于学生难领会的运动技术，尤其是带有专业术语的技术，则可以一边讲解，一边示范。又比如，传授武术的组合动作，什么是推掌，什么是歇步，学生的识记、保持和再认中都没有这个形象储存，所以只能一边讲，一边示范，讲与做结合，以加深学生的识记；对于有些技术动作难度大，较复杂的动作技术，学生的脑海里没有经过这样的识记，你怎么讲也不会明白，而这些技术动作又不大适合边讲边示范，所以，只能先示范给学生建立一个直观识记，然后再讲解、分析。甚至可以采取示范—讲解—再示范的模式，加深学生对运动技术的识记、保持、再认。当然，我们现在也提倡，对有些运动，教师先不讲，也不示范，让学生自己先练习，加深体会贯通及合作、讨论式的学习，互相研究学习，教师再抓注学生中存在的难点，再讲解、示范。这种方法不但能教会学生运动技术，更能加深学生的记忆，学会学习。

教师如何将运动技术的口授(言传)与身教合理、完美地结合，最基本条件还是教师个人的专业修养水平，包括理论和实际操练水平的提高。一个好的体育教师必须“会”说、“能”说，运动技术动作又必须完美、干净利落。这才能真正强化学生的记忆，提高教学实效。

概述：记忆共分三环节，环环相扣紧衔接。识记是信息初认，识记信息来储存，保持是重要环节，保持信息是积累；再认信息是提取，抛开干扰能识别。

(二十九)具体思维

原意：借助具体形象进行的思维。与“抽象思维”相对。据心理学家皮亚杰的认知发展阶段理论，具体运算阶段(7～11岁)儿童以这种思维形式为特征。他们能进行逻辑推理，但在推理过程中必须有具体经验的支持，他们还难以区分事实与假设。

（三十）抽象思维

原意：借助语词和逻辑推理进行的思维。与“具体思维”相对。据皮亚杰的研究，完全的抽象思维是儿童发展到形式运算阶段的思维特征。

解读：（综合具体思维和抽象思维共同解读）。

首先我们要认识什么是逻辑推理。逻辑推理是从事实材料出发，根据逻辑规律、法则形成概念、作出判断和进行推理。包括比较、分析、综合、抽象、概括、演绎、归纳等。运用逻辑方法对已有判断加以适当整理，如进行对照、分解、组合、推论等，从中可得到新的、更深刻而全面的知识。广义指一切逻辑思维的形式和规律、规则，其中包括辩论逻辑从抽象上升到具体思维。

具体思维和抽象思维是一对互为“相对”的思维方式。在体育教学实践活动中，学生的具体思维和抽象思维是并存的，是相互交叉或互换存在于整个教学活动过程之中。对学生而言，教师对运动技术的讲解、分析，形成的是语词和逻辑推理的抽象思维；而教师的运动技术示范动作或同学之间的动作形象刺激形成的是具体思维。运动技术只有通过抽象思维和具体思维的相互刺激，才能形成一个完整的技术动作概念。7～11岁的儿童是以具体思维形式为特征。所以，在小学阶段的体育教学中，教学情境的设置和教师运动技术的具体示范是促进学生形成和掌握运动技术、形象思维形成的关键。尤其是运动技术含量较高的技术动作示范，必然正确规范，形成正常的具体形象刺激。情境的设置也必须有针对性。而语言的讲解、分析则可精炼，启迪抽象思维的发展，完成运动技术的教学任务。而对于一些技术含量较少的运动技术动作和运动方式，第一，可用语言刺激学生的抽象思维，多动脑筋，逐步形成正确概念，完成动作的学习；第二，可用“跟我这样做”的口头提示，用形象思维刺激完成技术动作学习。而中学以上的学生，由于抽象思维的发展，通过教师的讲解、分析也能理解运动技术的各环节的要求，教师就可利用学生的抽象思维去发展学生的比较、分析、综合、概括、归纳的能力，发展学生从逻辑推理中去进行对照分解、组合和推论的能力，开发学生思维方式。另外，要允许学生因认识上的不同导出不同的思维方式。这也是一种因材施教的表现。所以，我们提倡的学生自主学习，同伴之间的合作学习，研究式的探究学习方式，不光是提高学生的运动兴趣，更是对学生思维能力的一种开发，也是学生学会学习的必径途径。另外，具体思维和抽象思维受外界的干扰也较大，它可以因外界事物和现象的变化而起变化，同时也会因主体自身的内心活动而起变化。所以，同样的具体思维和抽象思维的刺激所反映出来的结果是不尽相同、存在差异的。学生只有进入注意状态下的信息，才能被认知，形成正确的具体思维和抽象思维。所以，教学需要建立一种融洽、和谐的学习氛围。师生的和谐，生生的融洽决定学生主体自身具体思维和抽象思维的走向和发展。另外教师的口头语言的生动、有趣也能加强学生抽象思维的发展。

概述：思维分抽象具体，两者结合互促进。讲解分析是抽象，抽象是逻辑推理。运动示范是具体，具体是形象刺激。外界干扰有影响，个体反应有差异。

（三十一）发散思维

原意：又译“求异思维”，与“辐合思维”相对，是美国心理学家吉尔福德提出的思维类型。从心理测量观点看，它是要求产生多种可能的答案而不是单一正确答案的思维。其特征是个人的思想沿着许多不同道路扩展，观念发散到各个有关方面。由于它常常得出新颖的观念和解答，被认为与创造性关系密切。

（三十二）辐合思维

愿意：又译“求同思维”，与“发展思维”相对，也是吉尔福德提出的思维类型。从心理测量观点看，它指要求得出一个正确答案的思维。其特征是收集或综合信息与知识，运用逻辑规律，缩小解答范围，直至找到最适当的解答。传统智力测验被认为主要测量这类思维。因为它们提出的问题都有明确限定的正确答案。

解读(综合发散思维和辐合思维的解读)。

发散思维和辐合思维是一对互为“相对”的思维表现方式。

发散思维是鼓励思维的不断扩展，沿着不同思路发散到各个方面的思维方式，最终得出不同的解答。在现代体育教学观念中，要鼓励学生自主求异的发散思维。因为有些运动技术的形成和发展，不一定非得是一个思路、一种方法而得来，应该是“八仙过海，各显神通”。比如，我们上短跳绳课。可以让学生先自主“玩”绳，不限方法，鼓励自己创新。调动学生学习兴趣。然后让学生“跳”绳，也不限定姿式，学生五花八门，各放其彩。这是一种创新思维，也是发散思维的表现。最后，教师提出如何跳得快，而摇绳要多。这就进入了这节课的主要任务“双摇跳”了，进入了辐合思维阶段了。教师根据学生自主练习中的问题，引导到“双摇跳”的正确技术的教学上，完成本节课的教学任务。本节课的前两个部分是学生发散思维指挥下的自主练习，体现出了学生在思维的“发散”中体会不同的兴趣、爱好和追求，享受体育的乐趣。他们的情感得到了尽情的散发，尽情的表现。而最后阶段的“双摇跳”学习，则缩小范围，引导到只有一个正确方法和技术的学习中，从发散思维中得到的兴趣、热情转移到辐合思维的新技术的学习中，提高了学习效果。又比如，我们进行“背向抛实心球”练习。教师在事先不规定动作的情况下，学生可能会“背向并没有上抛实心球”，也可能背向左抛、背向右抛或背向从双腿中低抛实心球，这也是发散思维“指挥”的结果。最后，教师总结、分析各种方法的优劣之点，引导到背向从头上高抛技术上来。这能充分发挥腿、腰腹和上肢力量，是比较合理的方法。这又是辐合思维的“收场”。所以，我们的体育教学，要善于运用发散思维和辐合思维的特点去巧妙安排教学。如果上面举例的学习顺序颠到过来，学生先是辐合思维下的学习技术，那么学生的投入兴趣和热情相对会受到限制，在一些有技术难度的情况下，很可能失去挑战勇气，影响学习效果。

当然，我们不是说，所有的运动技术教学的教法安排都是先“发散”后“辐合”。一定要根据教材难易、开发程度以及学生具体情况而定。只要是符合学生个性条件的、符合教材学习实际特点的都是好的、积极的思维活动。

概述：发散是求异思维，鼓励思维能扩伸。不同思路同时进，思维发散出新颖；辐合是求同思维，问题提出答案明，运用逻辑缩范围，先发后辐观念新。

(三十三)创造性思维

原意：组织和改造先前已经获得的知识，使之适合当前的问题，从而解决问题的思维活动。与“再生性思维”相对。由于创造性思维总是表现在创造性解决问题过程中，故心理学家将两者视为同义语。

(三十四)再生性思维

愿意：运用先前获得的知识，直接不加改变地解决当前的问题的思维活动。如学生运用已经掌握的三角形面积计算方法来计算一个三角形面积的思维过程属于此类。与“创造性思维”相对。

解读：(综合创造性思维和再生性思维共同解读)。

这是一对互为“相对”的思维方式。

创造性思维是将先前已经获得的知识，加以改造和重新组织变化为新的知识，解决当前问题或是超越当前知识的范围形成新知识，使之适宜当代或今后发展需要，具有创造性；而再生性思维是将先前所获得的知识，不加改变地运用于解决问题的思维。两者在体育教学过程中都大量使用。另外，在教学实践活动中，创造性思维又和发散思维经常在一起使用，互为补充。比如，在田径项目中的"起跑"应如何去教，过去我们采用的办法是通过教师的讲解、示范去教学生动作技术，采用的是具体思维和抽象思维的综合去完成。而现在可以用发散思维和创造性思维去完成教学。教师必须先讲明"起跑"的性质是什么，应该如何以最快的速度从静止状态进入"疾跑"状态，提高人的快速反应能力。然后让学生自己或小组研究，可以用任何姿式练习起跑。这时学生就会有"背向起跑"、"坐姿起跑"、仰卧或俯撑起跑，也会有模仿而来的"站立式"起跑和"蹲距式"起跑。这就是一种发散思维和创造思维的开发。然后教师还可以继续往下进行，让学生找出"所用时间最少"的起跳姿式。教师慢慢引导，最终让学生懂得，短跑用"蹲距式"，长跑用"站立式"。这又是一种思维活动，即辐合思维。这样的教学丰富了练习手段，提高了学生参与兴趣，主动性投入愿望加大，这就为学生学习创造了良好的氛围和获得实效的可能。又比如，健美操的教学。教师可以规定10个动作为一组合练习。教师只教4～5个动作，其余的动作让个人或小组讨论确定，最后形成多种组合。这也是一种利用创造性思维进行的教学活动。又比如，我们上篮球课。教师通过讲解与示范，利用直观具体思维和抽象思维教会学生原地双手传接球技术。然后，教师让学生慢慢体会从"原地"向"行进"变化，引导学生用原地传接球的技术，演变到行进间传接球，这就是再生性思维的运用。最终教师在进行一些"点拨"式的引导，学生就自己学会了新的技术。再比如，我们将短跑中的起跑——疾跑技术，引导到体操支撑跳跃的助跑，或是田径的急行跳远的起跑技术上来，它们的性质都是用最短的距离(时间)去获取所需要的最高的水平速度。用不同的踏板方法去踏跳(板)，完成新技术的学习。这也是一种再生性思维方式的新开发。

总之，在我们的体育教学过程中，必须要充分而巧妙地利用以上六种思维方式的特点，去启发学生，养成学生用脑学习的习惯，养成学生学习的立体性、主动性、体验性和生成性等现代学习方式，培养学生的身心全面发展。

概述：掌握知识直接用，属于思维的再生，改造思维是创造，灵活运用是创新；具体再生是基础，创造发散是延伸，理念发展思维变，多种思维利实践。

(三十五)想象

原意：对过去经验和已有记忆表象加工改造，构成新意象或观念的心理过程。内容可能是过去经验的心理回顾，也有可能是对未来的计划。根据预先有无目的意图，可分为有意想象和无意想象；根据独立性和新颖性的不同，可分为再生想象和创造性想象。幻想则是创造性想象的特殊形式。

解读：想象是人生活在这个社会中，以求有重大发展的重要心理过程。其无时无刻不伴随着人的生长发育之中。想象的发挥程度，我们称为想象力，它与知识的积累成正经比。所谓聪明的人，他的想象力更加丰富。人在很多方面的成长、进步，往往都是靠想象的激励和鼓舞，才能使自己不断努力去战胜眼前的困难和阻力，达到"柳暗花明又一村"的意境。我们的想象有时无论结果如何，过程的努力是奋进而愉悦的，过程虽然也是艰辛的，但永远对自己是一种鞭策。很难估计，没有想象的空间和世界，人的生活是什么样子！我们可以这么说：想象是积极的生活态度的心理活动。

体育是人正常生活的一部分。人们从事运动的开始也往往与想象有关。乔丹在篮球领域中的魅力，会刺激青少年的想象，使他们在竞争或无意中模仿，提高参与兴趣。不管他们今后在此方面的结果如何，这个过程是积极、幸福和有益的。电影明星成龙、李连杰在银幕上迷住了多少青少年，激发了他们的想象力投入到武术运动中去。这些都是想象心理活动对人生的催动力。所以，我们的体育教育课堂，一定要尽量地提供想象的时间和空间，这对青少年的成长，对提高体育教学效果都是相当重要的。不同运动项目中的优秀运动员，如：篮球运动员乔丹、科比、詹姆斯；足球运动员贝利、马拉多纳等；网球运动员费德勒、纳塔尔；跳水运动的我国优秀的运动员都能刺激和引发不同个性的青少年的想象，甚至是幻想。这是一种积极而鼓舞人心的心理过程。我们的体育教师应充分利用学生的想象思维去进行教学，一定能收到事半功倍之效。

其实，教学中的一切创新，也都是属于创造性想象变为现实的。比如，体育器材的发明创新，首先是发明者有了这种想象，然后经过无数次的努力，最终成功。软式排球、软式棒球等都是发明者想象一种“球”，减少对小学生的手指及其他部位的伤害，最终发明成功。所以说，没有想象就没有创新，事物就没有发展。任何科学发明，也都是从想象、假设开始，最终经过若干实验去印证、落实，形成了新的发明和进步。所以，我们教师也要激活自己的想象思维，才能有教学方式、教学方法、教学器材等的创新。不要怕一时的失败，要善于总结。只要自己不懈的努力，想象就能变为现实。另外，想象力的基础还在于知识的不断积累，知识越多越丰富，将更能扩展想象空间，成为有意想象。所以，我们的教学也一定要讲知识、练技术，促身心全面发展，使其学生的想象更理性，不能进入想入非非的歧途。

概述：想象是经验改造，派生出新的意向。想象分有意无意，又分再生与创造。想象程度是想象力，知识积累成正比。想象是生活积极，人无想象事难兴。

(三十六)情感

原意：在日常用语中，与情绪一起，统称为感情。包括人的喜、怒、哀、乐、爱、恶、欲等的各种体验。苏联心理学界，通常把情绪和情感定义为，人对客观事物是否符合自己需要而产生的体验。与机体需要相联系的体验为情绪，是人与动物所共有的；与社会需要相联系的体验为情绪，是人所特有。依情绪体验的特点，区分为心境、激情和应激等不同状态；依情感内容的特点，区分为道德感、理智感和美感。西方心理学界，对情绪和情感两概念一般不作严格化分，常交换使用，并认为与认知意志过程明显不同。

(1)具有独特的主观体验形式，如喜、怒、哀、惧等不同感受；

(2)具有明显的外部表现形式，如身体姿态、语声和面部等不同表情动作；

(3)具有极复杂的神经生理、生化机制。

解读：感情是人的情感和情绪的结合体验。我们平时谈到的“感情”问题，实际上是包含了情感和情绪两个部分；与社会需要相联系的是情感体验，是人所特有的；与机体需要相联系的体验是情绪，是人与动物共有的。人的感情的走向，决定人对生活，对事业发展的趋动力。它的正向走势(喜、乐、爱、欲等)具有亲和力，能促进人们的追求、学习众望和促进人的认知和意志的形成和发展；它的逆向走势(怒、哀、愁、恶等)又具有抵触力，能拒绝外来的信息的导入，思想不集中或分神，对事物无兴趣，完全是消极情绪，直接影响学习和个体行为。可见，人的感情是多么重要的一种心理活动啊！

我们的体育课堂教学的和谐氛围，热烈的场境表现来自三个方面。一是教师；二是学生；三是环境。其主要还在于前二种的影响。可以这么讲：一节课中教师的情感决定了该课的一切走向；而学生的学习情绪又决定其自身学习的收获大小。教师在教学活动中，一定要深埋自己的消极情绪。要带着平和的心境面对全体学生；要在教学过程中投入激情去感染或感召学生；要在一切外部表现形式中表达出你的情感投入，表现出爱的关怀之心，调动或启发学生的情感，创设一个和谐教学氛围。千万不能把个人感情中的不悦带入教学之中，这样不但直接影响教学，甚至会激化本不该发生的矛盾。对于学生的情感调动，要善于用语言、体姿，甚至是某些肌体的接触去激发。在教学方法和手段上，尤其是低段学生，要善于通过游戏，通过竞赛因素去激励。要善于掌握教学容量、教学强度和教学节奏。

要把握对学生情绪高低变化的调控，以利于学习目标的完成。对于小学阶段的体育教学来讲，环境因素的影响也不可低估，趋于完善的场地、器材的设置，也是调动学生学习情绪的重要因素。

体育教学受情感的影响是直接而强烈的。为什么很多公开课能让观摩者感动，那就是教师和学生在公开课上的情感投入是最丰富的。所以，我们的教学，从备课开始就事先有情感设计，然后在教学过程中，全力投入情感去教学。这样的教学课才能是好课。

概述：感情是主观体验，喜、怒、哀、乐、爱、恶、欲。机体联系是情绪，心境激情和应激。社会联系是情感，首推理智和美育。人无感情无兴趣，和谐氛围求更新。

(三十七)性格

原意：常与人格、个性概念混同的一个心理学术语。含义有三：个人各种特点综合成的一个整体，被视为人格的核心；能借以识别一个人的一贯而持久的特性和品质，与强调独特个体与他人有稳定差异的个性含义相似；从道德标准或价值系统去考虑和评定个人的思想和行动，与日常用语中的品格、德行雷同。性格形成要经过一个长期的塑造过程，一旦形成就趋于稳定。但处在形成过程中时，则有较大的可塑性。

解读：对于性格的认识，主要分析以下两方面：其一，青少年时期是人的性格形成过程中最敏感时期，其可塑性最大；其二，是人的性格受遗传基因与环境、教育等因素的影响存在着个别差异性。

青少年时期是人的各种发展最敏感时期，无论是生理方面还是心理方面的发展都是人生最重要阶段。学校体育教学对人的生理发展有很大促进作用。同样它对人的心理发展，对人的性格形成，如智力、兴趣、爱好、情绪、意志等的发展，也有同等重要的促进作用。所以，我们从体育运动中培养学生广泛的兴趣、爱好；从体育运动中去调节学生情绪；从体育运动中促进智力因素的发展；同样从体育运动中提高学生非智力因素等，都是我们学校体育活动和体育教学的目标和责任。因此，党和国家很重视我们学校的体育工作。但社会上升学压力的影响，干扰了学校体育工作，使体育教育对学生全面发展工作受到损失。我们在报纸上见到很多个人的负面新闻，其原因归根到底还是他们的人生观出了问题，没有形成心胸开阔、勇于面对人生挑战的坚强性格。

学校体育对人的性格形成的最有效的方式，就是通过各种体育运动方法去提高学生主体的主动积极的参与性；学会自主学习；培养学生在课堂上学会倾听、观察；学会尊重、协同；学会欣赏、共享；树立人际交往、交流愿望，形成和谐的同伴关系。形成动脑、动体，不断追求进取的意志和习惯，形成乐观开朗的性格。

心理学家的研究表明，人受遗传基因、营养状况以及社会、家庭和学校教育(尤其是学前教育)的不同影响，人的性格存在着明显个别差异。这就决定了我们的体育教育既要面向全体，求得共同发展。又有根据学生的差异特征去因材施教。在一个班好几十人的局面下，去实施差异教育的确很难，不易把握。如何应用在体育教学中去呢？最好的方式就是：教学目标的确定是面向全体统一解决共性问题，另外必须留有时间和空间去解决个性问题。尽量能把个性相似者放入一个组，教师分组辅导和学习。做到“扬长”和“补短”的有机结合。既要有一个面向全体的“完整性”，又要有提高实效的“差异性”。所以说，体育课的教学组织是最难的，同时也说明我们体育教师的教学能力是所有学科中最强的。有了一个好的教研组，学校各种教育活动的组织将是出色而完美。

总之，体育课要面对各种性格的学生，其教学组织很难。有时是说起来容易，实际操作很难。所以，对体育教学的要求不能大而全，不能复杂化，要实际，要便于教师的实际操作。

概述：人生性格有差异，长期塑造能稳定。道德标准价值观，应是性格的内涵。青少年是最佳期，环境教育影响深。心胸开阔对人身，勇于挑战对人生。

(三十八)动机

原意：以一定方式引起并维持人的行动的内部唤醒状态。如影响人的意志行动的愿望、恐惧和其他情绪，理智的思考等。有时也指影响意志行动的愿望所涉及的对象或实现这种愿望的预期结果。

(三十九)兴趣

原意：个体积极探究各种事物或进行某种活动的倾向，分为两类。一是直接兴趣，由对事物或活动本身感到需要而产生。事物或活动具有满足需要的强化作用，是产生直接兴趣的外部条件。二是间接兴趣，由对活动的结果感到需要产生，认识到活动的结果具有达到某种公认的目标的工具性价值，是产生间接性兴趣的内部条件。人们的经历和职业各异，其兴趣的广度和强度也各异。个人的稳定兴趣构成他的个性心理特征。学生的学习兴趣是推动学习活动的内部动机。

解读：(综合动机和兴趣共同解读)

动机与兴趣是两种紧密相联系的心理因素。兴趣是学生维持学习活动的内部动机，而动机又能影响学生预期结果而产生兴趣。我们平时在教学中，强调学生要端正学习态度，就是对学生应树立什么样的学习动机的一种教育。积极的学习动机实现的关键因素是学习的方法、方式，是必须经过自己的不懈努力获得的学习意志，是需要长期坚持才可能实现刺激动机形成的预期结果。但动机又是一个复杂的心理过程。在现实生活中，好的动机，不一定有好的结果，甚至有时候差距还很大。所以，有时候生活、工作中常发生的一些矛盾问题，人们往往会强调："我的动机是好的。"，问题出在哪里呢？关键还是为实现动机所采取的方法、方式是否合适，是否合情合理。所以，我们说人的动机的实现是与实施的方法、方式密切相关。只有好的动机还不够，还必须与你采用的方法、方式配套。而兴趣也同样具有此特性。无论你是直接兴趣，还是间接兴趣都是人的主观愿望，是人投入活动的内驱力。有了兴趣，也不一定有理想的结果。关键还是实施方法、方式能否满足兴趣的需要，能否真正学到巩固和发展兴趣的知识、技术和技能，是否养成坚持兴趣活动的习惯和意志。

另外，兴趣与动机还有一个特征，前者一旦生成后具有相应的稳定性和持续性，兴趣可以延伸到人的一生之中；而后者却具有多变性和脆弱性，可随时间、地点、环境和个性需求的变化而变化，甚至消失。直接兴趣和间接兴趣在性别上的存在也具有差异性。一般而言，在对运动项目的选择上，男生多为直接兴趣，是对体育运动本身的刺激感到需要而产生。比如，球类运动、拳击、武术、某些体操项目等，越是直观刺激强的项目越能被偏爱。而女生多为间接兴趣。比如，舞蹈、健美操、艺术类体操的美的感染与欣赏，因而产生了兴趣。当然，因受社会、家庭和某种条件影响，女生也能产生运动的直接兴趣，男生也能产生间接兴趣。不过我们的分析是针对大多数而言。这些直接的、间接的兴趣就留给了我们一个思考：备课一定要有针对性。一定要根据学生的心理活动规律去考虑如何培养学生参与运动的兴趣。只有对运动有兴趣才能培养学生学会自我主动学习；学会同伴合作学习；学会动脑探究学习。我们也不排除通过某种运动技术的学习来培养学生的运动兴趣。因此，中学阶段运动兴趣的巩固，必须与学生具有某些运动专项的运动技术相结合。也就是要与学生参与运动的预期结果的动机相吻合，兴趣能否持续发展。所以，中学的体育教学的运动技术教学很重要，一定要让学生学到他感兴趣的运动技术。不教运动技术的教学，巩固不了学生对运动的兴趣。无论是"传统"还是所谓"现代"教学，深入研究教学的方式、方法，研究符合学生的实际特征，才是动机实现的保证，从而巩固和发展兴趣，形成更高层次的动机和兴趣。

概述：动机是情理思考，动机是行为唤醒，动机是意志愿望，动机是结果预期；兴趣是积极探究，兴趣是学习维持，兴趣生成较稳定，兴趣可因直观起。

(四十)自尊

原意：个体以自我意象和对自身社会价值的理解为基础，对个人的尊重程度或其重要性所作的评价。不同个体之间有着明显和稳定的差别。人本主义心理学家强调它对人的活动效果所起的决定性作用。心理学家库柏史密斯在对10～12岁儿童的自尊及其发展的研究中发现，具有较强自尊心的孩子无论在学业还是在社交中都是主动而富有表现力的，对自己的能力表现乐观，为自己确立较高的目标并力求完成。而自尊较弱的孩子则表现为缺少勇气，易沮丧、多焦虑，缺乏信心，较少获得成功。父母的态度和行为对子女的自尊形成与发展有重要影响。

解读：自尊是人获得成功的必备心理素质。对于学生而言同样如此，自尊是学生获得预期结果的心理保障。不管你的动机是多么强烈，你的兴趣是多么高涨，如果没有较强的自尊心，仍然不会取得预想的成功。因为你不能保证你能克服一切困难，缺乏坚定的信心，获得成功的希望仍然小。所以，在个人的各种品质中，自尊是相当重要的。自尊的形成与发展不光取决于父母、家庭态度，同样也取决于学校教育，而且年龄越小，产生的影响也越大。过去我们教学(包括体育教学)多采用灌输式、命令强制式，这些对学生建立个人的自尊都是很不利的。只有启发式教学，自主主动参与式教学，同伴合作式教学等尊重个体个性的教学，才有利于学生自尊的建立和发展。

过去，我的一位同事讲了这么一件事：在他上体育课时，××同学就是不听讲，不听指挥，时不时还跟他顶嘴，拿其真没办法。后来在与这位同学要好的学生处才打听到，因为大概在半年前的一节体育课上，教学内容是体操的侧手翻，这位同学怎么也翻不直，当时老师不经心说了一句："你怎么这么笨呢?"伤了该学生的自尊，而且是当着全班同学的面，让他"很下不了台"，造成了他不愿上体育课了，就是来了也不听讲，不听指挥。后来，我的这位同事多次找他谈心，而且还当着全班同学的面，承认自己的不对。从此以后，该学生转变过来了，且与老师的关系更亲近了。由此看来，我们的教学活动，一定要维护学生的自尊，要尊重学生个体的差异存在。

学生的心理素质、生理素质是不相同，存在着差异性。同一个动作，甲比乙学得快，但换一个动作乙又比甲学得快。这些都是正常的。所以对某些运动项目的技术学习有困难的，绝不能称其为"落后生"。要多帮助，找原因，要多鼓励。要尊重学生，只要他感觉到了你对他的尊重，学生的自尊心必会产生巨大能量，千方百计完成任务。其实，在运动实践中，也存在着这么一种心理现象：有些看似学习速度快者，巩固动作能力却慢；而有些学习动作速度慢者，巩固则又很牢固。这些都是正常的生理、心理现象，与人的"笨"或"灵"无关。我们教学的根本任务不是追求学习技术的快与慢，行或不行，而是通过学习培养德、智、体全面发展的接班人。

自尊也是相互起作用，只有尊敬他人，使其满足了自己的自尊心，反过来他也会尊重你的。如果你能维护学生的自尊，能多鼓励学生去克服困难，取得成功。甚至表扬或赞誉他们所取得的、哪怕是微小的进步或成绩，他们会特别的尊重你。为人师表是表率。只有这样才能创造一个和谐的教学环境和氛围，取得教学的成功。

概述：人生成长需自尊，个体明显而稳定。自尊是预期保证，鼓励意志坚定心。教育需要保自尊，学业社交定能成。自尊千万别受损，沮丧焦虑缺信心。

(四十一)接受学习

原意：学习方式的一种，与“发现学习”相对。特征是，学习的全部内容或多或少是以认定论的形式呈现给学习者的，不需要他们任何形式的独立发现。与之相应的教学方法是讲授教学法。心理学家奥苏伯尔的有意义言语学习理论认为，可分为有意义接受学习和机械接受学习两种。有意义接受学习必须满足有意义学习的条件。有意义接受学习过程不是一个被动过程，而是一个新旧知识相互作用的过程，即新知识被认识结构中的原有观念同化，被学习者理解，使原有认知结构得以重新组织或改造的过程。

(四十二)发现学习

原意：学习方式的一种，与“接受学习”相对。特征是，学习的主要内容(概念、规则)未直接呈现。只呈现有关线索或例证。学习者必须经历一个发现过程，自己得出结论或找到解决问题的答案。按外部指导的性质可分为独立发现学习和指导发现学习。前者性质上与科学家的科学研究相同，课堂教学中少见；后者多在课堂教学中出现。布鲁纳认为发现学习有利于激发智慧潜力、培养内在动机、学会发现的技巧、有助于记忆与保持。但有人认为，并非所有教学内容都适合发现学习，而且若指导过少，学生无法发现，会浪费学习时间。

解读：(综合接受学习和发现学习共同解读)。

接受学习和发现学习是一对相对应的方式。前者是学生“接受”教师的知识传授，无论是机械接受还是有意义接受。这是我国教育战线几十年来的一个学习方式。一般而言，接受学习是被动的学习，主要指接受知识，我们学校教育的所有课程基本如此(除了物理、化学、生物的学习中涉及亲自操作的实验课)。我们体育学科的教学，也是大量采用接受式学习。在大多数情况下的讲解、示范都是机械接受方式学习。比如，我们教体操项目的技巧动作前滚翻时，无论是从手撑到脚蹬，从低头到团身，从推手到起立的技术动作或衔接都详细讲解给学生。甚至重点强调低头团身，难点的脚蹬、低头恰当结合等都需反复讲解与示范，通过学生练习使学生学会动作技术。这就是机械接受学习方式。我们这里的解读不是说这种学习方式不对，不能采用。我认为，经前人总结出来的基本知识还是要传授给学生，还是要学生通过接受方式获得基本知识。但教学还是要多用启发式教学，使学生通过主体自主积极地去学，通过合作方式，共同探讨方式，学习效果会更好。并能培养学生学会学习，一生受益。比如：我们在学习前滚翻技术基础上去学习远撑前滚翻，甚至是鱼跃前滚翻。教师完全可以先说一个动作技术概念，然后分小组共同讨论、体会。教师根据现场学生实际表现再去引导启发，与学生共同总结出：主要是蹬地力量和向前远撑技术不同，重、难点基本相同。这就是运用了启发式教学的有意义接受学习方式。它比机械学习对学生而言更有意义。综合了学生个体、合作的学习积极性，知识学得会更牢靠。

前面我们已提到，现在我们的学校的教学，无论是哪一学科，教学方式运用最多的仍然是接受式学习。其实，没有知识的接受和积累过程，就没有“发现”的可能性，更没有创新能力了。所以，我认为九年义务教育阶段，小学、初中，接受学习仍然是教学基本学习方式，不过教师应尽量采用有意义接受学习方式。现在有些地区的学校，误认为不能用传授知识的方式去教学，可又不知如何运用新教学观念指导教学。结果课堂上不教体育知识、技术，变成了自由式、放羊式，学生最终什么也没有学到。这说明：这些教师完全没有弄明白什么是接受学习，什么是发现学习。对于课堂教学而言，发现学习也专指指导发现学习。没有教师主导的教学引导与指导，就不会有学生的发现，也学不到真正的知识。比如，我们上篮球课，进行原地或运球后接跳起单手投篮的技术学习。教师可以什么也不讲，也不示范。只让学生个人去体会(也可以几个人或小组商量)。经过学生一段实践后，教师可以让学生看教师投篮时手腕动作、让学生去比较；再经过一段时间后，教师再让学生看教师球出手后的抛物线的弧度变化，再让学生去比较；再经过一段学生的练习，教师又可让学生看球出手后球的旋转方向。经过这一系列的比较，引导学生对出手手腕动作、出手后球的运行弧线和球出手后的旋转方向有了一个"发现"认识。然后教师可与学生共同综合出单手投篮技术要点。这种学习方式学生就不是被动学习，是学生自我发现的学习方式了，是通过学生个体的自主主动性，同伴之间的共同讨论研究式的学习，这就是我们提倡的教学方式。不过也有很多体育运动项目不适合这种教学方式，比如，体操项目带有危险性，学生自我体会，甚至是模仿不当，都容易产生运动伤害。实际上体育运动中很多项目的动作技术，学生是在教学课堂外就早已见过或接触过。因为体育运动的社会化影响，对学生从小就有了一定的影响，它不像其他学科那样有一个"新"发现。所以，我们大量采用的仍是基本知识、技术的接受学习方式。不过我们应尽量运用有意义接受学习方式。

总之，现在教学的发展，就是要充分调动学生学习的个体自主积极性，要通过学生个体的努力或同伴之间的合作方式、共同研讨方式去获得新知识。不过体育有它特殊的运动性质，合理的技术能促进学生体质的增长，有利于身心的全面发展。所以，前辈人总结出来的合理运动技术，一定要传授给学生。体育教学就是要教运动技术。只是如何去教，应用新的教学观念，采用新的积极的教学方法完成教学。

概述：接受学习千古来，学习内容成定论，又分有意与机械，有意接受可继承；学习内容未呈现，发现解决求答案；发现有利激智慧，教师指导要紧随。

(四十三)归纳学习

原意：由个别例子到一般结论的学习。如果一般结论由学生通过自己辨别、假设、检验和概括等过程得出，则是发现过程，这样的学习属于发现学习。

(四十四)生成学习

原意：维特罗克提出的一种人类学习过程。强调学习过程是原有认知结构与从环境中接受的感觉信息相互作用、主动建构信息意义的生成过程。其前提是包括以下两点：

(1)人对所学的事物产生某种意义时，总是与他先前的经验相结合；

(2)人脑不是被动学习和记录输入的信息，而是主动地输入信息进行加工并建构信息的意义。

学习过程可分为以下几个步骤：①长时记忆中影响个体注意和知觉的内容以及以特殊方式加工信息的倾向进入短时记忆，它们作为实际上的学习动机，主动地对感觉经验和外部世界进行选择性注意和知觉。②经选择性注意和知觉而得到的感觉信息，与长时记忆中储存的有关信息建立某种实验性联系，即建构新信息的意义。③通过与感觉经验(客观世界)和长时记忆中已有信息进行对照，检验新信息的意义是否构建成功。若建构成功，就达到了对新信息的理解，若建构不成功，就回到感觉信息。检查以下几个问题：构成选择性注意和知觉的信息基础是否可靠，从感觉信息中所选用的信息是否合用，在长时记忆中提取的借以培养、联系的信息是否合宜等。④作相应调整后，建立新的实验性联系，直至理解意义。⑤将新信息从短时记忆纳入长时记忆并同化到原有认知结构中或重组原有认知结构。

解读：(综合归纳学习和生成学习共同解读)。

归纳学习和生成学习是一个较为复杂、较为"高级"的学习方式。归纳是实施生成学习的基础条件。没有归纳学习的实施，绝不会有以后的发展——形成生成学习。归纳学习其实是学习的事(或物)，不是此事(或物)的本身，而是学习者要从个别例子中得出一般结论的学习过程，或是学习者要从原有认知结构与从环境中接受的感觉信息相互作用，主动构建信息意义的生成过程。

归纳学习和生成学习同时要求学习方式是有意义接受学习或是以发现学习为基础的学习，否则既不能归纳也不能从新生成。如果在建构信息意义的生成过程和一般结论是学习者自己通过辨别、检验和概括而来，这种学习在教学上仍属指导发现学习，否则还是有意义接受学习。所以，指导发现学习的进一步发展即是归纳学习和生成学习。比如，我们教学生学习体操运动项目中的支撑跳跃的横箱分腿腾越。这是一个较复杂的技术动作，其完整动作是靠几个技术基本点组成。教师可以先讲技术，后动作示范(一般接受学习方式)；也可先作动作示范，引导、启发学生对完整技术的了解(有意义接受学习或过渡到发现学习)，加深学生对动作概念性理解。无论是哪种学习方式，实际上都将几个技术要点已经传授给了学生。这时的学习要进一步发展，教师就应启发、引导学生联想动作技术的生成过程，学生自己归纳出七个关键技术环节：助跑、上板、踏跳、第一腾空、支撑和推手、第二腾空、落地(发现学习方式的发展归纳学习)。学生今后并能运用这些关键技术点到支撑跳跃的其他动作技术中。比如，横箱屈腾越、纵箱分腿腾越或并腿直腾越，等等。将新的知识信息从短时记忆纳入长时记忆并同化到原有对七个技术环节的知识结构中，去重新建立原有认知结构，使知识学习效果更巩固。这就从归纳学习向生成学习发展。

体育运动技术的教学中，较为复杂的技术的教学，都不是简单运用机械接受学习方式能完全解决的。它们都需要归纳和生成，田径运动跑的四个节奏变化；投掷技术的七个环节连接；跳的四个技术阶段的划分，还有运动战术的变化等都需要归纳学习和生成学习的运用。需要对单个技术的加工，建立新的知识联系，直至学生理解技术，掌握动作。提升了学生学习的能力，从初级学生到高级学习的提高。当然，我们采用哪种学习方式，必须根据学生年龄、学段的认知水平的不同，选择更适合的教学学习方式。

概述：个别到一般归纳，归纳是学习概括。结论由学生检验，学习应追求发现。生成是信息加工，信息主动新构建。归纳是生成基础，生成是学习发展。

(四十五)直觉

原意：未经有意识的思考和判断而出现的一种直接和立即理解或认知的方式。其基本特征有二，就过程而言，是无中介事件且带有神秘色彩；就反应而言，则是无意识地，暗暗地领会到了细微线索和关系。

解读：直觉是对人或事物的一种敏感判断。这种判断又往往带有一定的神秘感，是一种无中介事物的立即理解和认知。这种敏感判断取决于过去对人或对事的认知的积累，所谓经验判断。对一位从事多年教育的教师而言，他能从多年的经验和教训中吸取有利因素，对以后遇见的事或人，作出一种直接的判断。而这种判断往往是正确的。因为其知识和认知过程中出现的问题的积累多。所以，直觉往往是不假思索的第一判断或直接判断。判断的正误率取决于经验积累的程度。有很多科学家的发明往往都是从假设、预测和直觉中产生，最后通过实验去验证而取得成功。

在体育学科的运动训练工作方面，这种直觉的感知往往也能决定认知的成功与失败。专业运动员的选拔，除了必要的测试外，更多的是靠选择者(教练员)的直觉来决定。这就是选拔者的经验的积累所决定的。在学校体育教学工作中，教师教学的设计有时就带有一些直觉的感知因素。教师感觉出设计的可行性和创造性，这些预知大多都从直觉中产生；教师对学生的行为判断也往往与教师的直觉有关，尤其是上新班的第一次课，这种直觉很重要，对今后学生的培养能起关键作用。好与差、行与不行都有一个直觉判断。当然，直觉判断的正确率取决于教师教学经验。就拿教学过程的调控为例：教学过程的调控，一靠课堂上教师直观了解学生的变化，二靠教师的直觉判断来进行。所以，一个体育教师平时的认知积累、经验总结与获取，对今后的工作都能起重要作用，这种直觉是从平时的积累而来。在教学安全问题上，有经验的教师能从环境、场地、器材对学生活动的预测中，感觉出其安全性如何，有时直觉会告诉我们危险的存在，教师必须及时调整，确保运动安全。

概述：直觉是思维反映，未经有意去认知。无意识细微领会，无中介带有神秘；直觉是经验判断，取决于知识积累；方法运用靠经验，运动锻炼保安全。

(四十六)有意义学习心向

原意：有意义学习的前提条件之一。学习者积极地将要学习的新材料与自己认知结构中原有有关观念进行实质性和非人为性联系的倾向性。若学习材料本身有逻辑意义，而且学生认知结构中已经具有理解材料的相应知识基础，则有意义学习心向便成了学习中能否理解的决定性因素。

解读：首先，我们应弄明白"心向"与"兴趣"的心理差别。"心向"有一个将学习新材料与自己认知结构中原有有关观念进行实质性和非人为性联系的倾向性的心理过程。新知识与记忆中的认知结构中的相应知识有联系，有时会产生一种心愿，即心向。而兴趣中的直接兴趣是对事物或活动本身感到需要而产生的心理活动；间接兴趣是对活动的结果价值产生的心理过程。它不具备与原有认识结构相关因素的比较的倾向，是独立产生的意愿。

其次，那什么又是有意义学习呢？它是心理学家奥苏伯尔划分的学习类型。与"机械学习"相对的一种学习方式，又译为"意义学习"，它表达的新观念与学习者认知结构中的有关观念建立实质性和非人为性联系的过程。其前提条件是：

(1)学习材料是有逻辑意义的。

(2)学习者认知结构具有同化新观念的相应知识，这种有逻辑意义的学习材料对该学习者构成潜在意义的材料。

(3)学习者具有有意义学习的心向。积极建立新旧观念的联系，找出它们之间的异同，从而获得新的意义，即将潜在的意义转化为个体的心理意义。

在我们的体育教学中，如何利用和培养学生学习既具有意义又具有学习"心向"呢？关键就应将新知识的传授学习与学生原有知识结构中的相关观念建立实质性和非人为性联系，激发学生的学习"心向"。比如，我们要传授急行跳高的踏跳技术。这是与学生原有的跳远技术中的踏跳所不同的新的"踏跳"。要让学生明白，跳高是一项垂直向上的运动，而向上的力量的获得，需要利用助跑的水平速度转化而来。那么，从逻辑上分析，从水平运动转向垂直运动，就应有一个转换过程或转换点，这就是踏跳。跳高技术的重点也就是踏跳技术，是一种"滚动、制动式"踏跳。这种逻辑上的推进，构成了有潜在意义的有意义学习，激发学生有意义学习心向。从而使学生能积极、主动去学习，去掌握这种新的"制动式"踏跳技术。所以，我们的教学一定要符合学生学习的心理倾向，教学方有意义，也更有实效。这种实例在体操教学中也大量存在。

有意义学习又可分为表征性学习、概念学习和命题学习三个基本类型：①表征性学习，又称代表性学习，指对一些单个符号的意义的学习。比如，"单杠"这个符号和实际的单杠器械所引起的心理内容相同时，则"单杠"这个符号已经获得了意义。②概念学习。其实质是个体通过积极的思维活动把握同类事物或现象的共同关键特征(或本质特征)，故又称"概念获得"或"概念的掌握"。比如：双杠的支撑摆动技术是双杠其他高级技术的基础，是双杠各种变化动作技术的基础。掌握好了这个技术(概念)就掌握了双杠技术本质特征。③命题学习，指对命题所表示的一个新的复合意义的学习。这在学校教育的自然学科和基础学科中都大量运用，体育学科很少运用。

由于概念和命题的意义既可以由学习者发现，也可以接受，故又可分为有意义接受学习和有意义发现学习。

概述：心向是一种心愿，新旧知识两相联，学习材料有逻辑，实质联系心向成；心向是兴趣保障，知识联系为基准，学习心向靠激发，有意学习事倍增。

（四十七）多样化教学方式

原意：指不同的教师或同一教师依据教学内容、教学情境和教学对象的不同特点，采取灵活的方法。教学方式是教材与学习者内部结构之间的桥梁。

简单而言，普遍的教学涉及八种方式：命令教学；任务教学；相互教学；使用同伴；使用小组；个别化方案；指导发现；问题解决。在教学过程中，教师可灵活采取或变换上述方式。多样化教学方式是教学上的灵活性、多样性和变化性的表现，它有助于教师保持良好的课堂教学环境和气氛，调动和维持学生的积极性，以保证教学的有效性。不同的教师，由于其知识水平、教学经验、教学技能和个人性格的不同，还可能表现为放任自流式、权威式和民主式三种不同的教学方式倾向，一般来说后者较为可取。

解读：我们从多样化教学方式的定义中已经不难看出，它所确定的教学涉及八种方式中，有我们人为设计的所谓“传统”教学方式，也有现代提倡的所谓“现代”教学方式。我们从它的定义中，也不难看出多样化教学方式是教学上的灵活性、多样性和变化性的表现，并不都是呆板、无趣，只是灌输式教学。那么，又为什么会出现“传统”和“现代”之分呢？这说明我们过去在对教学中的教师和学生这一对教学要素的认识中，把教师的主导作用看得过重了，因而多采用命令教学、任务教学的教学方式。而忽略了学生在学习中的主体地位，较少采用相互教学、使用同伴、使用小组、个别化个案、指导发现及问题解决教学方式。把本应是多样化教学方式变成简单、单一的传授式教学方式。而其中更多的是机械学习式。可见，所谓的“现代”教学方式，不是完全意义上的创新，而是带有某种性质的教学的正确回归。另外，所谓的“传统”教学方式与“现代”教学方式的比较来看，前者更容易控制和操作，多数教师也习惯了这种教学方式。这种课堂上的变量相对要少，容易完成教师主观预订的教学目标(无论目标是否合理)。如果采用其他的教学方式，比如使用同伴和使用小组或个体个性化的教学方式，课前需要有充分了解和准备，使用要合理。同伴、小组之间的配合学习变量相对较大，掌握不好容易出现意想不到的情况，影响教学。而个别化方案、指导发现和问题解决教学方式，更为复杂。所以，从“教”的立场上去考虑，当然是哪种易教就选哪种方式了。而现在，体育教学观念的转变，必须从学生“学”的立场去考虑，让学生如何学，如何学得主动，学得有兴趣。不是教会学生运动技术那么简单，更要教会学生如何去学习。就必须采用多样化教学方法，我们过去用得非常少或不大愿意使用的涉及八种方式的后几种学习方式。这就是观念的转变，一定要符合新课程改革的目标。其实本不应搞得那么复杂，别把一些简单问题复杂化了。

多样化教学方式中提到的：“不同教师，由于其知识水平、教学经验、教学技能和个人性格的不同，还可能表现为放任自流式、权威式和民主式三种不同的教学方式倾向。”前两种我们坚决反对。第一种是不负责任，没有教育者的责任心；第二种是师道尊严的作怪。而现时，有些学校的体育教学又从过去管得太严、太“死”的权威式过渡到了放任自流式。原因在于，这些学校的体育教师习惯了主导式的灌输教学方式，一下子要转变到以学生为主体的新模式中来，就不知如何“教”了，不适应教学的发展。这就必须下决心：抓紧教学观念的转变，研究以学生学为主的教学方法，多用多样化教学方式涉及的后几种教学方式；要把教师的“架子”放下来，要师生平等、民主，要尊重学生，尊重学生的“差异”。逐步的改变过去的命令、强制式，多用启发、引导、指导下的教学方式，使我们的教学向有意义接受学习或有意义发现学习方向发展。这样，我们的教学就一定会是成功的，是符合现代体育教育发展观。

概述：教学需要多方法，内容情境有变化。教学对象有差异，方式灵活有对应。八种方式变换用，体现教学多样性。环境气氛靠调节，民主教学受尊敬。

(四十八)保持曲线

原意：亦称“遗忘曲线”，表明保持或遗忘变量与时间变量之间的关系的曲线。艾宾浩斯首创，他依据实验结果绘成一条遗忘曲线以表示遗忘发展的规律，即从其速度而言是先快后慢；从其内容而言是先多后少。后来众多心理学家的研究不仅证实艾宾浩斯的结果，还表明保持或遗忘亦受识记材料的性质、数量、学习方法、理解程度以及识记时的主观状态等因素的影响。

解读：在教育心理学中，保持曲线实际上就是“遗忘曲线”。它描绘的是识记材料的遗忘规律。那么，什么是保持呢？保持是指学习过的对象在记忆中的储存。没有保持，人们就不可能有知识、技能和各种经验的积累。但保持并不是对信息的简单储存。记忆的内容在保持中既有质的变化，也有量的变化。质的变化主要表现为两种趋向，回忆的内容比学习的材料更为详细、合理，但有时也会歪曲、遗漏等。前者是学习的概括，更便于记忆；后者可能是由于所记的材料受新的经验影响形成新的联系。而表现为积极一面知识更精细、更合理；消极一面则是歪曲或遗漏。这些表现主要是受记忆材料学习刺激的深度、学习方法、理解程度和记忆时主体主观学习态度等因素的影响。所以，在体育教学中，要加强学生对运动技术的记忆，就必须满足上述特征的影响。比如，在学习过程中的主动追求的学习动机和兴趣；学生自主、主动地参与行为；在互相讨论、研究的合作氛围中学习就比学生个人孤独练习，教师让练什么就学什么的兴趣高得多，记忆也深刻得多；教师善于引导、善于因材施教的方法，能使个体存在差异的学生根据自己需要而牢牢记住知识，遗忘较少；同样，教师风趣的讲解，优美标准的动作技术示范，对学生直观刺激也深刻得多，甚至终生难忘。所以，凡是能调动学生主观能动性的一切学习方法，一切从学生“学”的角度安排·的教学方式和手段，都是保持记忆，减少遗忘的最佳选择。

我们之所以选择“保持曲线”来进行解读，就是为了进一步强调学习方法的选择是多么重要。学生主观能动性是否调动了；学生学习兴趣是否增强了，这些是影响学习质量的关键因素。学生学习兴趣越高保持越牢，反之，遗忘越快。

概述：学习需要有保持，保持需要有方式，方式需要有创新，创新需要好环境；遗忘发展有规律，先快后慢是特征，先多后少是量变，主观状态影响深。

(四十九)焦虑

原意：一种以担心、紧张或忧虑为特点的、复杂而延续的情绪状态。与恐惧不同，恐惧是感受到特殊事件或压力的威胁时产生。而它是与未能满足需要、预料到失败或意识到某种失败的可能性相联系，是在处理人际关系或未来的威胁事件中一种含糊的、有时是非理性的不适当的情感。由客观情境引起的称正常焦虑，由自尊心受到伤害而引起的称为神经过敏性焦虑。研究表明，一定程度的焦虑对学习是必需的，但二者之间的关系复杂，它对学习是促进还是抑制，由多种因素决定，如原有的焦虑水平、学习材料的难易程度以及学习者的能力水平等。适中的焦虑水平能促进社会技能的获得、处理好人际关系以及激发最有效的学习行为；焦虑水平过低会使学生毫无顾忌，学习时注意不集中；焦虑水平过高则会引起对学习的抑制。

解读：焦虑是人的心理活动产生的担心、紧张或是忧虑、抑制，也有可能是冲动、无顾忌在行为上的情绪表现。它直接影响人对活动的参与情感和学习结果，是我们教学中应该认真研究、认真对待的教学情感。从心理学的研究成果中我们知道，焦虑感表现程度对学生学习有直接影响。焦虑水平过高会抑制学生学习情绪，不敢或不愿意去学习；焦虑水平过低又使学生情绪过于兴奋，活动毫无顾忌；只有适中的焦虑水平，才能使学生较理智的去学习。

在我们的体育教学课堂上，焦虑的表现多为练习胆量和练习积极程度。焦虑水平高则参与活动胆量小而不主动；焦虑水平低则胆大，往往表现为活动的盲目；只有焦虑水平适中，才会理智性完成运动，既能积极主动，又不是仓促冒失。那么我们如何去调控解决呢？首先，我们应认识到学生的焦虑水平存在着复杂因素。有相当部分是先天带来，也有从小受家庭教育影响顺其发展。所以，我们的学生有焦虑度过大的，“天生”胆小；也有焦虑性过小的，“天生”胆大。对于教学中一些带有危险性的项目，比如体操器械项目、田径中的跳、投和障碍跑等，一定要注意这两类学生运动的安全性。既要他们能主动去练，又要保证活动安全。对胆小的除了语言鼓励、同伴鼓励以及在练习顺序上放在中间位置练习外，还应适当降低技术难度，降低技术要求。对于他们来讲，第一位的是鼓励他们“敢”做、多做，不求技术质量，应求一步一个足印，一点一滴地去提高。要树立信心，多做自然熟能生巧；对于胆大的要特别注意运动安全提示，他们往往是敢做，但不巧、不完美。要适当“压”住他们的“冲”劲，要多提要求把“敢做”变为“善做”。

总之，教学中的情绪调控是一种科学，也是教师教学机智。要因时、因地、因人而异。运动安全第一，一切学习都要保证运动安全。但这绝不是说，不教技术难的运动项目。其实，越是有技术难度的教材，越具锻炼实效性，对学生的培养意义也越大。我见过重庆盲校孩子上体育课，教学内容是支撑跳跃——横箱分腿腾越。你说难不难！危险不危险！他们为什么要上这种难的课程呢？又为什么敢上呢？因为这是对盲校学生人格培养，健康追求的最好手段。这种追求“阳光”的精神，难道不值得我们学习和深思吗？

本节对焦虑心理表现的解读目的，不是研究参与运动中焦虑的阻碍作用，而是在教学活动中，如何适当地保持焦虑水平，这是对教学有益的，问题是我们要积累经验，学会和掌握课堂调控，这是一节好的体育课必备条件。

概述：焦虑是紧张忧虑，复杂延续的情绪。因客观情绪引起，也有自尊太过敏；焦虑可分高中低，高者情感被压抑，低者胆大无顾忌，中者运动最适宜。

(五十)迁移

原意：亦称“学习的迁移”或“训练的迁移”，是学习的一个重要方面。在认知、情感态度和运动技能中都可产生。早期仅指先前的学习对后继学习的影响。现在一般认为是一种学习对另一种学习的影响，包括积极的促进作用和消极的干扰作用。按两种学习的内容、相互作用的性质和方向可以相应划分出一般迁移与特殊迁移；积极的正迁移与消极的负迁移；顺向迁移(亦称前摄作用)与逆向迁移(亦称倒摄作用)。

解读：我们在这里研究心理学中关于“迁移”的内含，其意义就在于我们实际教学活动中，存在着很多关于“学习的迁移”问题。了解和掌握它，才能更好地学习。我们现在提倡的教学，不仅要教会学生学习知识、技术，发展技能，更需要让学生学会学习。它的实质是什么呢？这就是迁移中的学习定势，即学会学习。比如(下面的例证不一定准确，仅供参考)，我们在传授给学生双杠“支撑前摆(向右)前摆越杠挺身下”这个运动技术中，有一个左手身后换握至右杠抓杠的技术。学生学会这个动作以后，教师可让学生自我去体会“支撑前摆(向左)前摆挺身下”的动作，这里的右手身后换握左杠的技术，就可以从前一个技术侧向迁移而来。这种注意的集中和认知系统的定向就是学习定势，即学会学习。所谓的侧向迁移，亦称“水平迁移”，它指概念或原理在新情境中的应用，其结果不产生新的概念或原理。又比如，从“前摆越杠挺身下”，过渡到“前摆越杠外转180°下”或“向内转体90°下”，这就是迁移的纵向迁移。这些技术动作是在“前摆向左(右)越杠挺身下”技术基础上产生了新概念技术。这充分反映人在学习中，不限于学习简单的刺激—反应连接，而可以通过一类学习去学会学习。所谓的纵向迁移，它是指低级的概念和规则向高级规则的迁移，是与“侧向迁移”相对的。纵向迁移与侧向迁移的区别在于，前者的结果产生高一级的新概念和新规律；后者的结果不产生新概念和新规则。在体育教学中，这样的实例还很多。比如，在篮球教学中，我们教会学生“单手肩上投篮”技术，然后让学生连接过去头脑中已学会的“行进间运球”和“运球急停”技术，把以上技术自我连接形成新的更复杂的投篮：即“行进间运球—急停—跳起单手肩上投篮”，这是侧向迁移。如果让学生变成“行进间运球、转身—急停—跳起单手头上投篮”，这就是更为复杂的纵向迁移了。反映出的举一反三的心理机制就是学会学习。上述举的例子都是迁移对学习的积极促进作用。迁移也有消极的一面。比如，我们学习武术动作的各种腿法，一般都要求是钩脚面。这是武术运动的特点而决定的。可我们在学习体操动作时，无论是技巧还是单、双杠，动作技术一般都要求绷脚面。所以，这是两种技术要求相反的运动。在学习中，一种技术对另一种技术就是一种直接干扰。哪一项运动学得越精，干扰就越大。这就是学习的迁移负面消极因素的影响。又比如，中国民间古典舞讲究表达的“含蓄”，要求情感动作的细腻；而芭蕾舞则要求动作大开大合，情感外露。这也是互为干扰的学习迁移的消极负面影响。所以，对以上存在“学习上迁移”的有关运动技术动作，在制订教学计划时，应尽量避免放在一起或相隔时间很短来教，不然相互影响。

现在我们的体育教学要从教会学生技术向教会学生学习发展，就离不开这些心理知识的理解和应用。对于我们教师来说，就是要利用这些教育学、心理学的知识去学会教学，成为适应时代发展的教育工作者，一名真正的好教师。

概述：迁移是学法研究，产生于认知情感。迁移作用有两面，消极干扰要避免。侧向不产新概念，原理水平移向前。纵向原理有改变，低级规则新发展。

二、教学基本概念与方法(共20条词条)

(一)教学

原意：以课程内容为中介的师生双方教和学的共同活动。学校实现教育目标的基本途径。其特点为通过系统知识、技能的传授和掌握，促进学生身心发展。其构成要素为教师、学生、课程内容、教学手段。教师的教和学生的学相互依存，以课程内容、教学手段为中介而发生作用。随着学生身心发展水平的提高，教师的影响在程度、内容、方法上不断发生变化。教学的基本任务通常包括：

(1)使学生系统地掌握文化科学基础知识和基本技能；

(2)培养世界观和道德、审美、劳动等观念及相应的行为方式；

(3)使学生身心得到发展。它不仅在促进个人发展中具有重要作用，而且也是社会历史经验得以再生产的一种主要手段。它具有课内、课外、班级、小组、个别化等多种形态。从时间顺序上看，教师和学生课前的准备活动、共同进行的课内活动、课后的作业批改、练习、辅导、评定等都属于教学活动。随着社会传递媒介的发展，可通过教师和学生开展的各种直接交往活动进行，也可通过印刷、广播电视、录音、录像等远距离活动进行。

解读：首先，我们必须明确教学是通过系统知识、技能的传授和掌握，促进学生身心全面发展。所以，学校体育的教学重点仍是以下两大方面。

(1)要进行系统的体育知识、技能的传授和掌握，要贯彻三基教学(体育基本知识、基本技术和体育技能)。系统知识必须由国家、地方省市来确定，不能自行随意解决，校本教材只是补充，不能替代。

(2)要促进学生身心发展。教学的落脚点在学生身上，主体是学生。一切教学方法、方式、手段要以学生的学为中心。教师的教是为学生的学服务。目标是全体学生，是存在着差异的全体学生。

其次，体育教学的构成要素是教师、学生、教学信息和教学媒体。教学信息是教材学习内容；教学媒体主要是指体育学科特有的教学工具：场地与器材(音乐、录像等只是一种补充)。场地、器材是以教学中介的形式发生作用。主要要素还是教师的“教”和学生的“学”。所以，教师如何去“教”，学生又如何去“学”，这一对相互关系促进了教学的不断发展与进步。当今教学仍然是紧紧围绕教如何为学服务开展下去的。教师更多的是指导、启发、引领学生主动、积极、自觉地去完成学习任务，达到社会对青少年的发展目标要求。教法的研究探讨是为提高学法服务。

再次，体育教学的基本任务是为培养社会发展所需的“健康”人才服务。现在对“健康”的认识包含生理因素和心理因素两大方面。过去我们对体育目标的追求，主要是生理指标。如体制、体格、体能，等等。不生病，发育良好即为健康。现在时代发展对健康要求包括世界观、人生观、道德、审美、劳动等心理素质及相应的行为方式，是全方面的“主体”要求。所以，我们的教学必须要从“捆绑灌输式”向“开放主体式”发展；要从教学生学向启发学生自主学发展；教会学习比教会知识更重要。班级单一教学形式必须向课内、课外、班级、小组、自由组合、个别化等多种形态发展，形成开放式的教学形态。

最后，还必须强调一点，在教学人际关系上，教师和学生是朋友关系，是朋友就应是平等的，但这种“平等”仅对师道尊严而讲，不是一般意义上的“平起平坐”。教师要承担教学的一切责任与后果，不能放任自流。一日为师，终生为“父”，是具有“父”爱的责任和希望。这才有助于真正的和谐教学氛围的建立。在思想意识深处，教师要永远确立“师”的责任感。

概述：教学是师生活动，不仅是知识传授。教学要素为中介，目标是培养人才；教学是知识延续，社会经验再进步；教学需要多创新，传授有法无定规。

(二)教材

原意：第一，教师和学生据以进行教学活动的材料、教学的主要媒体，通常按照课程标准(或教学大纲)的规定，分学科片类和年级顺序编辑，包括文字材料(含教科书、讲义、讲授提纲、图表和教学参考书等)和视听教材。编辑时要求妥善处理思想性和科学性，观点与材料，理论与实际，知识、技能广度和深度，以及基础知识与当代学科新成就的关系。总原则是，从一定教育目标出发，符合学科的体系，适合并促进受教育者的身心发展。要求兼顾学科知识的逻辑。

第二，体育教材是体育教学的具体内容，是教学信息，是完成对学生培养体育目标的教学活动的主要媒体；是按课程标准(或教学大纲)的规定，按年级顺序编排的具有科学的体系(现在供我们选择的几套教材是按不同水平要求编写)，体育教材的编辑具有螺旋式特征。现在的“体育与健康”教材主要包括以下内容：

(1)为促进身体健康和终生体育必需的运动技能；

(2)关于体育与健康的基本知识和科学锻炼的方法；

(3)正确的体育与健康观念；

(4)欣赏运动的能力；

(5)安全从事运动的能力；

(6)与运动有关的野外生存技能；

(7)利用体育与健康的资源、信息、产品和体育与健康服务的能力。

第三，教材是时代，是国家对学科发展的基本要求和基本指导，应具有权威性，不能随意取舍。所以，教材理应由国家统一编写。为了适应我国东、西、南、北的不同情况，可编写多套供各地选择。统编教材也可分为必修、选修和留有一定的自编空间(供校本教材的补充)。现在教材是三级管理的、编写模式，我认为还是不到时候，不适应全国情况。

第四，体育教材的真正含义是各项体育运动项目提供的仅仅是该项目的技术素材。必须经过一个加工过程，只有经过加工，配有教学方法，配有各层次不同目标要求的才能称其为教材。一般而言，这个加工过程就是教师的备课。备素材、备学生、备场地器材。所以说，备课是教材与实践的连接桥梁。备课的质量决定教学水平。我们要重视备课，不打无准备的“仗”。

概述：教材是教学传媒，由技术素材加工而成。教材具有思想性，符合学科的定性。教材具有科学性，理论要联系实际。教材发展要创新，学生学习巧领会。

(三)教学能力

原意：教师为达到教学目标、顺利从事教学活动所表现的一种心理特征。由一般能力和特殊能力组成。一般能力指教学活动中所表现的认识能力，如了解学生学习情况和个性特点的观察能力；预测学生发展的思维能力等。特殊能力指教师从事具体教学活动的专门能力，如把握教材、运用教法的能力；深入浅出的语言表达能力；教学的组织管理能力；完成某一学科领域教学活动所必备的能力，如音乐教师对音高的辨别能力、语文教师的写作能力等。研究表明，教师的表达能力、组织能力、诊断学生学习困难的能力以及他们行为的条理性、系统性、合理性与教学效果有关。

解读：首先，我们必须清楚地了解，教师的教学能力是教师必备的主要能力，它与教学效果有直接的联系。一是其本身对教学的方方面面有深层次的把握；二是能被学生接受，甚至受到崇敬，这是提高学生主动积极参与性的重要因素。研究表明，学生对学科的喜爱、专注，往往是对教此学科教师的喜爱和崇敬，愿意接受此教师的知识传授，而表现为特别积极、专心去学。所以，一个教师的素质对学生是多么重要，其影响往往超过人们的一般想象。教师教学能力的提高，就能提高学生学习主观能动性，是提高教学质量的保证。

一般而言，体育教师的教学能力，大体体现在以下三大方面。

第一，一般教学能力。一般能力是基础，是教学需要具有的起码能力。无论是哪一学科，教师都应掌握教育学、教育心理学的基本知识和概念，这是作为教师的必备素质。对于体育教学而言，一般能力包括：教学的组织能力；教学的口头语言和非口头语言的表达能力(包括口哨灵活运用能力)；一般教学方法的运用能力以及对学生的了解、观察等能力。这是体育教学对体育教师的一般能力要求，也是一名合格的体育教师最基本的素质。

第二，体育专项能力。这不仅表现在教师对体育专项技术的掌握和表现能力，而且表现为适应教学环境的素材加工能力，也就是各种教学方法的综合运用能力(是专业运动员所缺乏的教育教学能力)。尤其是当前，时代的进步和发展赋予体育教学观念上新的变化，即教学的最终目标是健康第一，要把教会学生知识、技术，提高技能的“三基”教学，提升为提高学生基本认识能力和基本行为的运动表现能力。也就是把教学生的“三基”提升到教会学生学习；要关注每个学生差异、因材施教，确保每个学生受益；要激发学生运动兴趣、动机，树立终生体育思想。新型的体育教师要树立教育新观念，要改变或改进原有教学方法，要具有熟练掌握新教学方法的能力。

第三，要具有创新教育的创新能力。只有创新才有发展。新的教育理念下的体育教学需要各方面的创新来适应教学的提高和发展。没有创新能力的教师，一定培养不出有创新思维的新一代学生。默守成规的教学就是教学的倒退，是教学能力的衰减。

概述：能力是心理特征，能受到学生崇敬。能力是教学基本，绝不是先天生成。能力是质量保证，能提高学习热情。能力是发展创新，绝不能墨守成规。

（四）教学反馈

原意：亦称“教学信息反馈”，教学信息论术语之一。即教学系统的结果（输出）作为新的信息重新输入系统，对教学活动具有检测和调控等作用，学生的作业、试卷、行为、表情、语言及至课堂气氛等都可反馈给教师，作为检测、调控教学过程的依据。反之，教师对学习活动的评定和要求反馈给学生，学生也可据以检测和调控自己的学习行为。

解读：教学反馈是教学调控的依据。教学的过程是师生双方共同活动，所以教学反馈是双向性质的反馈。学生在教学活动中的一切表现，如行为、情感、言语以及教学课堂的教学氛围反馈，是教师教学检验和教学调控的依据；同样，教师对学生在教学课堂上活动评定，包括表扬、劝说、批评、技术的语言指导以及教学的各种要求等，是学生调节自己课堂学习行为和表现状态的依据。所以，我们可以说，教学反馈是课堂上变化复杂的教学信息，对师生双方教与学活动的检测，是将教学情况作为新的信息重新输入。这就是教学反馈的双向性，也就是我们应特别注意的理由。

教学反馈又可分为课堂教学及时反馈和课堂教学结果反馈两种表现形式。上述师生双方在课堂上的反馈调整是通过课堂教学现场的及时反馈作为调整依据的。反映在教师方面也算教师的教学机智，是教师课堂调控灵活性的反映；反映在学生方面是学生学习积极性和认真学习行为的反映。这种对教学现场、教学信息的及时调控，有利于教学和谐氛围的建立，有利于教学质量的提高。课堂教学结果的反馈，过去是通过技术考核反馈给教师与学生。也是今后教师调整教学计划和教学方法的依据。对学生来说就是前阶段学习的总结，也是今后巩固或改进的依据。这种教学结果的反馈往往是教师单方评定，是靠技术考核结果的反馈。这对于先天素质上存在着差异的学生来说，是不公平的。因为有些先天缺欠你是无论如何努力也难以改变的。所以，现在的教学评价体系改变了这些不足之处，学生自己可以对自己有个评价；同学间互有评价；老师对学生也有一个全面评价。反过来学生对教师也可有评价。这种评价的综合反馈更公平、更合理，也更科学。对调整师生双方的教学活动也更有利。

概述：反馈具有双向性，教师学生两面镜。反馈是教学检验，检测调控都齐全。反馈是教学促进，保质量双向提醒。反馈是教学评定，有利创和谐氛围。

（五）教学艺术

原意：教师达到最佳教学效果的知识、方法、技巧和创造力的综合表现，是教师运用教育学、哲学、社会学、心理学、美学、艺术以及语言艺术的体现。一方面表现在教师不仅传播知识，还能通过自己的语言艺术和激情，激发学生求知欲、学习兴趣和思维的积极性，把形与理、知与情结合起来，使学生的知识、能力、情感、意志和思想品德得到和谐发展。另一方面，表现在教师运用教学方法的灵活性和创造性。在对教材的深刻领会和对学生观察了解的基础上，运用教学机智，选择不同教学形式、方法，形成不同的教学风格，全面顺利地实现教学的多方面目的。

解读：我们在同一个班级，由不同的教师去上同一教材的体育课，他们的表现与课的最终结果可能并不相同。原因在于这些教师的教学水平不一样。更进一步讲也就是他们在教学艺术上存在差异。

教学具有科学性，同样它也具有艺术性。

艺术是通过语言、动作、线条、色彩、音响的综合运用来表达作品的感情，是以人为表现对象的。体育教学比任何学科都全面运用语言、动作、线条、色彩、音响的综合来完成教学。同样是以人为表现对象的艺术教学，其表现特征比任何学科都全面、典型。体育学科本身就是两个结合：一是体育学科的科学技术；二是学科的教学技术。所以，在其教学过程更讲究教学艺术。因为在室外环境下的教学比室内教学相对要复杂得多。在这种动态环境下的心理活动与生理活动也都复杂得多，两者结合的教学也因此更具艺术性。体育教学是具有高超的教学艺术。

1. 体育教学课堂艺术的表现

(1)教师课堂教学艺术风格。风格是在专业或职业的活动表现中，显露出来的典型特色，即艺术风格，是体育教师个性特征的高层次表现。

(2)教师课堂教学艺术中的教学节奏。教学节奏是在一定理论基础上，为实现某种教学目标而在制定总体教学实施方案中，合理选择和组织各种方法、手段及媒体运用、师生行为、程序内容，活动时间多少、快慢变化等的综合表现，也是体育教师课堂教学调控的一种表现艺术。

(3)教师课堂教学艺术中的教学语言。教学语言是教师用以向学生传递教学信息和组织教学的符号系统。一方面要求用语的准确性、科学性，语意的连贯性、逻辑性；另一方面又要强调语言富于情感感染力、吐字清晰，有节奏。体育教师上课场面大、变化大，因而教学语言的运用也更复杂。口哨也是体育的专项语言。

(4)体育教学艺术中的非语言行为。此种语言又称为举止行态语言。它的作用是支持、修饰或否定言语行为；代替言语行为；表达言语行为的感情、态度与形态。这种语言对于体育教学更为重要。运动技术教学中的技术示范动作是体育教学的两大重要元素之一。体育教师的运动技术示范动作的好与劣，直接影响学生学习兴趣和对教师的感情，是体育教师必备的教学技术。

(5)教学媒体。它是教学过程中，在教师与学生之间传递教学信息的中介物。它为学生提供大量感性认识，从而有助于教学效果的提高。对体育教学而言，主要教学媒体是体育器材和活动场地。这是体育教学离不开，也必须重视的教学媒体。器材和场地对学生的直觉产生影响，能引起学生的直接兴趣，有助于学生学习的主动积极性。因此，器材的运用与创新，场地的布置与线条刺激都具有艺术成分，是体育教学艺术中不可缺少的因素之一。

(6)教师教学机智。机智是教师面临复杂教学情况时所表现的一种敏感、迅速、准确的判断能力。(下面专设词条解读)

(7)教师课堂的教学组织。课堂教学艺术的探讨是属于教学策略的研究。一般而言，教学策略包括课堂教学的组织形式与方法、课堂管理的艺术与技巧；课堂问题解决的手段与技巧；教师的教学行为的控制以及现代教学手段应用等。这里是专指组织教学能力。它包括课堂教学组织能力和教学方法的选择能力。课堂教学组织能力的突出表现是合理处理好教学过程中各种关系。即：教与学的关系；主导与主体的关系；知识与能力的关系；学会和会学的关系；知识的传授与德育教育的关系；智力因素与非智力因素的关系，等等。课堂教学方法的选择能力突出表现在“教学有法，教无定法”。教无定法就是教学艺术性的表现。一个优秀的体育教师必须努力提高自己课堂的组织能力和教学方法的选择能力，方能表现出自己的教学才华，教学机智，形成自己特有的教学艺术。

(8)课堂教学评估艺术。教学评估是对教学效果作出客观衡量的判断的综合能力，是教师要从教学经验型向教学艺术型升华而必备的教学基本能力之一。体育教学的评估包括两方面：一是教师自我教学评估；二是对学生体育学习的评估。过去都是单向由教师完成。现在则要求由学生和教师共同完成，是双向评估。这有利教师与学生之间的新型师生关系的建立，也有利教师在评估艺术性上的提高。

以上是体育教学过程中体育教学艺术的八项表现特征。简述的目的是为广大体育教师提供关于对体育教学艺术的初步认识，并使其了解和掌握如何提高自己的体育教学艺术。另外，需要指明：体育教学艺术不同于教育艺术。前者是在课堂教学过程中，教学艺术特点的表现内容；后者可以看成是教学艺术的上线，它所包括的面更广，因而其内容也应更丰富，主要指对人成长的培养艺术。

2. 体育教学艺术的特征与功能(简述)

(1)体育教学艺术的特征：根据体育专业的特征，体育教学艺术表现出以下特征：直观形象性；语言多样性；激趣—情感性；动态—差异性；审美独创性和全面发展性。

(2)体育教学艺术的功能：体育教学艺术促进体育教学的发展，它的功能也有独特之处，比如，促进运动技术掌握的功能；以美促练，美化人们心灵的功能；以趣促练，形成运动习惯的功能；减少失误，提高效益的功能；创建和谐氛围，促进健康第一的氛围；推进开放式体育教学发展功能，等等。

总之，一个教育工作者如果不懂教学艺术，那他的教育教学实践就不可能有魅力，即吸收力、感染力、向心力、感召力和凝聚力。

概述：艺术是知情交融，激发兴趣情更浓。艺术是方法巧妙，风格飘逸激情畅。艺术是形理结伴，教学机智巧变换。艺术是创造美好，科学无瑕质飞跃。

(六)教学机智

原意：教师面临复杂教学情况时所表现的一种敏感、迅速、准确的判断能力。如在处理事前难以预料、必须特殊对待的问题时，以及对待处于一时激情状态的学生时教师所表现的能力。此种机智源于敏锐的观察力、灵活的思维力和果断的意志力等心理品质，还源于教育学、心理学的理论水平和教学经验技巧的丰富与积累，对学生了解的深度和诚恳、爱护的态度等。

解读：教学机智是教师的才华、专业水平、教学经验和技巧以及教师对学生关爱等综合素质的表现。

才华部分源于先天素质，但更多的是后天知识学习的积累。尤其是对教育学、心理学理论水平知识的积累。在我们的体育教学过程中，一般都不能自觉地与教育学、教育心理学联系。不是不接受理论指导，而是忽视了理论知识对实践的指导。其实，我们提的很多“现代”的概念在过去几十年，甚至几百年就在教育和教育心理学中提过，只是我们没有理解和接受。比如，现在教学一定要尊重学生差异，要面向全体，发展学生个性特征。这些教育学的因材实教，孔子早就提出过即“各因其才”等等，只是我们没有真正运用。

专业水平是教师知识积累度的表现。对于体育教学而言，专业水平应分为运动技术的讲解、分析水平和运动技术的示范动作水平。对体育教学两者都不可缺。技术的讲解分析是教学的引导，运动技术的示范是教学的直观。这无论是过去还是现代都是一位好的体育教师不可缺少的必备素质。尤其是后者，过去讲的光说不练“嘴把式”是不能吸引学生注意力的。教师的运动技术的示范能激发学生学习兴趣，对促进学生对教师的崇敬，这些都有利于学生主观能动性的发挥。

教学经验与技巧是教师在长期从事教学实践过程中，所积累的教学方法以及处理专业技术问题的技能水平。这就需要教师要经常对自己的教学进行评价和总结，好的发扬下去，差的及时纠正。一个好的体育教师就是在不断评价和总结锻炼中成长起来的，从而形成了自己一套选择教学方法和处理专业技术问题的独特方式，形成风格。

教师对学生的关爱。一方面反映教师教育工作的责任心，对事业的热爱和执著；另一方面也反映师生和谐的人际关系。这保证了教学目标的完成，真正做到教书育人。

教学机智在教学中突出表现在以下四个方面。

(1)及时调整和激发学生学习兴趣和热情。比如，我们宣布本课教学内容是继续提高和拓展“前滚翻”时，有些学生会有消极情绪：“又是前滚翻。”如果教师在此马上补充一句：“今天的前滚翻和过去学的不一样。双人合作前滚翻你们想学吗?”必然会激发学习学习愿望，提高学习兴趣。这也是一种教师的教学机智。

(2)对课堂上突发事件及时调整，保证学生学习安全。比如，我们在中长跑的练习中，如果发现学生运动量过大，就应马上变化，改跑为走、走跑交替，不能急于求成，不能伤害学生身体，影响健康。又比如，在做支撑跳跃的某些动作时，学生学习焦虑水平表现不同。焦虑水平高的胆小，要多鼓励；如发现学生焦虑水平低，练习胆大而盲目时，就要想法调整，要放慢练习节奏，加强保护。要在绝对安全情况下去运动。这也是一种教师的教学机智。

(3)正确运用口头语言和非口头语言进行教学。教学中的口头语言和非口头语言能帮助学生理解技术，教学更丰富。同样也能调整学生学习情绪。比如，在中长跑教学中，当快接近“极点”时，教师要用口头语言或手势、口哨等提示技术要点——加强摆臂、加深呼吸；也可用鼓励或点名表扬手段调整情绪，帮助学生渡过难关。这也是教师的教学机智。

(4)营造和保持学习的和谐氛围。比如，学生在学习过程中，对运动技术的理解可能有分歧时，矛盾就会发生。此时老师应马上说一句：“刚才是我没有讲明白，造成误会，双方理解都有正确之点，如果这样……”教师主动承担”责任“，化解不必要的“冲突”、尽量保持好的学习氛围。又比如，在对全年级各个班上课时，能根据各班学生的实际情况，调整方法、节奏、运动量大小或场地规模大小，这也是一种教学机智。

概述：机智是教师才华，是处事果断意志。机智是专业艺术，是知识经验积累。机智是激发调整，是提高兴趣热情。机智是教师关爱，是诚恳关爱情怀。

(七)教学风格

原意：教学过程中体现教师个人特点的风度和格调。教师教学思想、教学艺术的综合表现，具有独特性和稳定性。如有的教师循循善诱、巧于设疑；有的论证严密、具有逻辑说服力；有的语言风趣，富有幽默感。教师教学的独特风格，可给学生留下深刻印象，影响教学效果，对学生各种心理品质的发展具有潜移默化作用。

解读：教学风格是教育主体具有的独特性和稳定性，是教学的个体个性特点与教学风貌。风格是在教学艺术基础上形成的，也是教学艺术体现的主要方面，二者有内在联系。教学艺术论主要研究教学的一般艺术的表现方式、方法；而教学风格则侧重研究教学风格的本质、形成和创立风格的规律等。风格又不同于艺术，艺术指一般表现，风格指特殊表现。只有有了艺术，才能形成风格。

体育课堂教学风格是优秀体育教师的课堂教学艺术实践的整体典型表现，是综合素质，是教师的教学艺术走向成熟的标志；体育课堂教学风格是教师在长期的教学实践中的不断追求、经过不断地努力，甚至是艰苦的实践中探索逐步发展和形成的教学艺术高层次表现；体育教学风格是与教师个体的风度、格调密切联系的，在教学中反映出来的教学特长。所以，教学风格具有独特性；同时它也是体育学科的科学性与教学的艺术性的结合。体育教学风格在层次上是有分别的，高层次的教学风格具有鲜明的特征，是个人特征和审美风貌，是少数的体育教育家；中层次的教学风格具有比较独特的个性特点和审美风貌，这是大多数优秀教育教师的表现。对于广大体育教师而言，尤其是青年体育教师，要努力形成和发展自己的教学风格。

体育教学风格形成因素主要有两大方面：其一，自我教学的基础因素。包括文化修养，专业知识修养和心理素质修养。其二，是主观、客观内外因素的影响。在主观因素中，对教学工作的热爱和执著是先决条件，具有丰富教学经验是基础。这需要教师对教学艺术不断追求和探索。客观的外因包括传统环境因素、时代的要求和学校教研氛围，等等。外因具有一定的制约因素，但不是决定因素。比如时代的要求，就需要教育工作者不断努力去创新，为21世纪人才的培养做贡献。对学校体育而言，树立健康第一的指导思想，就将打破某些原有的、陈旧的教学模式，创造新的适合时代发展的新模式，进而形成具有时代特征的教学风格。张武升先生指出："只有当教师在长期的教学艺术探索与追求中，教师个性在教学观点、教学方法、教学作风等的结合体在教学实践中显示出来的成熟的、科学的、较为稳定的风格特征的时候，我们才可以说，这个教师的教学达到了稳定的个性化，即形成了自己的教学风格。"

概述：风格是风度格调，体现出独特风貌。风格是教学艺术，体现出综合修养。风格是循循善诱，体现出爱心魅力。风格是语言幽默，体现出巧妙设疑。

(八)教学策略

原意：教学系统论或教学工艺学术语之一，又译成"教学措施"。它是指建立在一定理论基础上，为实现某种教学目标而制定的教学实施总体方案，包括合理选择和组织各种方法、材料，确定师生行为程序内容。已进行较深入研究并广泛应用的教学策略有六种。

(1)先行组织策略。其实施步骤：准备预备性材料；设想学习进程；呈现预备性材料和新材料；从预备性材料中抽象出新信息；运用活动强化。

(2)概念形成策略。其实施步骤：呈现实例；确认概念；强化练习；发展思维技巧。

(3)认知发展策略。运用原则有：儿童从实践中获得新知；教育活动以儿童为中心；教学须是个别化的；社会交往起重要作用。教师以开发者、诊断者、认知冲突的创设者和促进者、社会交往的推动者等身份发挥作用。

(4)随机管理策略。系统的控制强化刺激，使之在特定时候强化所期望的行为反应。

(5)自我管理策略。教给学生改变行为的方式方法。方法包括示范、督促、强化和指导。

(6)行为练习策略。其实施步骤：明确课程的目的、环节和内容；呈现新信息；控制练习时间、通过语言提示使学生掌握和运用新技能、新结构；个别指导；提供机会使学生独立练习。

解读：以上的教学策略的原意是对整个教育学科而言。而体育学科具有自身的典型学科特征，即是认知和身体锻炼活动相结合的学习过程。因此，其教学措施具有典型学科性质。我们例举以下六种说明。(其最终具有的措施数量，至今仍无具体说法)

(1)教学实施"先讲后练"的教学策略。此措施适合于技术难度较高，又具有某些危险因素的教材。比如，体操类教材。先建立技术动作概念后，再去实际演练。先讲包括讲解与示范，具体流程见图1。

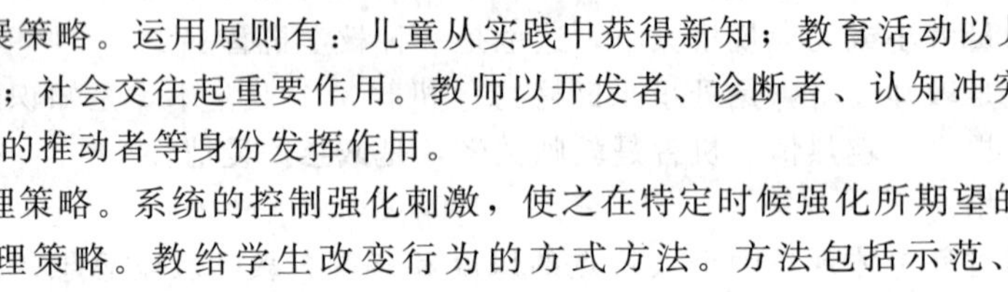

图1　先讲后练

(2)教学实施"先练后讲"的教学策略。此措施适合技术难度较低的教材，学生可先行练习体会，然后教师再讲解和示范，纠正不正确或不确定之处，发展学生主动追求知识，动手动脑学习能力，具体流程见图 2。

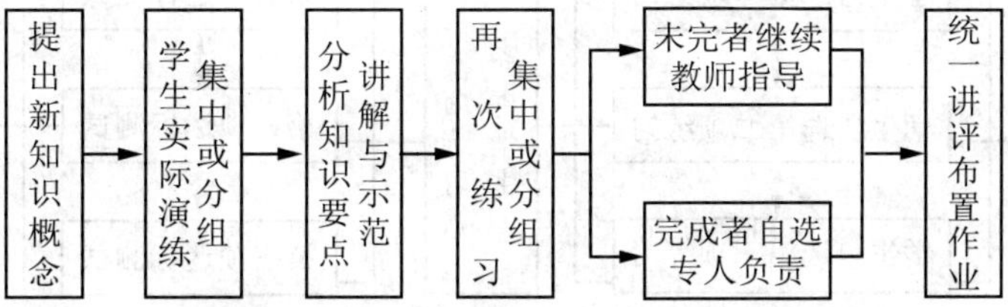

图 2　先练后讲

(3)教学实施“边讲边练”的教学策略。此措施适合有一定技术要求，光靠讲又不容易建立动作概念的项目，也适合一边做一边说的运动项目，使学生的直观印象与技术讲解容易结合。比如，武术教材，具体流程见图 3。

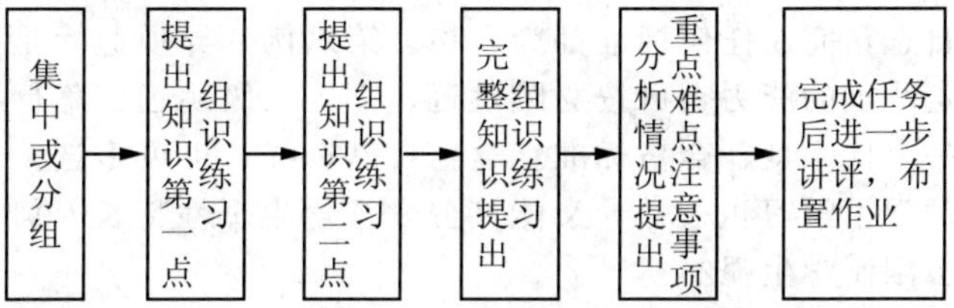

图 3　边讲边练

(4)教学实施“自我认知”的教学策略。此措施适合对原有技术的侧向迁移或纵向迁移的学习，让学生自我学习，教师起一个引导或指导作用。这是让学生学会学习的策略，具体见流程图 4。

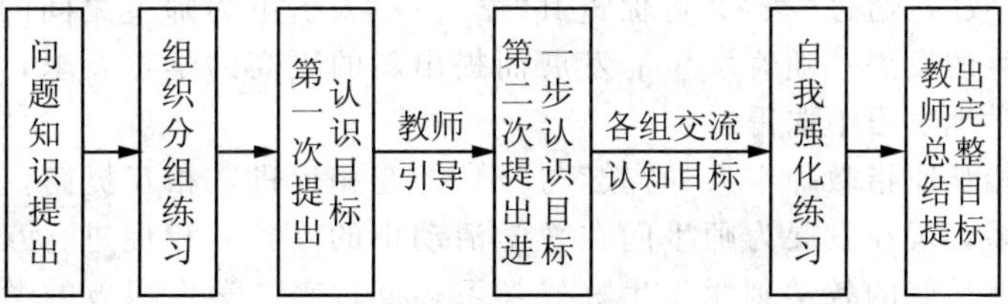

图 4　自我认知

(5)教学实施“同项分别达标”的教学策略。这是根据学生的水平差异，分别教学。根据学生实际完成相同教材的不同目标的教学，具体流程见图 5。

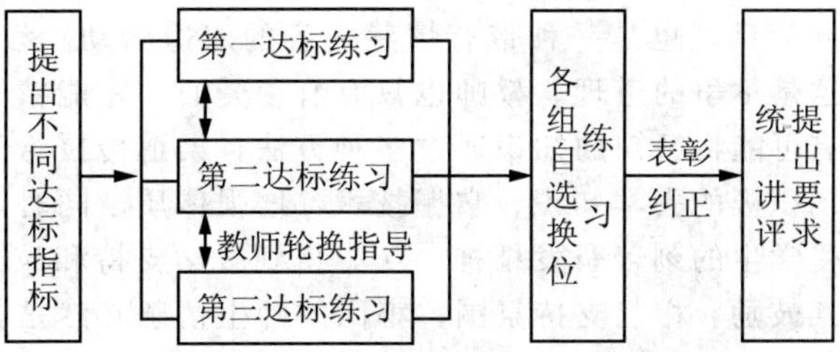

图 5　同项分别达标

(6)教学实施“异项达标”策略。此措施是根据学生水平差异，完成不同项目、不同目标的教学。此策略满足不同水平层次的学生愿望，使他们在同一课堂中都有收获，都能受益，具体流程见图 6。

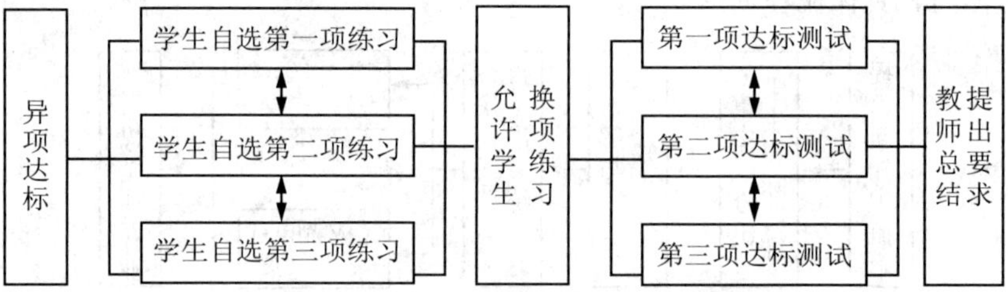

图 6　异项达标

注：以上六个策略例子，只是若干个教学策略的一小部分。现在说明一下第五例和第六例。第五例的同项分别达标是指一个项目不同标准的达标。比如跨栏跑可分三个标准：A 标——连续跨过 5 个栏以上；B 标——连续跨过三个栏；C 标——能跨过一个栏。栏高都同一个高度。学生自选，完成任何标准都为合格。第六例的异项达标是指不同项目，学习自选达标。比如测定跳远的能力，可按立跳跳远、立定三级跳远、急行跳远和急行三级跳远分类。可各设定一个优、良、合格标准。学生自己选择，也可多选。以最好成绩为评定标准。这样既能调动学生学习积极性，又能充分发挥学生个性特长。何乐而不为呢？为什么非在一个项目上去限制学生呢？

概述：教学策略是措施，方法手段符实际。教学策略是选择，目标实现是依据。教学策略是设计，教材难易须考虑。教学策略是生成，教会学习是根本。

（九）教学相长

原意：教师自身的“教”与“学”相互促进。语出于《礼记·学记》，“学然后知不足，教然后知困”。知不足，然后能自反也；知困，然后能自强也。故曰教学相长。其意为教师的“学”可以促进其“教”，通过“教”又可促进其“学”。后人引申为师生之间的相互促进。教师的教导促进了学生的发展；随着学生的发展而提出新的更高的学习要求，促使教师不断进德修业，并在向学生学习中取得进步。

解读：教学相长原指教师本人的“教”与“学”的互相促进，相互提高，是教师教学实践与业务进修的关系。现在发展为师生间在教学活动中的一种互相促进、互相提高的“教”与“学”的关系。也就是好的教学刺激学生好好学习；反过来，学生积极的学习态度又刺激教师教的水平提高。因此，教学相长首先应要求有一个良好的教学氛围。师道尊严绝不会“相长”；同时放任自流的课也不会有“相长”。体育教学课的教学相长主要受到以下三方面的影响。

第一，教学中，师生情感的投入是教学相长的第一要素。教学是以课程内容为中介的师生双方教与学的共同活动，也是一种带有情感内容的双边活动。教师情感投入的多少，直接影响教学效果，这是不争的道理。教师也只有有了爱心，才能精心准备课，才能细心地指导学生学习，才有可能将已知的知识通过多种方法、渠道传授给学生或以最大的耐心去启发、引导学生主动积极的去学知识、掌握技术，增强体质。同时，也才能在学生认真的学习中去体验和感受学生的刻苦奋发精神，从中得到教学支持和鼓励，投入更大的热情于教学之中。这种相互鼓励、相互支持氛围，牢固的师生情感必然是教学第一要素，也是形成教学相长的第一要素。

第二，教师认真“教”，学生主动积极地“学”是形成教学相长必备条件。我们都有这个体会，只有教师认真“教”，才可能让学生认真地“学”。反过来，学生自主、积极认真、孜孜不倦地学，也能促进教师的自我反省，认真改进和提高，主动改革教学方法，追求更佳教学效果。一般而言，出于职业道德的本能，教师都喜欢认真学习的学生。就像拿一块石子扔进水中，溅起水花，水波四溢，让人心悦一样。“学”能助“教”；“教”能促“学”，这是教学相长的必备条件。

第三，走创新、探究教学之路，是对教学相长的最大促进。墨守成规的教学，无论是对教师，还是对学生，都促进不了师生教学热情的投人。不要说是双方都无热情，就是教与学的任何一方失去了“教与学”的热情，都会是对对方的“泼冷水”，衰减教与学的欲望、热情。直接造成教学质量的下降，也就要谈不上“教学相长”了。只有教师不断进取，保持教学创新的热情，不断开拓新的教学方法与模式，才能不断促进学生的学习热情。“自主—合作—探究”的教学理念的形成与发展，是当今教学的最佳组合，能开创教学相长的新局面。

总之，教学相长是教学过程得到最佳优化后的必然产物。

概述：相长是相互鼓励，相长是互相学习。相长是相互支持，相长是互相进取。相长促教师进德，相长促教师修业。相长促学生学风，相长促学生学业。

(十)掌握学习

原意：在教学中有效使用反馈、矫正，为学生提供各自需要的时间和帮助，使绝大多数人达到学业规定要求的教学理论和实践。美国布卢姆 20 世纪 60 年代末提出，思想源于卡罗尔关于学校学习模式的研究。布卢姆在分析学生能力倾向分布后，对学习成绩按正态曲线分布的观点提出疑义。经长期实验和课堂观察证实，学生中学习程度的差异受五种变量制约，即学习某一特定课题所必需的基础能力；教学的质量；理解教学的能力；学习持续力(或称恒力)；允许用于学习的时间。只要使学习者能明确教学目标，具备掌握该项学习任务必要的知识、技能，肯花时间，具有学好的意愿，教师提供必要的帮助和学习时间，有效使用反馈和矫正，获得良好的成绩。在实施前须作三项准备工作，即确定掌握目标；设计各学习单元内容及其反馈—矫正环节；编制“总结性测验”。

解读：掌握学习是针对学生在学习中的差异而采用的一种教学方法。它是通过教学中的反馈与矫正来为不同学生提高提供不同的帮助的学习。也可算是另一种形式的分层教学和因材施教，也是学生学会学习的教学，具体流程见图 7。

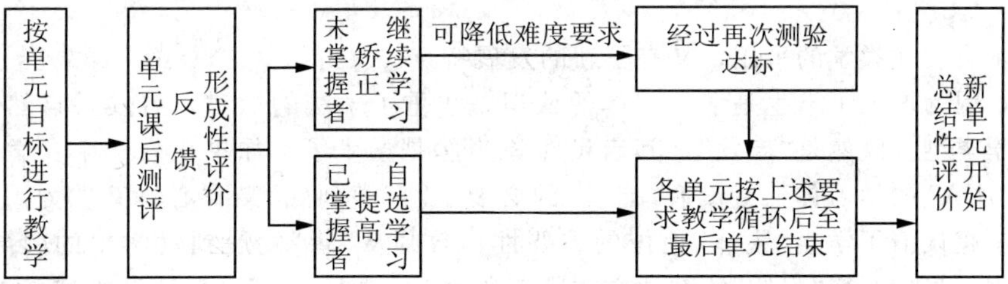

图 7 掌握学习流程

图表说明：

(1)此教学方法不是按某一技术学习的反馈来判断，而是按单元目标完成情况来安排的整个教学流程。

(2)单元结束后的第一次测评是面向全体学生，统一技术要求和达标要求，使其获得全体的准确反馈。

(3)矫正安排的继续学习可是一组，也可为不同情况的若干组(同组差异接近)的练习。另外，第一次测评后，已完成单元目标者可安排提高项目练习和自选项目，这也是因材施教。

(4)矫正组的继续练习，可降低技术难度要求(是降低“要求”而不是技术本身“难度”)继续学习。可按不同的若干组的“要求”来达标。最后回归全体之中，教师和学生可同时分别作单元总结性评价插入新单元学习。

掌握学习的方法，注意了学生的素质差异和学习能力的高低，进行了按不同要求的分层教学与达标。使全体学生都受益，是面向全体学生的教学。这与现代教学观念是相吻合的。也更加证明：不能把教学分成什么“传统”，什么“现代”；掌握学习的方法能充分调动不同条件学生的学习主动性和积极参与性，教会学生学会学习；掌握学习是以单元教学总目标的单元测评，注意了学生的全面发展，而不是以某一技术为单一目标；最后的评价是师生双方的共同评价，促进终生体育思想的建立和巩固。另外需说明：掌握学习的流程较为复杂，比一般的分层教学的变化大，因此适宜初二年级以上有一定基础能力的学生使用。

概述：掌握学习靠反馈，是有效使用矫正。一要时间有保证；二要帮助必到位；三要基础力必备；四要学习有恒力；五要质量要受益，单元教学总测评。

(十一)启发式教学

原意：遵循教学规律，运用各种教学方法，充分调动学生学习主动性、积极性的一种教学类型。“启发”一词源自孔子的“不愤不启、不悱不发”。《学记》提出，“君子之教，喻也”，主张“道而弗牵，强而弗抑，开而弗达”。11 世纪，南宋教育家朱熹将教师的启发喻为“时寸之化”，用“指引者，师之动也”、“示之始而正之于终”阐明教师的启发作用为引导、指正和释疑。古希腊苏格拉底倡导的“向答法”(也称产婆术)，被认为是欧洲最早的启发式。20 世纪初，美国心理学家桑戴克也提出启发式教授法并释义为教师“扶助学生以自助”。

解读：启发式教学是各种相关教学方法、手段的综合体系，是与“注入式教学”相对的教学类型。它并不是什么新的现代的发明，而是从古至今在教育教学上被经常采用的一种教学类型。虽然，古人和国外教育界、心理学界对它的解释不尽相同，但都是有关教学的“启”与“发”的研究、评说。不过，在我们过去的体育教学中，因受师道尊严的影响，受教学观念的影响，过分地强调了教师的“主导”作用，一般教学习惯了“注入式”，往往忽视了“启发式教学”的主动运用，使体育教学课堂形成了“一言制”式的教学，阻碍了学生自主发展。

现在，启发式教学的采用，又有了新的发展特点。

第一，因为增强了学生是学习主体的认识，注重了学法的探讨，启发式自然而然成了主要的教学类型。既然是“启发”，其启发对象当然是学生了。如果在教学中，学生被认为是从属被“注入”的学习体，就没有“启发”的必要。“一灌到底”又省心、又省力。而今，在教学上越来越认清了学生“主体”地位的重要性；教师从“管”发展到对学生的引导、帮助、指导、解困，当然对待“主体”的教学方式应有所改变。“注入式”也会逐渐被启发式而代替。所以，启发式的运用越来越普遍，作用也会越来越强。

第二，强调学生在掌握知识、技能、技巧的同时发展智力和能力。现在启发式的运用，已摆脱了简单“走过场”式的所谓“启发”了，更多的是运用于对学生智力的促进和能力的提高。提供给学生一个“想象”空间，构成新的意向和观念。比如，我们现在教技巧运动的滚翻动作，除了前滚翻、后滚翻、远撑前滚翻、鱼跃前滚翻外，教师还可以引导、启发学习做双人前滚翻、侧向滚动以及“抢背”等动作，既丰富了练习内容，提高学生练习兴趣，又发展了学生滚动、滚翻能力，启发了智力发展。

第三，促进了教师教学方法和学生学法的结合。从注入改变到启发，从重主导改变到重主体。这种教学观念的进步，也必然带来教学策略的改变，改变了教学设想的思路。过去一般是从教的立场去设计一堂体育课，现在就必须从学生“学”的立场上去考虑、去设计一堂体育课了。要从学法改变上去设计和选用教学方法和手段。“教”为“学”服务，形成新兴的教学关系和师生关系，教学更融洽。

总之，启发式教学是尊重学生主体的教学。它将会在现代教学观的发展下，被更加广泛的运用，成为体育教学的主要类型。

概述：“启发”有启才有发，知识技能全提拔。“启发”教学为学生，学习主体坚不移。“启发”是教育思想，扶助排难又引导。“启发”是教育观念，教学相启解疑难。

(十二)认知分类学

原意：布卢姆的教育目标的系统分类之一。布卢姆等人于1956年提出。该系统将知识的回忆，理解能力和智慧能力的形成等方面的目标依次分为六个等级。

第一级，知识。可以记忆的信息。包括具体的知识、抽象的概念和原理。培养学生对这些知识的回忆或再认能力。

第二级，领会。最低级的理解。包括转化、解释和推断所提示的教材。培养学生领会人际沟通信息的能力。

第三级，运用。在特定、具体的情境中使用抽象的概念。包括概念、原理、法则、理论等的使用。培养学生在不同情境中使用这些抽象概念的能力。

第四级，分析。将习得的观念和概念分解成各种要素。包括因素、关系和组织原理的分析。培养学生将整体分解为各种要素的能力。

第五级，综合。把各种因素和部分组合成一个整体。包括独特的信息沟通，操作计划和抽象关系的产生。培养学生处理因素、部分和片断等的关系以及产生新的结构的能力。

第六级，评价。为了特定目的，运用评估的标准，对资料和方法作出价值判断。包括按照内在证明和外部准则作出价值判断。培养学生对资料和方法在质和量上作出正确判断的能力。

认知领域的教育目标分类系统，使师生在教与学中有共同努力的指标，学习结果的测验有明确的依据，故被运用于编制学习成就测验，作为命题的指导。

解读：认知分类学讲的是我们的教与学，实际上是将完整知识的传授分成六个部分，即知识、领会、运用、分析、综合和评价。从开始的概念、原理的知识，到对该概念、原理通过教师各种教学方法后的领会；再到学生逐渐运用知识；分析这些知识；形成综合运用；最后是评价，也是学生在量和质上的能力。

其实，体育教学基本上也是按认知分类学提出的级别来逐步完成教与学的目标。只是各学科又有自己的特点而已。比如，我们传授体操项目的支撑跳跃动作——纵箱分腿腾越。我们教师首先对纵箱分腿腾越概念的一般讲解和初步示范动作，就是培养学生的直接感观认知和抽象思维相结合的对该技术动作的认知。这是实现教学目标的第一级，知识的认知。然后学生可以通过徒手的或简单的上箱练习去领会技术要点，以及各要点的衔接，并可从原有的知识——横箱分腿腾越纵向迁移来获得知识的要点。这就是教学目标实现的第二级，知识的领会。随着教学往下进行，一般学生可在教师亲自帮助和保护下去实践运用。素质、技术掌握好的可自主练习，培养了学生掌握这些实际操作能力。这是实现教学的第三级，实际操作运用能力。教师随时运用自己的教学机智，在恰当的时机再进行技术的进一步分析：把完整的纵箱分腿腾越技术划分为：助跑、上板、踏跳、第一腾空、支撑推手、第二腾空、落地缓冲七个技术环节，以及它们之间的关系与衔接要领，并可向学生进一步示范。通过分析培养学生对技术整体和各部分之间要领的领会。这是实现教学目标的第四级，提高学生对技术的自我分析认知能力。下面的进程，教师可将学生按差异分成若干小组去实际操作，教师轮流帮助指导(一定要加强安全保证)，这是实现教学目标的关键一步，锻炼学生综合运用能力，发展体质，增强健康，是实现教学目标的第五级，提高学生综合运用能力。最后，单元教学的结束，进行评价。可通过技术达标来评价；也可通过教师对学生全面情况的评价；也可通过学生之间的互相评价。师生共同完成学习价值和学习终结评价，进入新的单元的学习。

总之，认知分类学的教学，便于教师根据学生实际去调整教学和评价。从学生学的方法上取得进一步提高，完成教学目标。

概述：认知分类成六级，逐渐稳步前推移。知识——认知的信息，领会——基本的解疑，运用——实际的操作，分析——自我去认知，综合——实践的提升，评价——价值的确认。

(十三)情感分类学

原意：布卢姆教育目标的系统分类之一。由美国克拉斯沃尔等于 1964 年提出。依据情感是内部成长的过程，也是内化或社会化的过程，把情感教育目标分为五个阶梯式的发展水平。

第一级，接受。情感学习的起点。包括意识、愿意接受和有控制的注意三个层次。培养学生对提供信息作出愿意接受的态度。

第二级，反应。对指定信息作出反应。包括对该信息默许、愿意反应和在反应中得到满足三方面。训练学生从单纯接受信息到对该信息产生反应并从中获得满足的感情。

第三级，评价。开始对人际关系作出道德判断。包括对某些价值的默许、偏爱和信奉三个层次。培养学生对价值的信仰达到坚定不移的程度。

第四级，组织。把各种价值按照其间的关系，组成阶梯式的价值体系。包括把各种价值概念化和组成有系统的价值体系两个层次。训练学生将各种价值整理归类，然后予以系统组织，使各种价值不相互冲突，形成有系统的价值体系。

第五级，价值的性格化。情感的最高境界。

解读：情感分类学指的是情感教育问题，是研究情感教育的总目标实现的过程，是指人的价值性格化，意味着把自身价值体系中的各种信念、品质和全部感情组合成总的哲学观，以形成其性格的核心——人生观、世界观，是教育培养情感的最高境界。

我们在此解读的情感分类是专指在体育教学活动中的情感投入的分类探讨，其最终形成的价值核心是终生体育观。我们知道，兴趣是学习初始的动机，也是有效学习的保证。只有激发学生兴趣并保持这种运动兴趣，才能使其自觉、主动、积极地进行体育锻炼。体育教育的过程，也就是学生情感投入的过程。也只有有了情感的投入才能使体育价值得到有效的保证。

学生从初始的情感投入到终生坚持体育锻炼意识的形成，大体上与情感分类学的前四级相似。

第一级，接受。情感学习的起点、兴趣的开始。包括运动意义的建立。学生初步愿意接受教导的运动指导，以及形成意识上的有控制注意的三个层次。初始的兴趣，培养了学生对提供运动信息作出愿意接受的态度，是运动意义建立的好的开端。所以，我们的教学一定要激发学生学习兴趣。

第二级，反应。对运动兴趣作出反应。也包括运动信息作出的默许、愿意跟进和从跟进反应中得到某种满足三个层次。处于从单纯的接受运动信息到对该信息产生反应并从中获得满足的情感，使运动兴趣进一步发展。所以，我们的体育教学过程，一定要使学生的运动兴趣得到一定满足，兴趣才能进一步发展下去。

第三级，评价。学生经过一段运动学习，会开始对运动项目作出理智判断。包括对运动价值的认识、默许、偏爱和追踪，使学生的运动兴趣步步发展，运动意识初步建立。所以，我们教学中提供的体育教材一定要有价值含量。否则，是无效的。

第四级，组织。学生把运动项目的信息不断通过接受、偏爱、评价组成阶梯式的价值体系，形成思维锻炼意识和系统价值的意志。兴趣形成，动机成熟，最终形成终生体育观。所以，我们的教学必需有系统、有计划地实施。

概述：情感接受是起点，愿意跟随求发展，反应获得情满足，兴趣提高更进步。理智判断是评价，建立意识已成熟。价值体系阶梯显，形成终生体育观。

(十四)教育信息论

原意：运用信息论以及系统论、控制论等学科的基本原理和方法研究教学过程中教学信息的传输、变换、反馈规律的理论。旨在探讨教学信息数量化与教学系统的组织管理科学化。这种理论认为教学作为一个通讯系统，其特征是师生的信息传输、变换、输出、反馈和调整控制的过程，从中不仅可揭示各教学要素之间的相互关系，且可揭示其动态变化。传输是教学信息对主体发生影响得以改变其内部结构的必要条件；变换是教学信息在各个阶段是否有效的关键。教学信息在这个过程中发生的变异和损耗则要靠反馈来估量和调节，反馈是促进教学系统内部平衡、决定系统发展的关键，具有动力、检测和调控作用。

解读：教学信息论的关键在于，在教学活动中，教师与学生双方都有一个教学信息的输入、储存、变换、输出、反馈和调整控制的过程。那么，我们应如何认识和掌握在体育教学过程中的表现呢？下面我们从教学要素中的主要方面——教师和学生之间的信息传递和调整来探讨教学信息论在体育教学上的运用。

其一，教师。在体育教学过程中，教师的活动主要表现在对知识信息的重新组合；对教学动态信息的调控；对学生反馈信息的处理三个阶段。第一阶段是教师对知识信息的重新组合。也就是教师备课后对教材“教”的步骤作出安排。先教什么，后教什么。从现代教学发展来考虑则应更多地从学生学的步骤来安排。先学什么，怎么学，后学什么，又如何学。这种备课就是对知识信息的重新组织。比如，学习前滚翻。可先让学习练习抱膝前后滚动；然后学下蹲，两手前支撑接后倒前后滚动；再学蹬腿接双手支撑的准备，低头看“天空”至团身滚动起的动作完整串联。这就是学习信息的组合。第二阶段是对学生动态信息的控制。就是运用教学方法的调控。比如，还是学前滚翻。教师可采用面向全体的整体教学，也可分成若干组的分组学习。教师统一讲解和示范，学生分组练习，教师分别指导。第三阶段是学生反馈信息的处理。比如，学习前滚翻时，滚动不起来的信息反馈，教师就一定要要求“团身紧”的信息处理；学生用头触地的信息反馈，教师就一定要要求先低头，再蹬地、团身，以完成信息的处理。

其二，学生。在教学过程中，学生的活动主要表现在对教学信息的摄取、储存和加工利用。对教学信息的摄取数量的多少，取决于学生主动投入的兴趣大小。兴趣高摄取效果就好。当然，学生也存在素质上的差异，摄取速度是有差别的。但兴趣是关键。没有兴趣，焦虑水平就高，就会抵制学习，也就学不进去了。储存也仍然要依靠兴趣的大小。只有在兴趣获得基础上，才会被加大利用，学生也才能做出意料之外的连续前滚翻。

从教学信息论的理论研究中得出的结论，仍然是只有提高学生学习兴趣、主动参与性才有可能提高教学信息的有效传输、储存和加工效率。所以，教学方法是多么重要啊。

概述：教学信息双传递，均有传输与储存。传输是重要条件，重要是反馈变换。反馈是估量调节，变换是有效关键。反馈保持内平衡，摄取决定其发展。

(十五)问题教学

原意：在教师帮助下学生提出问题，独立分析问题，寻求假设，进行试验，解决问题的一种教学类型。19 世纪美国杜威首创，他认为只有问题才能引起学生的学习动机，发展其思维品质。教学步骤为发现问题；确定问题；形成假说；收集资料；验证假说；解决问题。若问题不能解决，则遵循尝试—错误—成功的原则，另立假说，重复后四个步骤，直至问题解决。

解读：问题教学是以发展学生思维能力和创造能力为主要任务的一种教学策略。它的运用一般具有以下三方面的特点。

第一，一般用于个别和小组教学。它是在完成教师预设教学目标后，争取知识的更大面的扩展的积极促进，发展学生思维能力和创造能力的一种常规教学的延伸。教学的重要精力还是面向全体，完成预订目标。在课堂教学中，学生的思维活动是不平衡的，是存在差异的(决定其差异的因素也是复杂的、多方面的)。但对部分个体或小组来讲，在已完成课时教学目标前提下，可以引导学生提出问题，鼓励学生自己去解决问题，获得更大的收获。教师主要起引导、指导作用。这是在现代教学观念中提出的一种教学策略。有条件时一定要大量运用。这能积极地提高学生参与运动的兴趣和运动能力，是创新教育的重要表现。

第二，要以学生为主体。在问题教学中，教师是协助分析问题，寻求假设，进行实验，取得问题的解决成功。既然是问题教学，就是学生找问题的教学，是以学生为发展中心。学生通过教师安排的教学活动中，自己对实践过程的体验对有些学生来说，是不满足限有的教学信息，他们的思维往纵深发散，寻求新的“刺激”。比如，我们教体操的支撑跳跃技术，无论是横箱分腿的，还是并腿的腾越技术，他们的思维都有可能“发散”，联想到实际生活中的翻越障碍的不成其为我们教材的动作，但学生感兴趣。这时教师应该允许学生在完成教学目标基础上，给他们探求的机会和时间去思考、去发展。教师可以提出两点要求：一是要求安全；二是要求有一定速度。这样学生会运用一种或几种方法去翻越障碍，自己解决问题。这既是对已学教材的延伸，又是很好的创新教学。

第三，要求学生从生活中寻找教材，而不是把教材改成问题的形式去教学，这是问题教学的特征之一。比如，学生学习前滚翻、后滚翻、侧手翻等技术动作。可这些动作在生活中遇到大灾时，如衣服燃烧时，对自救都无意义，这时最有用的还是侧身向左或右的滚动。这些可以在以上动作完成后，教师引导学生去思考，提出问题，如何侧滚，如何连续侧滚。教师不一定非提出技术指标，而应让学生去体验，去“活”学。

总之，问题教学是学生个体或小组自己从生活实际中找问题、确定问题、形成假设、验证假设、最后解决问题的尝试，是培养学生发散思维，解决问题的教学，能极大提高管理方式的能动性。还应该强调的一点是：问题教学的问题必须从生活中去寻找，而不能将某些教材变为问题提出。

概述：问题教学找问题，确定问题要先行。收集资料成证据，形成假说求答疑；验证假说解问题，最后解决求真理，个体小组都适宜，师助学生解难疑。

(十六)微型教学

原意：运用现代化教学手段，培养师资、训练教学技能的一种方法。1963 年美国斯坦福大学教育系倡导。通过以 5～8 名学生(有时由实习生和教师充当)组成的班级(称为微型班级)为对象，在置有录、摄像设备的教学中实施 5～20 分钟的短课(微型课)教学，并作实况录像。课后，学生在导师指导下，根据录像对教学技能进行分析评价，然后再重复上课—录像—评价的过程。直至学生较好地掌握教学技能为止，也可用于教师进修。

解读：微型教学是一种理论与实践相结合的技能系统训练，是对教师培训和提高教学能力的一种训练方法，是我们学校教研活动可借鉴的一种教研活动形式。那么什么是技能？

什么是教师教学技能呢？

技能是主体在已有知识经验的基础上，经练习形成的执行某种任务的熟练活动程度，体现在人类活动的各个方面。

教学技能是教师在课堂中，围绕教学目标不断地调整教学行为，使教学计划能进展下去，并取得效果所引入的各种技能。教学技能是从能够多观察、能够表现、能够实现定量化并为教师所熟悉的课堂教学行为中选择总结出来的。所以，它的特征：可观察性；可表现性；能实现定量化检测；经验的总结和精选。

教学技能存在多种分类：

(1)按目的教学技能分类。①例证技能。能举出各种性质的例子，证明技术正确性、先进性和可行性。比如，我们在课堂上教田径的跨栏跑技术，就可以有很多种过程的方法，证明没有哪一种比"跨栏"的技术更先进，更合理。②演示技能。在体育教学中的运动技术的示范，就是一种演示，动作技术越标准、越优美，其技能水平就越高。③确认技能。教学能正确确定技术各环节要点和衔接。比如，我们讲解支撑跳跃动作技术，能准确分析它七个环节技术以及其技术之间的合理衔接。

(2)按教学行为分类。①板书技能。对体育教师而言，一是室内教学的板书书写技能。漂亮的书写能提高教师的威信，得到学生崇敬，有利于教学。二是室外运动场地的实际"画场地"的演示。哪怕就只是一个标准的圆，也能得到学生佩服(随着现代化的"现代"发展，此技能已逐步消失了)。②提问技能。教师在课上的提问一定要表现出精确性、幽默性、针对有效性。高超的提问能促进学生思维的活跃。③讲、练配合技能。我们都知道，技术的讲解与技术的示范配合是很重要的。巧妙的结合能有效提高讲解与示范效益，能较"深"地"刺激"学生。

(3)按促进师生相互作用分类。①及时反馈调整技能。能利用教学机智，妥善处理教学中发生的意外情况；对不适宜的教学方法及时调整。②及时调整运动量大小技能。适度的运动量是对学生健康的促进。量过大或过小是一种伤害或是无效运动。这些在教学课堂上，教师都应密切观察，随机调整。另外，还有在体育教学中合理调动队伍的能力；合理变化运动密度和合理使用口哨功能的能力以及运用教育学、心理学知识于教学的能力等。

总之，体育教师所掌握的一般教学技能和专业技能越多、越丰富，对教学促进也越大，是学生健康成长的保障。

概述：微形教学是培训，提高教学的技能。微形教学是训练，知识理论的实践；技能提高为目标，特征能观察表现，技能定量可检测，经验精选的总结。

(十七)探究教学

原意：人本主义心理学家提倡的一种学习和教学方法。要求教师鼓励学生自己提出问题、讨论问题，自己找出答案。探究教学是以语言交流为主。学生必须有足以进行提问与讨论的言语技能。教师提出的问题既不能太易又不能太难，而且必须在适当时刻，针对班级大多数学生的水平提出启发性问题。其实质是突出学生学习中的重要性，从而增强他们对学习的责任感和自信心。

解读：探究学习是面向全体学生的一种启发式教学方式。其实质是突出学生在教学活动中的主体性和重要性。在探究学习的过程中，教师提出的问题(也可以是学生在教学中自己提出的问题)经学生主体自主思考或小组讨论研究后，自己解决问题；有时也需要在教师诱导下去解决问题，从而增强学生的学习兴趣和学习责任感、自信心。

我的一位朋友告诉我，他在教学中曾经遇见过学生这样的提问："为什么立定跳远用双脚蹬地起跳？而急行跳远又只能用单脚踏跳蹬地起跳呢？"我的朋友说："这个问题问得很好。你们自己将两种蹬地起跳的方法在这两种不同性质的跳远中都试一试。然后，可小组讨论，推行代表谈体会。”经过学生自己试验(有的利用沙坑，有的就在平地上)，小组讨论后得出的结论是：①立定跳远单脚踏跳不如双脚踏跳跳得远。②急行跳远运用双脚没办法踏跳，要摔跤。我朋友又进一步提出：“你们再从两种运动形式的练习目的上想想。虽然都看远度，但对人的身体发展有什么不一样?”学生又经过一番议论，得出的结论是：①立定跳远是训练人的腰腹肌及大腿爆发力，是一种训练方法。在竞技运动中，没有这个项目的比赛。②急行跳远是追求远度的运动项目。在快速跑动中不能双腿踏跳。教师最后给出总结：人要跳远，需要两种力量。一种是向前的水平力，是靠助跑来获得。跑得越快，向前的前冲力就越大。第二种是靠向上的腾空力，这从踏跳获得，向下的踏跳越有力，它的反作用力——向上腾空力也就越大。快速跑动中，只能用单脚踏跳，这是技术的科学性。何况，作为竞技运动的急行跳远，说透了也是一种“游戏”，那么，游戏需要有规则的，大家都得遵守。当初，从科学性，发展性确定了单脚踏跳。就这样大家执行。同时，任何事都是从实践中发展起来的，人们的实践经验总结决定了这两种踏跳的方法。下课时，我的朋友又留下了一道问题，让学生下节课回答：为什么体操项目的支撑跳跃，快速助跑后仅用双脚而不是单脚踏跳呢?

这种探究就是在教师的引导、指导下，学生积极参与配合的教学方式，也是激发学生学习兴趣和培养发散思维的最好方式。当然，这需要学生有一定的基础，所以，比较适宜初中及初中以上年级使用。

概述：探究学习启发式，鼓励学生提问题，问题提出促思考，探究讨论解答题。教师引导要得力，深刻程度步步提，问题探究要实际，不偏不难易解题。

(十八)最近发展区

原意：苏联心理学家维果茨基的术语，指儿童在有指导、有成人帮助的情况下，所能达到的解决问题水平和在独立活动中所能达到的解决问题水平之间的差异。也就是两个邻近的发展阶段间的过渡状态。维果茨基强调，教学不能走在发展的后面，而应创造最近发展区，从而走在发展的前面。

解读：从最近发展区的定义来看，我们在教学中所采用的各种教学方法的根本目的是缩小或减少“最近发展区”，使学生从教师指导和帮助下提高完成解决问题的能力水平，尽快发展到学生能独立的自己解决问题，达到预定目标。这同样给我们体育教学一个启示，如何使学生能尽早尽快地脱离教师的指导和帮助，独立完成运动项目的技术学习，学会动作，学会学习(当然，在体育运动项目中，有些动作技术是带有一定的危险性，安全教育、安全帮助和保护是必要的。所以，这些项目发展的“最近发展区”是永远存在的，只能缩小而不能取消)。

苏联心理学家维果茨基的术语提示，对现代的教学也仍然是有效的。他强调教学不能走在发展的后面，而应创造最近发展区，从而使教学走在发展的前面。我们从大的方面来谈，社会的发展，时代的进步，必然会促使教育发展。我们要走在“发展”的前面，就必须教育改革。所以，体育教学改革的本身就是创造“发展区”而走在体育教学发展的前面。具体来讲，他所说的“创造”最近发展区，是指要用创造性学习去解决存在的“最近发展区”的差异。因为只有创造性学习才能培养学生独立完成运动的能力。其实，现在我们提倡的“开放式学习”、“现代的学习方式”都是创造“最近发展区”，也是“缩小最近发展区”。这证明在教育学、教育心理学中对这些“现代”观点早有论述，是所谓“现代”的源泉。只是长期以来，我们的体育教学习惯了陈述式教学。体育教学也习惯了什么技术都先讲解、后示范，再组织学生练习的一套程序。可以说，这是面对几十个学生，较省心、省力的教学方式。学生能掌握多少并不重要；有多少学生能掌握也不重要，而重要的是我老师已经“教”了，完成了任务，教师主导作用也出来了。而现在教学更强调学生的主体地位，教为学服务，主导为主体服务。不讲究教法，不研究教法和学法就不行了。所以，必须创造条件、创造“最近发展区”，最后缩小或减少“最近发展区”使体育教学取得更大的发展和进步。

概述：最近发展是比喻，两种水平间差异。教学走在发展前，绝不在发展后面；最近发展是状态，需从创造中得来，教学策略要创新，快步通过发展区。

（十九）典型范例模式与陈述式教学

原意：指在教与学的过程中运用范例来作为传授知识的工具。其基本思想是，为培养学习者的思维能力、独立学习能力、理解力和积极的学习态度，不能靠相互脱节的知识项目或单元的再现式掌握，而应积极主动地选择一些具有代表性的或典型的事例进行教学。教学生识别概念的本质，让学生懂得如何运用知识来解决具体问题。

解读：典型范例模式教学更适合自然学科的教学。而对于体育的众多运动项目中，体操项目的教学更倾向于这种典型范例模式。包括自由体操，单、双杠、支撑跳跃等项目。我们学习的动作技术都是基本技术和范例技术。发展学生相关能力，以使他们今后更深入地发展学习。另外，典型范例模式也可看作是陈述式教学的实例补充，是用更清晰地形象典范来说明陈述的技术知识，这是体育教学中被广泛采用的教学方式。

那么，什么是陈述式教学呢？它是以充分组织的和结论性的形式向学生陈述知识的一种教学模式，它有以下三个阶段特征。

第一，要使学生学习的新材料与学生原有的知识清晰地联系起来，为学习新的较为具体的信息提供知识框架。比如，我们学习跨栏跑的栏间跑技术。这是将学生已学习和部分掌握的“栏上”技术与“栏间”技术衔接起来，形成一个完整的跨栏跑技术。这时就可用典型范例模式，将我国跨栏名将刘翔的跨栏跑的教学片或比赛录像放映给学生观摩，让学生独立完成实例。再与教师的技术讲解结合起来，感染学生，提高学生观察能力、思维以及独立学习能力。

第二，通过与典型范例模式的结合，使教师陈述栏间跑技术更直观、更完美，对调动学生学习兴趣；理解学习知识的深度，更直接，更有效。使学生的学习态度更积极。比如，我们的教材是篮球，就完全可以通过典型范例模式，放映 NBA 篮球训练或比赛教学片，这种典型与陈述的教学结合，就更生动，更有激情。

第三，在陈述式教学中，教师要鼓励学生把新知识与教材总体结构联系起来，要考查学生理解程度。要适时提出某些超越教材内容的问题，让学生加深对技术的理解，让学生学会学习。比如，我们教支撑跳跃的推手与第二腾空技术的衔接问题。教师边讲解技术要求，同时要讲该技术在整个完整技术中的地位，并可利用典型范例的录像说明其重要性，提高学生对整个技术的理解，从而学会技术，必须从完整技术中去分析分解技术。

总之，陈述式教学一般而言，是较直白，缺乏鼓励学生的激情。如果通过典型范例模式的补充，教学氛围就会改观，学生学习热情也将大大地提高。关键还在于，它不但促进学生学技术，更促进学生学会学习。

概述：陈述之中加典型，学生更能提兴趣。典型范例更直观，补充陈述功能增。陈述之中加问题，激发学习的热情。学生热情大增长，关键促进会学习。

（二十）教学过程流程图

原意：应用控制论的系统方法将教学活动分解成彼此独立而又相互联系的若干环节或阶段图示。

解读：教学过程流程图是教学策略的图表化。它使人能一目了然看清教学活动的先后顺序及教学策略。一般在教学研究和说明中广泛采用。体育教学流程根据教学策略的不同，大致分为三类。

第一类，以课堂教学组织形式为主的教学过程流程图(见图 8～图 11)。

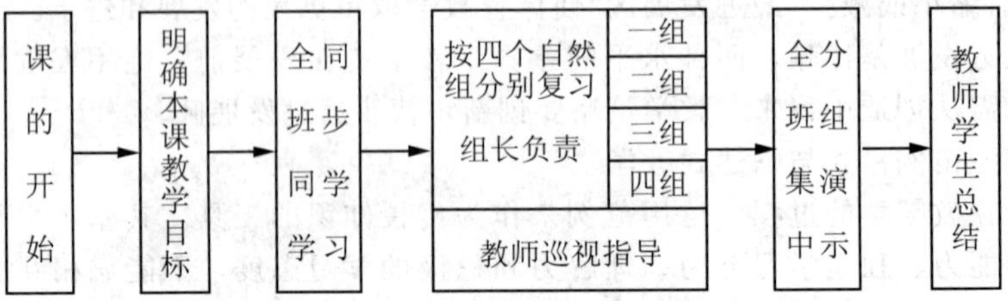

图 8　单班整体教学流程图

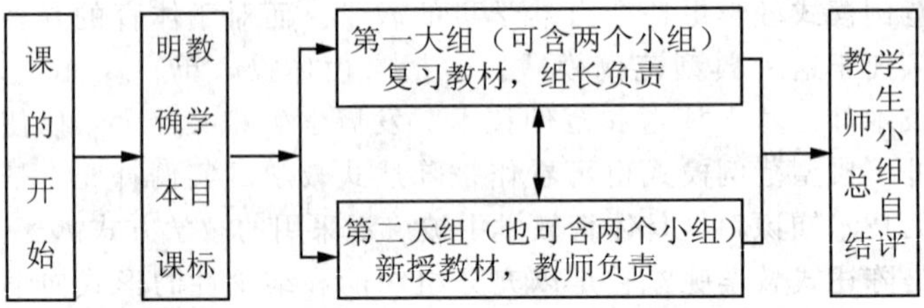

图 9　单班分组教学流程图(一般为 2～4 组，可交换也可不交换)

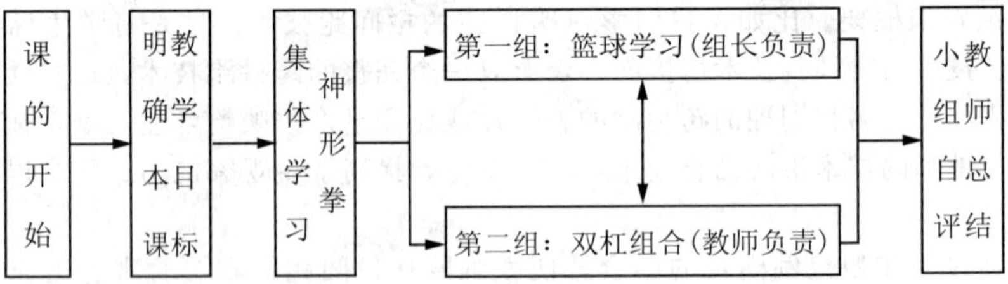

图 10　单班先集体后分组教学流程图(分组可交换也可不交换)

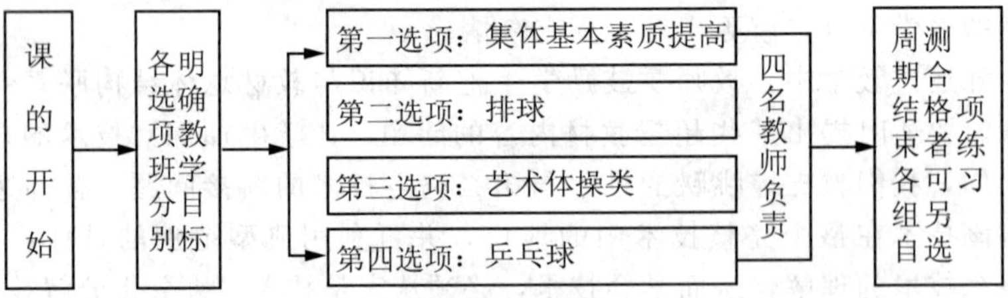

图 11　合班选项教学流程图(以四个班合并为例，4～6 周为一单元)

第二类，带有达标性质的教学流程图(见图 12)。

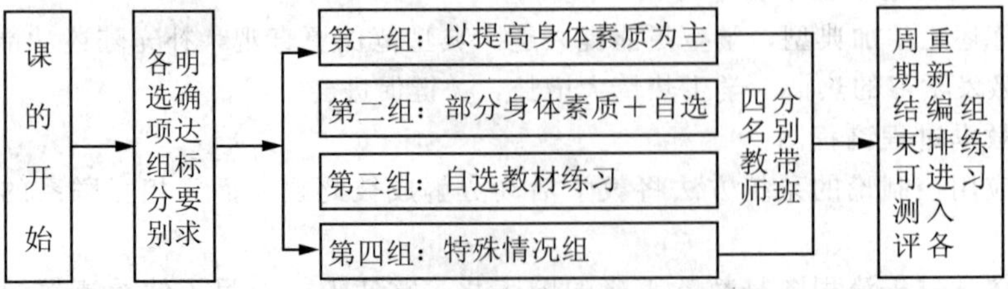

图 12　合班分层教学流程图(四个班，4～6 周为一单元)

注：第三组为优秀组，第二组为良好组，第一组为合格组。

第三类，教学反馈(调整)的教学流程图(以单元为单位)(见图 13)。

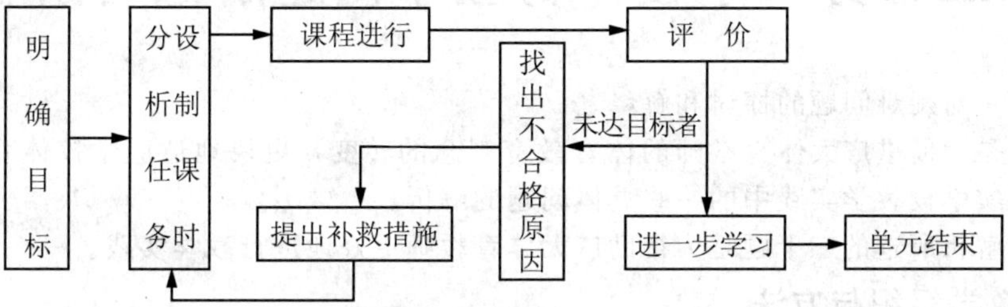

图 13 教学反馈(调整)的教学流程图

总之，课程流程图是课程进行的演示图，为我们备课提供方便，同时也指导课程的进行，有利总结，再提高。

概述：教学流程是分解，教学策略图中显。教学观念含其中，完整分解有深浅。讲解示范两不误，主导主体两呈现。创新设计是上策，迎来教学春满园。

第二部分　学校体育教学问题解惑与解析

解惑，是对疑难问题的探讨和解释。

解释，是为促进广大体育教师的体育教育观念的转变，更快地适应学校体育教育的发展，是对现实学校教学实践中的一些具体问题的解析。

解惑与解析所选的三十题是为帮助广大体育教师更好地进行教学实践。

一、教学组织与方法

(一)什么是"尝试教学法"，它的应用应注意哪些问题

尝试教学，顾名思义是试探学习，是一种学生为了获取知识及解决问题的探测学习活动。通过学生的探测过程，培养学生自主参与积极性。通过学生的观察问题、思考问题、发现问题等寻求自主学习，提高了学生解决问题的能力。

有人说尝试教学是现代教学方法的表现。其实，尝试教学自古皆有。孟子说："吾虽不敏，请尝试之"；蔡元培先生认为："好的先生不是教书，不是教学生，乃是教学生学"；陶行知先生则说："只有以科学的志向善于尝试才是最高境界的教育法。"这种学生在尝试中学习，在尝试中体验成功的教学，实际上也是教育心理学向我们早已提出的"发现学习"的概念。其本身就是与"接受学习"相对的一种教学方式。"发现学习"的特征是学习者必须经历一个发现过程，自己得出结论或找到解决问题的答案，是学习的主要内容(概念、规则)未直接呈现，只呈现有关线索例证。其中"学习者必须经历一个发现的过程"，我们认为这个过程就是尝试学习。它要求学生自己动手，从做中学；自己动脑，从探索中学。而"呈现有关线索例证"的呈现者，就是运用尝试教学方式的教师，是教师根据运动的科学原理，根据教学要达到的技术目标、锻炼价值，向学生提出问题。这就是"指导发现学习"。教育心理学家布鲁纳认为，发现学习有利激发智慧、潜力，培养学习内在动机，学会发现的技巧和有助于记忆与保持。从上不难看出，尝试教学无论从理论到实践都不是现代"发明专利"，而是从古至今被人们所认可的一种好的教学方式，是授人以渔。那为什么在我们过去的教学中很少采用呢？原因在于我们前面曾讲过，"接受学习"、"陈述式"教学对教师来说"得心应手"。面对50～70人的大班教学，"接受学习"、"陈述式"教学对教师也"更省心"、"更省力"。以上论述也说明，我们看问题绝不要随意就说"传统的"、"现代的"，好像传统就等于落后。其实有很多现代的就是传统的或是从传统发展而来的。只是我们对发扬传统还认识不清，还看不准，还分析不透。

我们在运用尝试教学中，有一个很重要、很关键的步骤，就是教师的指导，是指导问题提出的科学性和准确性。爱因斯坦曾说过："提出一个问题往往比解决一个问题更重要。"尝试教学就是"指导发现学习"，教师指导水平是关键。我在某市观摩一节这样的课：教材是实心球掷远。上课后，一切准备活动都已完成后，老师拿出实心球，不讲投掷技术和投掷方法，只向学生们提出了投远。无论你用什么方法与技术，看谁投得更远。于是学生人手一个实心球自练了。各种姿式、各种方法都呈现出来了：有单手推、有双手抛、有头上掷、也有腿间抛；有向前掷的，也有向后抛的。真是"八仙过海，各显神通"。学生们热情很高。我以为教师下面会"收"，会统一了。不料，老师把学生集合后，转入下一个游戏程序了。老师还表扬了学生学习兴趣高，开动脑筋创新方法。难道这就是创新学习，是尝试学习吗？应该肯定的讲，这绝不是学习。也就是说：无论是创新，还是尝试，都有关键环节，那就是教师的问题提出。也就是教师应把有关线索或例证呈现给学生，没有概念和规

则约束学生行为，不能称为学生自主学习，只能叫自由学习或自由活动。那么，应如何纠正这节课呢？首先，教师的问题应有技术或规则结合。比如，提出的问题是：正面双手的要求。然后是把线索和例证呈现给学生。提出头上掷出的规则。另外，提出的不应是远度概念，而应是动作协调，用力合理和掷出方向正确。有了这些就可以放开让学生自主练习了。在学生活动中，教师根据现场情况的变化，再适当时候提出以下“引导”：自己体会一下用力顺序应该怎么进行？体会一下实心球在空中弧线高低与对远度有没有影响？同学们还可以体会一下投出速度的快慢与远度有关吗？在教学过程中，还可以找一些学生出来演示，大家评论正确与否。最后的结论通过教师的引导，从学生的“七嘴八舌”中总结出来。双手头上掷实心球的技术，就在学生尝试中逐渐理解和掌握。这样的教学过程才是尝试教学，也才是激发学生学习兴趣，主动思考，主动解决问题的“发现学习”。这里面还有一个问题值得注意，就是投掷课不能一上来就是投掷远度问题。远度不是最终目标，不是起始目标。投掷课的起始目标应是概念与技术的掌握，是增强体能和素质，更何况投远受干扰的因素很多：力量大小、个子高低都直接影响远度。

一种教学方法的运用必须与实际情况紧密结合。过去的教学“管”得太多、太“严”。这也不能说全都不对。不能“改革”太急，一下子就自主了(其实是自由了)。要一点一点地“放”，一步一步地“松”。慢慢把学习的空间与时间还给学生(是学习时间，不是玩的时间)。不然教师和学生都不适应。我们应该把那些学过多年，但很少采用的，又具现代教学观念的所谓“传统式”的教学方法找回来，运用于教学实践之中，使它重新散发新的芳香。为现时教学服务，并逐步发展到更高的层次。更何况世界上本没有最好的“方法”，只有对症下药才能治病。尝试教学法不是不可能，也不是任何教材都适用。对于技术难度大的教材就不太适合。如若教师指导不到位或不准确，学生则无法“发现”会浪费很多学习时间或形成错误，尤其是体操教材，更要注意教学安全。

概述：尝试教学是探测，培养自主积极学。尝试教学是试探，观察思考和发现。教师引导很重要，呈现线索是关键。概念规则需约束，促进学生解疑难。

(二)什么是“循环教学法”，如何认识和运用

循环练习是为了达到某种教学要求的一种组合式练习。该组合是由分设的、不同性质的运动点组成。学生按教师的设计通过一轮次或多轮次的练习以达到教学目标要求。

循环教学无论是过去还是现在都能促进学生在教学过程中的自主练习积极性的提高，促进兴趣的增长和运动实效，从而获得身心的全面发展。

循环教学一般分三种形式：技术型、体能型和综合型。

第一类，技术型循环教学。把一套完整的技术，分成若干相联系的部分，每一部分为一个运动站。学生也相应分成几个运动小组。每组一个运动站。定时交换依次循环练习。学生只要掌握了各运动站的技术，一经串联，便是一套完整运动技术。比如体操支撑跳跃—横箱分腿腾越。按图 1 分成四个练习运动站。

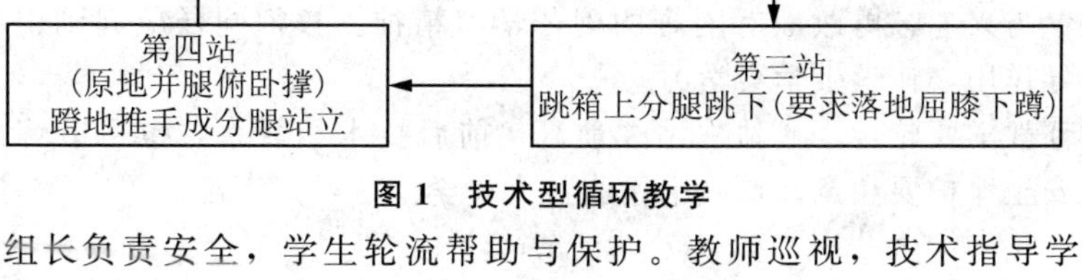

图 1　技术型循环教学

注：各组组长负责安全，学生轮流帮助与保护。教师巡视，技术指导学生尝试学习，

定时交换，循环练习。

第二类，体能型循环练习(或称素质型)。此方法的目的是发展学生身体素质，增强运动体验。同样是利用场地器材设置四个练习站。每站都包含一组或几组发展身体素质的练习，学生分成四个组进入四个站里，分组练习，定时交换，循环练习，如图 2 所示，体能型循环练习。

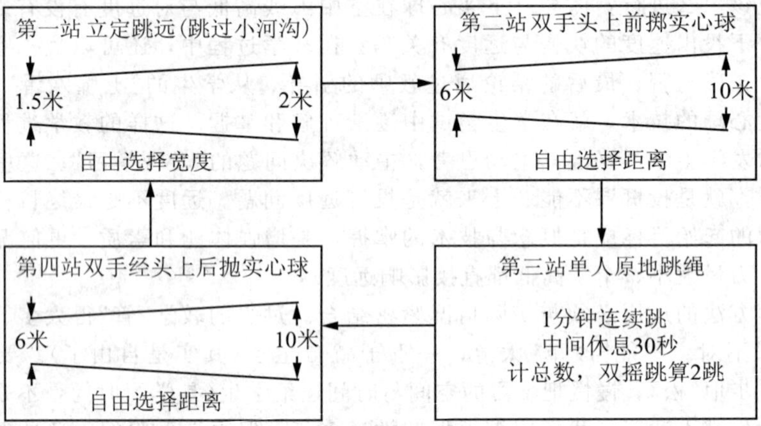

图 2　体能型循环练习

注：(1)6 分钟为一站运动时间，活动 2 站后，教师安排 8～10 分钟游戏活动调节。

(2)各站组长负责，教师巡视指导、规定时间次数越多越好。

(3)教师要鼓励和表扬选择距离宽的同学，勇于挑战自我。

第三类，综合型循环练习。此类型是将学习技术和提高素质串联编排。在学习掌握运动技术中增加增强素质的练习。一种是技术所需要的素质；另一种是调节身体全面发展的素质，也可以是调节技术学习练习情绪的娱乐型练习。同样可分四个练习站(见图 3)。

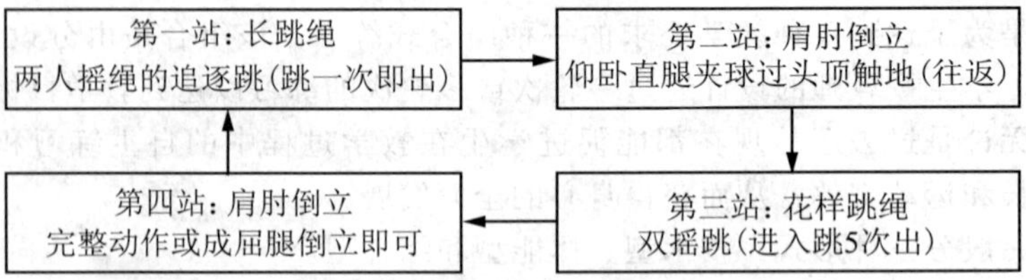

图 3　综合型循环练习

注：可按第二种体能型循环练习方法进行。

关于设运动站的学习形式，有一种叫“小步子教学”或“阶梯式”教学的也如此采用。不过它不是让学生循环去练习，而是完成一个运动站规定学习目标后，方有权进入下一个站点，投入新的目标继续学习。针对当前的实际情况来分析，这种教学方式也值得提倡。它鼓励学生往更高目标冲刺，踏踏实实学会一点，前进一步；学会一个，提高一步。同样也激励学生自主参与兴趣，勇敢面对困难的刻苦学习精神。教师同样应起到引导、指导、鼓励和帮助的主导作用，让学生学会学习。

概述：循环教学要轮转，一站一站往前赶。前后技术相联系，也可锻炼部位变。教师教学有顺序，安全保护要注意。普遍采用收益大，学生练习提兴趣。

(三)什么是“常规教学”，如何认识与运用

常规教学的课一般统称为常规课。顾名思义是按一般要求、一般规定和规律的“平常”的课。人们对不满意的公开课的评语就是：“这不就是一节常规课吗?”公开课(研究课)是有特殊命名的体育课；课题的研究汇报；研究成果的展示；对器材的使用开发；参加某些范围的竞赛，等等。说明白一点，就是拿出来让人看的课；而常规课是平常面对广大学生的实践课。公开课上得再好也是一节课的受益，而广大学生受益的课，就只能是常规课。所以，我们应特别重视这种常规课。课程改革要落实的也是这种常规课，而不只是公开课。一般而言，公开课是经多人研究，长期修改，各方考证而由一人上的课，是当地和教师研究水平的呈现。这对于探讨课改的研究成果，转变观念创新教学以及某些交流活动是有必要的，但完成学校体育培养目标任务的还是常规课。所以，我们研究的重点还应是如何提高常规课的教学质量。而不能公开课“公开”的一面是优秀的、是以先进的思想为代表的课；而平时的常规课“不公开”就是“自由课”。

课程改革是一个复杂的系统工作。什么学习水平、课程目标、学习领域等都体现在每一节体育课中。制定的条款是“死”的，而教学思想、教育观念是“活”的，改变观念比什么都重要。我们的小学体育教师每周体育课 16 节，中学教师 12～14 节，再加上课外群体活动；大课间活动；运动队训练活动及参加校外组织的活动，工作量相当大，这是人所尽知的。所以，要求常规课像公开课那么上是不现实，也是不合理的。但常规课又必须重视，一定要上好，应把复杂的要求简单化，便于操作。我认为最重要的要求和原则就是我们的课一定要面向全体(班)同学；面向有差异的全体(班)同学，使学生人人受益。

如何才能做到我们的教学是面向全体的呢?

第一，要尽量了解学生，教学要有的放矢。

俗话说：“知彼知己，百战不殆。”教学也如此，不了解学生又如何做到教书育人呢?就如我们前面所讲：世上没有最好的教学方法，只有对症下药，才能治病救人。所以，了解你所教的学生，才能上好课。现在提倡教学的情感投入；教师要做学生的“朋友”，也是这个意思。不了解何为“朋友”，哪来的情感投入。最简单的，也是最有效的是进行分组教学。集体引导，分组指导。除了一般的自然分组外，应根据教材的变化，进行多次分组：同质分组(素质相近的学生分为一组)和异质分组(自然分组或有意安排不同素质的学生分为一组)。比如，我们上跳高课，应采取男、女分别同质分组练习，可以增加练习次数，不至于因横杆升降高度而发生矛盾。又比如，体操项目就应异质分组为佳，这样在练习中，素质、基础好的可成为“小先生”，能起帮助和保护作用，也可开展“合作学习”、“同伴学习”。又比如，带有竞赛性质的分组，也应是异质分组，使各组“实力”大致均等，具备去“竞争”的条件，激发所有学生的兴趣去拼搏、去奋争，去为集体争荣誉。这也就是让全体学生受益的教学方法，也可以上升为教学策略。

第二，要创造条件，激发全体学生的自主积极性。

对于存在个体差异的学生，要进行同时竞赛，教师就应附设条件，让全体学生都能积极参加。比如，毛振明先生曾经举例的“让距起跑”的短跑练习。在规定终点统一条件下，采用不同的起点进行跑的竞赛，如图 4 所示。

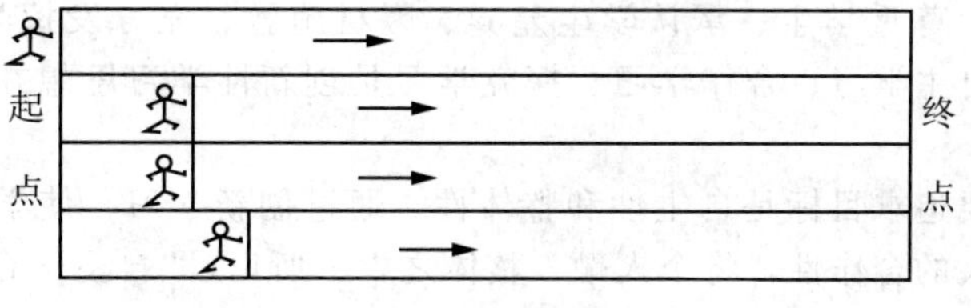

图 4　让距起跑

素质好的在原起跑线上，其他的根据素质的差异分别安排起点，实际上是不同距离的同场比赛。素质好的要“拼命”跑再拿第一；素质有差异的也同样会全力去“拼”，因为已“缩”短了距离，有条件拿第一了。这样全体学生都全力以赴的投入到竞争中。其实谁第一的结果并不重要，重要的是全体积极性都调动起来了，都有了收获，全体受益。如果是同距离的跑，素质好的不用全力也第一。素质差的，认为反正都拿不到第一，失去信心，不会全力去跑。这样，这节课大多数学生都没有得锻炼而未受益。又比如，篮球的投篮练习。素质好又有基础的必须在6米以外投篮。而其他同学根据条件，有在5米处的，有在4米处的，同样要求投准“进篮”10次。这样积极性也都有了，各尽所能，都有收获。

第三，不同目标要求的教学策略(降低难度要求)。

对于有些教材，具有一定的难度技术，在学习目标的制定上可分层达标。比如，中学女生的支撑跳跃—横箱分腿腾越。以“山羊”分腿腾起为全体必达目标，而横箱分腿腾越为力争目标。要求完成“山羊”分腿腾越后，可以进一步学习横箱分腿腾越。两个动作技术相同，只是对学生能力和胆量要求不同。基本要求是以完成“山羊”动作为准，“跳箱”动作作为发展部分学生的提高目标，不作统一要求。这种让全体学生都能达标的策略是对学生学习的肯定和鼓励。这样会激起他们进一步追求的学习动机。从而不是被动学习“横箱分腿腾越”，而是主动学习，这样的学习效果显著不一样。

第四，基本素质，强化达标。

这对于小学体育教学很重要。小学阶段性别差异对基本素质的提高影响不大。对于一些基本素质，比如柔韧性和灵活性一定要面向全体学生，强化学习训练方式、手段，要争取人人达标。当然标准也应有尺度差别。比如，纵叉。女生要求全落地，男生离地有5厘米距离为达标。要通过课上天天练，课外活动有安排，强化达标。对于灵敏性、速度素质都应有强化训练，争取人人达标。因为这些素质在小学不解决，到中学就更困难了。

第五，特殊达标要求，分层落实。

这里主要指中考体育标准，一定要根据实情分层达标(下面有专题分析)。

总之，常规教学是平时的教学。虽然不可能像公开课那样精心准备，但也一定要让全体学生上一节有收获的体育课，要使全体学生都受益。所以面向全体是常规课的宗旨，要将一些复杂问题简约化，便于实施，便于操作，要让“平常”的教学做出“不平常”的贡献。

概述：常规教学虽平常，意义重大实效强。了解学生是关键，巧妙安排要全面。面向全体是宗旨，尊重差异都受益。常规创新图发展，常规突出新贡献。

(四)如何理解“自主—合作—探究”式教学

“自主—合作—探究”式教学，有人说这是教学方法，也有人说这是教学方式。我认为是什么并不重要，反正它反映的是一种教学理念，是创新性学习的教育思想在体育教学中的具体表现。一般而言，在过去的体育教学中，学习是属维持性的。学习者从中获取的只是相对固定不变的知识(见解、观点)、方法和规则，目的是一种传承。而创新性学习是一种能带来变化、更新、重组或重新提出问题的学习。在体育教学方法领域里，过去我们大多采用的是灌输式教学方法，教师教什么，学生就学什么。教师将知识、方法教给学生，学生学到的是教师传授的那个部分，是学生学会知识。现代教学理念是学会学习比学会知识更重要点。所以，尊重学生、承认学生差异、因材施教、充分发挥学生学习主体作用，让学生自觉学习、自主学习、合作学习、探究学习是创新性学习思想在体育教学方法、方式上的具体体现。

创新性学习主要追求目标是自主性和整体性。通过创新学习，使学习者既具有个体自主性，又具有与他人的合作性，将个人融入整体之中。所以，“自主—合作—探究”式教学，就是这一精神在体育教学中的实践。那么，采用“自主—合作—探究”式教学，在实践中应如何把握呢？

(1)首先我们必须明白“自主”性不是“自由”性，不是随心所欲，而应是学生主体的兴趣、爱好得到充分发挥；是锻炼的欲望和激情充分发挥，是教师的教学预期与学生主观能动性的结合。教学从过去的“照我这样做”升华到学生的“我也能这样做”。所以，自主性的基础是提高学生兴趣性、主动参与性；反过来学生的锻炼兴趣性、主动参与性又增强了学生锻炼的自主性。

(2)合作性是创新性学习目标整体性的具体表现。没有人与人的合作，就没有人类整体的发展。体育在很多方面都深刻地反映出这种特性。尤其是竞技体育的集体项目，合作是第一要素。体育教学也如此，课堂教学本身就是一个学习整体。师生关系、生生关系的融洽是教学成功的关键，融洽的本身就包含着合作。学生间的同伴合作学习，小组合作学习就是教学学习的基础和教学发展的必需。过去我们在教学中采用的分组学习的方法，其目的是便于教师的“教”，便于教师辅导和调控，是如何发挥教师主导作用而采用的教学手段。而合作学习则完全从学生学习主体出发，采用主动式学习的互动学习。学生从合作中取长补短、互助学习，有时候比教师的辅导更具实效性和鼓舞性，能更大范围地调动学生主动参与性。所以说，自主与合作是相互促进、紧密相连、相辅相成、缺一不可的。

(3)前面讲过，创新学习是一种能带来变化、更新、重组和重新提出问题的学习形式。自主学习、合作学习的进一步深入和发展，必然会产生“探究式”学习。学生自主参与程度越高，同伴互助合作学习愿望就越强，学生也就会在学习中发现问题、提出问题、同伴合作讨论问题。再经过教师的适时的引导、启发，让学生最后自己找出答案，解决问题，完成学习过程。这就是“自主—合作—探究”学习的完整表现。以高中教材中的跨栏跑为例。我们所见的竞技比赛中，运动员栏间步都是三步，那为什么不是“四步上栏”或是“五步上栏”呢？学生发现问题，提出问题，经小组讨论和个人思考，教师再提示引导：其一是左、右腿都需要“攻”栏好，还是固定一个腿好？其二，栏间步的多少与速度的关系是什么？学生经过个人、小组的研讨会得出“三步上栏”最好。因为“四步上栏”左右腿同时要跨，训练有难度，而运动员个子高步幅大，三步最合适；我们一般个子不高的学生可以用“四步”；“五步栏”步幅太小，“小鸡点豆式”速度太慢，这种探究学习，学生主动性高，得出的答案印象深，记忆牢。所以说：“自主—合作—探究”式教学是创新性学习的典型表现和反映。教学效果好，真正体现了学生在教学中的主体地位，体现了学生在教学中学会学习的最根本宗旨。

总之，“自主—合作—探究”式教学是新的教学观念的具体体现，还需在体育教学实践中去不断实践，不断发展。在此，我们再次强调，只要是符合现代教育思想发展的教学观念和教学策略，我们就一定要坚持使用。最初可能也有一些不适应，不能得心应手。但我们相信，随着实践的深入发展。“自主—合作—探究”式教学必将得到更新的发展。

概述：自主合作加探究，教学发展新成就。自主是主动投入，兴趣欲望得满足。合作是同伴互助，学生整体求进步。探索是解决问题，促进学生会学习。

(五)什么是情境教学，如何设计与运用

我们从教学基本概念来看，情境教学是运用具体生动的场景，以激起学生主动学习兴趣、提高学习效率的一种教学方法。它以口语为基础，借助环境氛围、动作姿式、表演等使学习内容与相应的情境相结合，有助于学生从整体活动结构上感知和把握学习内容，是学校各门课程普遍采用的教学方法。

情境教学的设计与运用要体现以下四大特征。

第一，要以兴趣激发学生主动性与实践性。

情境教学的设计与运用首先应考虑兴趣性。要把我们完成的教材内容设置到一个情境之中，以借助想象与环境气氛的刺激，激起学生参与兴趣。一般来讲，参与有情节、有内容的活动，比单纯机械反复同一动作的热情要高得多。变化的情节促进思维的活跃，提高学生参与的主观能动性。以小学低段教材中的单腿跳或双腿连续跳为例。学生是机械地跳。如果将动物的各种跳跃结合起来，学生思维就活跃起来了。各种动物"跳"的形象记忆及想象情感充实了学生学习兴趣动机，实现了活动的主动性和实践性。又比如，耐久跑可结合各种命名的象征性跑来进行；投沙包可以结合"战场"投手榴弹"掷准或掷远"进行；快速跑可结合"追兔子"的形式来进行，等等。

第二，要以观察为手段，培养学生亲自感受。

情境设置的环境气氛，应让学生从亲自观察体验中感受到该情境的内涵，从而激发和形成学习定势。所以，观察是情境教学的第一要素。通过观察的直觉感受可以形成联想和迁移，使学生有强烈的自主学习愿望和激情。这就是我们教学最需要的学生主体的自我学习表现。比如，我们学习持轻物掷准这个教材。我们告诉学生是组织一次夜间袭击。要求迅速、准确消灭出现的"敌人"(能移动的活动靶子)。那么学生会马上进入安静状态，仔细观察和等待"敌人"可能会出现的方位。一旦发现"敌人"，将会迅速将"子弹"(轻物)击出，力争打中"敌人"。教师还可以用口头语言制造氛围，使学生联想到看过的战争影片，感觉夜间袭击的气氛，从而使自己自觉进入"战场"，集中精力观测，集中力量"射击"，以消灭"敌人"为快。这就是情境设置使学生积极进入状态，通过观察获得亲自感受完成学习任务。

第三，要以情感为动力，渗透有效教育性。

情境教学，一靠"情"的感染；二靠"境"的导入，离开哪一方面都不是情境教学了。可见"情"在情境教学中的地位是多么重要。"情"的作用就是以情感为动力，使学生在教学过程中得到的不仅是身体的锻炼，而更应该表现在心理素质的提高、道德品质的提高、人格的提高。所以，一般的情境教学的情境的设计，都会渗透有效的教育性。就拿上述举例来说，如果教师多加一句话："将情境设计的"夜袭"是为了消灭侵犯我国领土的敌特分子。"那么必然激起学生的爱国主义品质，增加了爱国主义的教育因素。如果教师再增加一句话："注意！现在要求两人一组消灭敌人！"那么，学生必会两人一组进行"合作"打击"敌人"。很有可能表现出各种合作形式。这不就是对学生进行"团结就是力量"、"合作学习"的教育和鼓励吗？所以，情境教学以情境的感染为动力，是对学生渗透德育有效教育的最好学习方法。

第四，用语言诱导思维的训练，培养学生创造性。

情境教学是以口头语言为基础的。它的情境设置是通过语言的描述、诱导而形成的；它的教育性也同样是以语言的情感表达为动力；它的一切活动的进行和所起的作用，都是用语言诱导学生的思维来完成的。所以，无形中就用语言的诱导、激励来培养了学生的创造性思维，从而也能创造性解决问题。还拿上述例子来说，教师要求两人一组，运用合作方式完成任务。这时教师的言词并没有让学生如何合作完成。这就给了学生思维的空间，他们可以利用再生性思维的原理，两人一先一后投出。但他们也可想出其他办法完成，如：一人指挥，一人连续击打两次；也可以一人指挥，发一次口令击打一次，再发口令再击打；也可以同时发出"打"的口令，同时击打。这些不同的击打方式，就是学生创造性解决问题的充分表现，这也就是对学生创造力的培养。

情境教学是好的教学方法，但在具体运用操作时还应注意以下问题：

其一，情境的设置一定要与本课教材学习目标紧密相连，不能脱离教学目标盲目设置情境。比如上述例子，教学目标是持轻物掷准。轻物是“子弹”射击“敌人”；轻物是“手榴弹”炸“敌人”或炸“碉堡”都较适合。如果是看谁掷得远就不太适合了。所以，情境设置的目的是调动学生学习兴趣，是为了更好地完成教学目标。

其二，情境的设置一定要与学生年龄特征相适宜。比如上述例子，让高中学生来夜袭“敌人”就没有什么意思了，激发不了兴趣。如果换设一个情境，比如，“今天我们参加2012年伦敦田径选拔赛”，学生无论是跑，还是跳或投，兴趣就会高很多。对于初中以上的学生，有时情境设置不但要考虑年龄特征，还要考虑性别特征。只有符合学生特征的情境设置才能完成情境教学的本意。

其三，情境教学的情境设置，一定要考虑学校的场地、器材条件，尽可能简明、清晰，不要太复杂，不能自己把自己“套”注了。

其四，情境教学的小结一定要回归本课主教材的教学目标。评价学生通过本次情境教学的学习表现，一定也应有主教材完成情况的分析。比如，上述“夜袭”情境的打击“敌人”的活动，要进行持轻物掷准能力的分析以及提出今后持轻物掷准应改进的技术指标。因为完成教学目标是情境教学的主要目标之一。

概述：情境教学设情境，激发学习主动性。情境要素是观察，联想迁移情激发。情境动力是情感，有效渗透受感染。情境语言是诱导，激励思维勇创造。

（六）什么是体育教学中的“精讲多练”，如何认识和运用

“精讲多练”具有两个方面的内含：一个是教师“讲”要“精讲”；另一个是学生“练”要“多练”。对于体育学科而言，是指教师对运动知识、技术的分析讲解要符合实际要“精”；学生的实践即具体活动要适宜。不是一个“长”和“多”的问题，应根据具体情况处理。“精”肯定不能“多”，但又不是一般意义的“少”。“少讲”不能保证讲到“位”，讲到“点子”上；而多练又不一定具有“实效”。所以，虽说精讲多练是多年来的“规则”或是术语。但实际操作上又变化无穷，需要我们认真研究。

(1)“精讲”本身应具备以下三层内含。

其一，教师在每一节课中的知识、技术的“讲”要简明扼要。要讲到“点”上，又能“点”到为止，给学生留有思考问题的空间。不能包办学生的学习，但又必须恰当地引导、指导学生学习。所以，首先要求“精讲”要富有激情，能以情感鼓励，调动学生学习兴趣，以情促“精”。学生有了动机，就有了好的开始。精讲对教师讲课的声音、形象、节奏、语态、意境都有一定的要求，才能称其为“精”，少不等于“精”。

其二，“精讲”的“讲”，一定要富有知识的启发性。要“举一反三”。关键知识要点“陈述”给学生，有时也是必要的，但应是带有启发的“陈述式”。教科书上有的知识，学生通过自学就可以学习。所以，我们的“讲”绝不能“照本宣科”，讲得要有意义。只有有意义的知识的陈述才是有益的；“讲”一定要带有“问题”的陈述，也可以提出问题让学生思考，让学生在自己的思维活动中去理解知识、解决问题。一般的陈述很难调动学生的学习兴趣，只有启发式的陈述才能开通学生的思维程度，激发动机，才能自主地学习。

其三，教师的讲课要有艺术性。其艺术性的最大体现是“讲课”要富于针对性。要根据学生实际水平、实际特征去组织教的材料，要有的放矢，减少废话；讲课要有准确性，对于教材的分析要到位。找准重、难点，讲清重、难点。甚至可以启发学生和教师共同归纳出技术的重难点；讲课要有灵活性，能根据课上随时变化的实情而及时调整。不能在甲班讲的，原封不动地上乙班也如此讲。讲的主、次有变化，讲课要灵活变通。

以上是“精讲”所具备的三方面的特征。那么，是否教师只要“精讲”、学生“多练”，就能提高教学效益呢？肯定地讲，这还不够。因为练也有练的学问，不能单纯地追求“多练”。

(2)多练的“多”只是数量上的概念，不能替代“练”的质量高低。所以，我认为“多”改为“巧”更合适。

其一，“练”要具有科学性。练的效益高低取决于“练”的质量，而不是“练”的数量。我们都知道，积极主动的“练”与消极被动的“练”的结果是完全不一样。所以，科学性的第一要素取决于人从事锻炼的主动性、兴趣性。有了主动性就有兴趣，而无兴趣就绝不会主动了。所以，具有了教师“精讲”三个层面的表现，就有了学生主动对教师所提供的具有逻辑意义的材料进行有意义的学习，“练”就一定会出效益。现在，我们摸索一些新的教学方法、手段。实际上这些新的方法、手段不只是单个层面的“教法”，更多地体现了学生如何去“练”的学法。比如，主题教学法、分层教学法、情境教学法及“自主—合作—探究”教学观念等，都是从学生“练”的学法开路，提高学生自主的“练”。

其二，“练”具有合作性和灵活性。合作性表现在要学会“练”中的同伴合作，学会谦虚礼让；灵活性则表现在：一要知己短，加大练习强度；二要学会以己之长，补己之短。谦虚使人进步这个道理人人都知道，只有谦虚你才永无止境，你也才会和同伴合作。尤其是体育的集体项目，教师应多安排共同学习、互相帮助、取长补短、共同进步。你也才会明白，只有大家的进步才会有自己的进步。你也就会更加努力去刻苦训练、主动训练。只有有了自己的提高，才会为集体做出贡献。人无全才，但人人都有才，各有所长。你的爆发力强、力量大就可能在短跑、投掷上取得成绩；那你也有可能耐力差。强项巧练保持优势；弱项巧练尽量提高。“巧”促全面发展。

其三，“练”不能太“死”，而要富于创造性，使其终生受益。体育教学在过去过多追求体质的发展，体能的增长。所以是大运动量、大密度。而我们现在追求的是身心全面发展，是生、心理的“健康”。对于心理健康而言，就不是靠“多练”来获得，而应靠“心向”和“巧练”而获得。要提高兴趣地“练”；要有运动后愉悦体验地“练”；要主动、合作地“练”；要创造性地“练”。只有这样人的心理意志、体质增长才能获得最大效益，形成终生体育的追求。体育的“练”也是情感的收获；从自身愉悦的感受中，从合作奋进的感受中，从创新探究的感受中去得到提升和升华，真正的达到身心的健康。

总之，“精讲”的三原则应遵守，而“多练”应改成“巧练”。当然，“巧”绝不是“取巧”，而应是科学、灵活、创新结合的“精巧”。

概述：精讲多练有两面，一是讲另一是练。讲要简明有重点，练要科学利实践。讲要情感富启发，练要灵活促发展。讲要艺术有针对，练要创造益终生。

(七)如何进行高中合班选项教学

在对高中体育合班选项教学进行探讨之前，我们必须首先要明确高中段体育教育目标与特点。我们知道，一个人的人生观和人生价值观是决定人的生命价值的关键。而高中阶段的学生正是从少年转入青年初期的重要时期，正是人的世界观(人生观、价值观)逐步形成的关键时期。这时期的一切教育手段都必须为他们世界观的形成服务，为他们的德、智、体、美的全面发展服务。所以，我们的体育教学在高中阶段对心理健康影响，应突出地体现在改善情绪状态、确立良好的自我概念和培养坚强的意志品质三个方面。这也是对人生观最有直接影响的方面。我们知道，人生观是对人生需要、人生目的、人生态度、人生评价等方面的根本看法和态度。这对于如何有意义活着，如何对人类、对国家有贡献的活着，甚至对个人、亲人、家庭有责任心的活着都关系重大，不可轻视。现在社会上出现的很多不正常的事件，都是与人生观有关，都和我们的教育有关。我认为高中体育教育的重点不是如何去激发学生运动兴趣，而是通过体育运动去激发、培养学生对自己、对同伴、对集体和对社会的责任心；培养他们碰见困难能表现出无畏精神；培养他们经受身心磨难而表现出坚强意志，等等。当然，培养运动兴趣以及运动的一技之长或多技之长也应该的，因为毕竟这是他们生活的需要，为人服务、为人奉献的需要。我们绝不能强调了兴趣，而忽视了对人的更重要的世界观培养。我在这里论述这些，是我看见很多地区，很多学校的高中项目的选项大多都是以下范围的项目。如：篮球、排球、足球、乒乓球、羽毛球、武术、跆拳道、健美操和拉丁舞之类。我绝不是说这些项目不好或对人的意志培养不大，而是想说，体操类的单杠、双杠、支撑跳跃以及田径的有些项目，这些对人的意志品质培养，对人的坚强顽强作风培养，对人敢于挑战的精神培养有很大作用的项目没有列入选择项目。不能因为学生没有兴趣而放弃。要做工作，要做大量深入的工作。因为这些项目的锻炼价值，对学生今后走入社会都是最直接的考验。

我们有必要再讨论一下高中阶段学生的运动兴趣和运动动机问题。首先，我们要明确什么是兴趣？什么是动机？(第一部分的解读中，已经较深入地分析了，这里再次简单地强调一下)

兴趣，个人积极探究某种事物或进行某种活动的倾向。包括由事物本身引起的直接兴趣和对活动的结果感到需要间接兴趣。

动机，以一定方式引起并维持人的行动的内部唤醒状态。

从以上我们看出，运动动机一般是由运动兴趣产生的；而对学生运动兴趣的培养，应主要从间接兴趣而来。高中生明大理，只要讲清道理，动机就会促进兴趣的产生，这一点比小学生容易得多。

所以，高中合班选项教学的项目设定，一定要从高中学生的全面发展出发。先成人，后成才。

高中合班选项教学在具体策略上应根据学校、学生实际出发，必须具有针对性。因此，下面的例案只是参考。

方案之一：先基础、后选项策略(基础加自选)。

(1)此方案以一个学年为一阶段。其中，第一学期三分之二基础项目(必上项目)，三分之一选项安排；第二学期正好相反安排。

(2)此方案基础项目为：田径(跑、跳、投)、体操(单、双杠、支撑跳跃)和技巧。其他项目均为选修项目。

(3)基础项目安排在三年内完成，每学年只确定部分技术动作。凡被确定的技术动作，就一定有达标标准、有技术标准，有达标考核(应贯彻简化技战术、降低难度要求方针。不过不是降低难度，而是降低“要求”，分层达标)。此方案由四个班合上为准，选项由四个老师负责教。

(4)最后的评价与评定由教师和学生共同完成。

方案之二：组合式选项课。

(1)此方案也是由四个班合并而成，四个选项分由四位老师带。由学生的选项和必上的组合教材合并而成。以一个学年为一个阶段，每学期个别学生可调换，组合项目分四组。

第一组合：耐久跑、跳远和三级跳远、技巧，形体训练。(A组)

第二组合：立定跳远、支撑跳跃、合作跑、跨栏跑、舞蹈。(B组)

第三组合：实心球、单杠、武术、跳绳、健美操。(C组)

第四组合：双杠、短跑、接力跑、跳高，轻器械操。(D组)

(2)学生的选项只有四种，即篮球、排球、足球及小球(乒乓球、羽毛球)、球类选项和相应组合搭配。

A班：篮球+A组组合项目。

B班：排球+B组组合项目。

C班：足球+C组组合项目。

D班：小球+D组组合项目。

(3)舞蹈教材包括：拉丁舞、街舞、中国民间民族舞。健美操可包括韵律操、健身操、轻器械操、瑜珈和跆拳道。自选项目技评每学期一次；技评或达标，每人每一学期选一项，三年六学期不能是同一项目。技评可由教师、学生个人及同伴共同进行。

方案之三：自主式选项(多班合班)。

此方案是由多个班级合班，学生自主选项。

我观摩过成都市双流棠湖中学高中部的多班合班学生自主选项教学。学校高一年级共二十一个自然班，分成三组，每组六、七个自然班合班选项教学。有的组选项多达十一项之多。除了体育教师带项上课外，还聘请了多位校外专项教练上课。每学期中选择一次，学期之中，个别特殊情况者也可调项。基本满足学生自主选项意愿。

此方案适合场地大、器械设备齐全并有较好经济实力的学校。

以上三种方案，只是举例。各校在实施高中合班选项教学时，必须根据本校学生具体情况，根据教师的个性特长及专业水平，还有场地器材等综合因素共同考虑，自行创造适合本校实际的实施方案。只有符合实际的，才是最好的。我们在这里还需重复强调一点，即高中的选项教学不能不考虑学生的学习兴趣，但也不能单纯从兴趣出发，因为还有很多更宝贵的心理品质需要在高中阶段强化，这是对高中生正确的人生观、人生价值观的形成是特别重要的。我们要对学生成人负责，要对学校、对社会、对国家负责。是一个体育教师义不容辞的教育责任。

概述：合班选项求发展，重点培养人生观，人生目的最重要，生命价值是关键。人生态度要乐观，享受生活图奉献。体育锻炼不畏难，身心磨炼意志坚。

(八)什么是按能力分层教学，如何设计与运用

分层教学是分组教学的一种教学方式。也可以是教师教学的策略。它一般是按学生的认识能力、分析能力与体质能力而进行的同质分组教学，是体现教学的因材施教；也是体现当代贯彻以学生发展为中心的教学理念，是过去“传统”的发展，也可以说是一种创新。笔者在20世纪50年代末上中学时就有一次体验。在上中学体操课——横箱分腿腾越时，因我个子矮(与同班男生相比)，老师就分我到只有四层跳箱高度的一组。我不太愿意，因为我同桌在五层跳箱组，后经我一再请求，也去了五层跳箱组，我记得我完成了动作还很高兴。所以说，那时按跳箱高度分组学习的方法，也应算是分层教学。只不过在当时，在理论上还没有提出“要让每一个同学都受益”的高度，我想更多的还是从运动安全的角度考虑。

现在使用分层教学的目的就很明确了，就是让不同条件、不同素质能力的学生，在运动学习中，尽量把能力相近的学生分在一组，便于教学活动的“教”与“学”的有利进行，使教学突出表现以下几方面的特征。

第一，便于教学方法的使用更具针对性和实效性，更便于教师发挥引导、指导作用。比如，教师把不同体质的学生按A、B、C、D四个组来化分后，“同质”学生在一起学习。教师在安排教材难度时就可因组而异，技术要求也可因组而异。让各组学生都能“吃饱”，各有所取、各有所获。如：篮球教材的“运球”接“三步”上篮投篮技术学习。四个组就可各有不同。

A组：结合实战“三对三”对抗练习。只有运球—传接球—三步上篮投中方为有效。其他方式的投篮，投中也无效。

B组：运球—转身—传接球—三步上篮。一个一个依次进行。

C组：原地持球—原地传接球—运球—三步上篮。由教师组织、引导、传授技术(主要是各技术间的衔接)。

D组：原地持球—运球三步上篮。

A组是基础好的(校、年级、班篮球队的队员)，让他们自主学习，可以限定条件，提高实战技术水平。完整地体现运动技术的实效。安排骨干学生负责，注意运动安全。

B组的学生也有一定基础，只是对此技术还不熟练。可以专门针对性的强化各技术环节，学生时机成熟了可转为A组练习。

C组是本节课传授技术的主要对象，教师重点指导。

D组是对原已学过的“三步”上篮技术，无论是步伐还是节奏都没有完全掌握，动作不协调。重点在复习提高，教师检查后，好的可转入C组。

第二，分层教学更加突出学生主体地位，充分的让学生自主学习。按上面的篮球课的课例，四种水平的学生分别在四个小组内学习。按照老师提供的“问题”或指导意见，要靠学生个人去观察、去思考、去领会技术重点，模仿操作。在实际的自我操作中完成教材的学习。学生都知道自己在这个学习进程中所处的“位置”，这鼓励和鞭策自己认真学习，早一些“提升”。对A组学生来说任务是在实践中用好技术，提升水平。所以这种按不同水平提出不同技术难度的分层学习，也就是充分让学生学会学习。

第三，为学生之间的同伴合作学习、探究学习创造了学习条件。同样按上述的例证：A组的学习本身就具有同伴合作性，集体项目的特点就在于个体离不开集体的合作，没有同伴合作，突破“上篮”就会很困难；其他的B组、C组仍然需要同伴之间的传、接球的合作，传要到位，接要为下一个“三步上篮”动作创造条件，合作就相当重要了。另外，无论是传，还是接；无论是“转身”，还是“上篮”。学生都会为自己是否准确到位而思索，也会为如何纠正、调整而考虑。这促进了学生积极的思维活动，也为探究学习创造条件。

分层教学是一个好的教学方式，但不是所有项目都适合按能力分层教学，一定要从具体教材、具体场地器材以级学生实际情况去考虑。要有针对性、实效性。另外，运用按能力分层教学还要注意以下两个问题。

其一，在安排同质分层教学时，一定要尊重学生本人的意向，要求自愿。无论怎么分的先决条件是不能伤害学生的自尊心。那么，什么是自尊呢？它是个体以自我意象和对自身社会价值的理解为基础，对个人值得尊重程度或其重要性所作的评价。所以，一旦让学生感到教师在划分“好与差”或“行与不行”时，就会为自己的“不行”而沮丧或反感。沮丧使学生失去学习信心；反感而产生抵触情绪。这节课就不可能上好，甚至会影响今后的课。也就可能出现不听指挥或“顶撞”老师，使课堂的和谐氛围受到破坏。教师本来是好意，使不同情况的学生都受益，结果因处理不当，适得其反。

其二，分层教学中，教师的精力往往在1～2个小组上，其他组的练习一定要有骨干学生“协教”；一定要注意安排保护与帮助。一定安全教学。所以，具有一定危险因素的运动技术，分组教学还是异质同组好，这样素质好的学生可以帮助和保护素质差的同学，促进了同伴间的帮助学习，同时也保证了课堂的安全学习。

概述：分层是为全受益，同质合作难度齐。教学针对有实效，突出主体受鼓励。探究学习创条件，同伴合作有效益。和谐环境要创造，尊重学生满心意。

(九)什么是合班分层教学，如何设计和运用

体育教学的合班分层教学是专门针对目前各地初三学生的实情而设计的一种创新教学方式。它不同于高中合班自选教学，因为后者是为培养高中学生掌握1～2项特长项目的自主选项式学习，是满足高中学生学习意愿的一种教学。另外，它也不同于一般的分层教学。一般的分层教学是为了对学生区别对待的一种力求全体同学都受益的教学。而合班分层教学是根据当前初三年级学生的特殊情况和教学现状而产生的。

其一，初三年级的学生处于一个特殊时期，那就是体育中考，成绩纳入总分。当前的中考制度，分数是学生、家长的“命根”。多1分情况也许就大不一样，就能上重点校。最起码在经济上也有好处。所以，对初三学生而言，什么运动锻炼、什么“健康第一”，都不如中考体育分重要。何况在人们的认识上，体育丢了分才大不划算。在这些实际情况的影响下，初三的体育教学当然围着中考体育项目转，这是谁也改变不了的实情。

其二，因为上述因素，各地、各校的初三体育也就是考什么上什么了。有些学生其素质本来就很好，中考项目的达标和满分没有问题，只因教师只上那几个中考项目，体育课对他们毫无“锻炼”价值，白白浪费时间，自由的玩了。而对于对不同项目存在不同差距的学生，也因得不到科学的专门系统训练，运动水平的提升也有限，不能完全满足这部分学生和家长的愿望。

这样形成了素质好的学生得不到更好地发展，素质差的又得不到理想的锻炼，使所有的学生得不到最大的收益。所以，改革和创新初三体育课的教学方式就势在必行，也是顺理成章的事了。如何改革，就是实施初三年级合班分层教学。

具体运用如下：

第一，多班分层教学是以四个班合班为例，将学生按四个层次分班，由四位教师各带一个班进行针对性的教学。

第二，具体分班和各班教学目标如下：现在大多数省、区、市的体育中考一般都是规定加自选，一共三个项目，所以，分班是以三项成绩的初次考评为准(可每学期调整1～2次)。

A班：三项均能达标(基本接近或超出标准)的学生。其教学目标是在巩固考评项目成绩基础上，进行选项教学。每人每学期可选1～2项。由一位教师带班。在统计好学生自选项目(根据项目多少适当调整，最多不超过4～5项)，作出各项的教学计划，安排好自学和教师指导时间，充分利用自主—合作—探究的教学理念去完成教学任务。此类学生不但中考能满分，而且还有1～2项长处，有利于今后的发展。

B班，由两项能达标或超标，一项“困难”的学生组成。其教学目标是巩固已达标项目，强化安排未能达标项目，早日升上A班。对每一个学生来讲是强化一项，可对全班同学而言，因各人强弱项的不同，所以强化项目至少是三项，教师就要合理安排分别强化的时间。对每一个学生而论，三分之一的强化训练；三分之二的选修练习。看似很“乱”，可实际效果会因练习的针对性强而收获大，升入A班人数也会多。

C班，由一项能达标或超标，两项“困难”的学生组成。这个班整体达标难度高于B班，所以不安排自选项目的学习。而采用运动“处方”教学的方式。教师应了解每一个学生的弱项原因所在，开出的“处方”具有针对性和实效性。启发和调动他们自觉训练、共同学习的激情。要从思想上排除畏难情绪，多鼓励他们早日升入B班或A班。此组教师责任重，“处方”要合理，指导要有办法，关系到整个达标率的多少。教师的责任心要强。在适当时候也可请A班教师协助。

D班，这是达标最困难的学生组成，他们都有特殊性、太胖、“豆芽菜”型，有某些慢性病(又不属于免试范围)、病后恢复期，等等。对他们是急又“急不得”，只能尽力“拉”一把。主要还是做深入的思想工作，要争取他们去拼搏，去克服困难。在有条件情况下尽最大努力投入训练。这不仅是分数问题，更是解决今后的生活、学习、工作问题。我相信经过两个努力，一定会有大的突破：一个努力是教师应努力的去爱护这些学生，在他们“困难”时期多帮助他们，为每一个学生制定一份适合的身体循序渐近的运动处方，作为他们的朋友多鼓励；另一个努力也就是学生本人应尽最大的努力，克服困难、锻炼意志。努力去做一个“健康”的人。我相信，在师生双方的共同努力下，一定会有进步，哪怕最后达不到满分，也会比免考强，起码增强了这些学生的奋斗精神。这将会终生受益。经过了困难的磨炼，生活会更坚强，生命同样更有意义而光彩。教这个班的教师一定要有爱心和耐心。

总之，社会现实摆在眼前，初三不抓中考达标是违背学生、家长意愿，我们应该认真抓好，要结合实际创造性地去“抓”，不仅是为了“考”，更应为学生健康成长。我们要变被动为主动，打开局面，获得新的进步。

概述：合班分层为中考，满足社会的需要。既然中考设体育，好事应该要积极。分层不仅为了考，对症下药为健康。被动应考变主动，确保健康助成长。

(十)如何根据各学段特点进行中长跑的教学

中长跑教学是对人的耐力素质培养的最佳教材和手段，也是对人的意志品质的培养和锻炼。但对中长跑教材的学习，学生总感到枯燥无味，体能消耗也大而让人感觉“难受”。所以，一般的学生都不喜欢上此教材的课。上课一听教师宣布今天跑5圈(200米一圈)，马上就愁眉苦脸，表现出消极情绪。虽然在教学改革中，各地、各校的教师也想了很多办法，教学效果明显好转。但仍有很多问题困惑着他们，使之处于无计可施状态，严重影响了中长跑教学的开展。所以，如何根据学生特点进行中长跑教学，值得我们深入探讨。首先，我们现在指的中小学体育教学，从大的学段角度划分是小学段、初中段和高中段；如果从学生具体情况划分，存在着素质好、素质一般和素质差的三种；如果从教学形式上分，有集体跑、小组跑和个人跑三类。那么，我们探讨的问题就出来了：如何根据三段学段特点；如何根据学生素质的三种表现；如何根据三类教学组织形式等的特点进行中长跑教学。

第一，要根据学生不同学段特征，有针对性安排中长跑教学。

我们在这里对不同学段的特征，不用一一表述，因为这是大家已经了解和掌握的。我们认为，具体的操作应该是：小学段以调动学生学习兴趣为主线，促进学生积极地学习；初中段以中考的体考为契机，要求和鼓励学生为达标而练习；高中段以责任感为教育手段，鼓励学生自我成长。

小学段以兴趣促发展的方法很多。比如，各种图形跑：8字形跑、对角线跑、蛇形跑、螺旋形、圆形及变化跑，等等；还有各种情境设计跑：远游跑、林间动物运动会、走长征路跑、火炬传递跑等；还有利用各种器材的跑：跳绳跑、传物接力跑、负重跑、少数民族的“穿花衣”跑等；也还可以利用学校地形地貌跑：上坡跑、下坡跑、穿越“假山”跑，迈过“小河”跑，等等。这些通过变换线路、变化形式、变换环境以及情境设计的各种形式变化的跑，使学生有“新鲜”感，有强烈兴奋刺激，使学生忘掉了苦和累，会使学生乐中有益、乐此不疲。

初中段学生，到初三有一个体育中考，比较受学生和家长的重视，其实质是为了增加“考分”。我们必须利用这个“考分”促进学生身心发展，变“考”为我教学所用；变“考”为学生发展所用。各地的中考体育项目一般都有考查学生耐力素质的中长跑项目。所以一般学生和家长比较重视，学校“抓没抓”，“练没练”他们都很关心。这对我们进行中长跑教学带来了有利条件。但关键还是我们应如何提高教学效果。在方法上应多样化，防止这个项目本身的枯燥无味，影响教学效果。另外，在技术上一定要讲清讲透。尤其要重视呼吸节奏，帮助学生科学地度过难关，要让学生明白什么是“极点”，什么是“第二呼吸”，要让学生学会调控，使极点尽量晚出现。初中生一定要学会中长跑的技术，要科学地锻炼。

高中段是学生人生观、人生价值观形成的关键时期，一切事情都要他们明白道理，只有道理通、行为才通。所以，高中段的中长跑教学不是兴趣问题，也不是什么技术问题。应该是使他们自觉形成有意义学习，将潜在的学习意义转化为个体的心理意义。这段教学过程的要求：一要教师充分合理地发挥主导作用，指导学生根据自身条件和情况去学习，学会控制练习运动量，学会循序渐近的学习；二要加强对学生的心理辅导，要让学生学会正确对待“极点”的产生，正确地学会运动放松；三要体现教师的关爱，教师的一切感情付出，为的是学生学会自我学习、自我锻炼。学会主动能克服中长跑中的“苦与累”，换回教师对他们的关心和爱护。所以，高中段的师生关系一定要融洽。这是高中段教学成功的关键。

第二，一定根据学生素质情况，有差异地安排中长跑教学。

要真正做到根据学生素质情况安排中长跑教学，关键是要学会运用分层教学，因材施教。小学生素质相差不大，可按学段特点安排，以多种变化手段，使用集体跑方式，促进兴趣的提高，从积极参与中得到锻炼、得到提高。进入初中以上的年级，最大的差别是性别带来的差异，必须进行男女分别教学。男子以 1000 米至 1500 米为主；女生以 800 米为主。另外，应尽量按体质的差异分别制订教学计划、分别安排教学。比如，好的可以要求有一定速度的匀速跑 5 圈(每圈 200 米)或追逐跑(变换领跑)，也可安排重复跑 200 米×5 次(中间休息 1 分钟)；素质一般的可以变速跑 4 圈；素质差的就以走跑交替 4 圈。个别素质好的或差的，也可增加圈数或减少圈数。初中以上学段学生的运动兴趣感不全来自运动方法的兴趣性，而是间接兴趣起作用，更多来自教师的激励：包括语言和肢体“语言”两方面。还有正确的技术传授也很重要。如跑的步幅大小、跑动要富于弹性；还有正确的摆臂、正确的弯道跑技术以及脚掌如何落地等都应传授给学生，最好与学生共同探讨，让学生自主学会技术。

第三，各学段的中长跑教学都必须配以相适应的教学方式。

小学阶段是以灵活多变的方式提高兴趣为主。他们之间的素质又不大，所以适宜安排集体跑。就如上述的例子一样，活跃而又有气势，相互启发并有竞争性，符合少儿心理特征。所以，小学一般安排集体跑。到了初中，因目标、素质差异的变化，不宜集体跑，最好是分组教学，按能力同质分组跑。教师对各组有不同的教学目标要求，同时也可采用“达标＋自选”的组合练习法。意思是说，全组达到教师提出的目标后，就可按自己的爱好选项练习。这样对于装病不想跑的同学，也会因不愿影响小组的同伴而坚持跑下去。全组同学都会为集体而尽全力去跑。将有效促进耐久素质的提高，同时也增加了同伴合作的聚合力。现在高中段是选项教学，就可将中长跑合并在一些自选项目中，组合选项，达到提高耐久力素质的效果。

总之，中长跑教学必须根据各学段的特征，安排不同的教学方法和教学方式。要坚持实事求是：一是，既要有严格要求，又要有长远规化，不能急功近利，拔苗助长，有损学生健康；二是要坚持因人而异，因班而异，甚至因组而异进行差异教学；三是要充分体现教师的关爱，要让学生体会到教师的严格要求，严厉的“练”是对学生的爱。只有学生从心中接受，才能体会到跑的乐趣。教师的关爱还体现在要理解关心那些“跑不动”、素质差的学生，要多想办法、要多鼓励。我们相信，只要能根据学生年龄、素质去考虑，采用多种变化的教学方式，学生也一定会爱上中长跑教学。

概述：中长增加耐久力，三种选择与方式。中长培养意志坚，最佳提高与锻炼。教师严格有关爱，方法多样巧安排。成绩提高有规化，千万不能禾苗拔。

二、教学理念与调控

(一)如何认识体育教学"公开课"

我们从认识、目的和准备三个方面来探讨。

第一，什么是公开课，其特点是什么？与常规课有何相似和区别之处。

首先，我们必须先弄明白什么是公开课，它包括哪些类型。所谓公开课顾名思义，就是向公众公开展示一节体育教学课。这种展示是有多种目的：它可以是教师展示教学水平的互相交流经验的观察交流课；也可以是为了一个课题研究成果展示的汇报课，也可以是带有专题研究性的结题课；还可以是为某种活动而准备的献课，以表达个人心愿或教研组共同心愿的个性或集体成果展示课；还有就是参加各项地区组织的优秀课赛课，为展示个人教学成绩或专题要求的评比等级或选拔的评优课，等等。所以说，公开课实际包括了观摩交流课、专题研究结题课、成果展示课和各级组织的评优课，等等。总的来说，它追求的是转变教学观念，变通教学方法和手段，理性于教育教学的最优化。它的水平与效果高于我们平常的一般体育教学课，即常规课。

当然，一个教师的教学能力一般来说应表现在以下诸多方面：处理好教与学的"主导"与"主体"的关系；培养能力和知识学习的关系；学会知识与会学知识的关系；专业知识学习与德育教育的关系；智力因素与非智力因素的关系；统一标准与因材施教的关系；继承与创新的关系；还有教与考、课内与课外等等关系。常规课不是通过一节课来考查教师的诸多能力。而是通过长期的教学实践来判断或考核教师的教学能力。而公开课则不同，无论是哪种类型的公开课，都必须通过一节课的设计与现场的实践来判断。所以说，各类公开课都是教师教学观念和教学能力的最优化的体现，是不同于一般的常规课。但话又说回来，教师教学能力的诸多方面的特征，又不可能从一节课中就完全体现出来，如果是这样要求也有失公平、公正。那么又为什么要开展公开课活动呢？

第二，开展各类公开课的目的是什么？

我们从以下四类公开课来分析：

(1)观摩研讨课。这是一种校与校之间，地区与地区之间，市与市之间或者是全国部分省市之间开展的以互相观摩研讨的类型。其目的是交流各地教学实际情况、各地教学特色和各地教学处于何发展阶段的一种课的展示活动。这种交流活动不以评奖为目标，而重点是相互交流，取长补短。当然，各地拿出来的课必定是经过选拔后的优秀课代表。所以，这种观摩研讨课也是各地优秀课的集中展示。

(2)专题研究课。这是带有课题展示性质的汇报课或结题课。这种课都有一个研究专题，课的"好"与"不好"决定于研究课题的研究深度。当然，既然是专题研究的汇报或结题，这种课在专题上也一定会表现出它的特色。毕竟是执教教师精心准备的一节展示成果以及本人教学能力的课。这种课的主题的体现一般会是鲜明，富有特色。能为观摩者提供直观思考的要素，从而求得众人对课题的重视，有利于课题研究的普及与深入。这是各地提高体育课专题研究水平而经常开展的类型，应该坚持发展下去。

(3)成果展示课。它与专题研究课性质大体一致。不过前者是专题研究的汇报；后者则纯属成果展示了。成果展示的研究成果一般都趋于成熟，是人们应学习的教学理念、知识和方法。是一种推广性质的课，其课可见是好课了。这类活动对当地的教学起了推动作用。

(4)评优课。这是参加当地行政或教研单位组织的体育课评比活动的课，教师都精心准备，力求体现出教师本人教学才华，争取获得优秀的结果。这种类型各地都普遍采用。一来是对那些具有教学才能，敬业爱生的教师的表彰，也是对他们成绩的推广。

从上述四类公开课的分析中，不难看出，无论哪类课都是上课教师才能的全面集中展现。对于那些追求教学水平提高，追求教学艺术发展有上进心的教师，是给他们一个机会和展示平台。对教学工作起了积极推动作用。所以，公开课是必要的，是应坚持下去的一种教研活动。

第三，如何准备一节公开课。

准备一节公开课，首先要确定公开课的主题是什么？也就是说你想让观摩者看什么？然后再从以下三个方面准备：

其一，首先要从你想展示的目标是什么去考虑教材的选择。要明确教材目标的教学任务，不能定得太大、太笼统，不易完成。目标一定要具体，适合你教的学生水平(以共性为主)。一般来讲新授教材有以下几个层次：初步学习、学习和进一步学习；而复习教材则是：巩固、提高或发展什么。

其二，要从健康目标去考虑和选择教学方法。你所采用的教学方法、手段和步骤要切合实际，要有创新性学习的体现。虽然教学过程是双向的，教师和学生谁也离不开谁，但缺一就不是教学了。何况教学的最终落实点在学生身上。所以，一定要从学生学法着手。要调动、激发学生学习的自主性、积极性。要创造合作学习、探究学习的新观念的条件与氛围。充分调动学生主体的表现。

其三，要认真分析教材。要弄明白这节课的教学重点是什么，学生学习的教学难点又是什么？如何去解决。尤其是对具有一定技术难点的教材，用什么手段去简化，再用什么方法去降低不同层面的学生的难度要求，都要有充分思考与方法。再提高一个层次考虑，所教的教材扩展的方向和程度，发展优势等都要考虑和设计。提高观摩者可看、可学的档次。

第四，如何制定课堂教学的控制方案。

其一，是课堂教学语言的设计与运用。口头语言要讲什么，什么时候讲、什么地方讲都要有一个大概设计；“口哨”语言如何用都要认真考虑。(现在一些青年教师上课很少用口哨表达教师意愿。口哨作用已经“退化”，应引起重视。这是体育教学独门“祖传”一定不能丢)

其二，非口头语言行为的设计和运用。它除了包括一般学科的共性特征方面，如：教师仪表、动态语姿、教学情感等外还应包括体育学科特有的运动技术示范。什么时候示范，是讲解前、还是讲解后；是面向全体学生，还是面向小组或个别辅导时示范等，都应有一个设想(也需临场灵活处理)。教学课堂是一个千变万化的动态环境，真正要解决问题还要靠教师的教学机智。我们的教学一定要创造和保持学生心理、生理的最佳状态是非常重要的。这就全靠教师的教学调控艺术了。另外，在场地，器材的运用与创新方面也应有所考虑。(在此不做详细分析了)

概述：公开本是验成果，专题研究带观摩。目标明确方法巧，教学研究结硕果。教师才能集中献，教学调控要灵活。千万不能假和虚，实事求是出成果。

(二)对当前体育教学各类“公开课”的认识与思考

上一题讲了什么是“公开课”，对于它的类型和特点进行了分析，同时，也论述了如何准备一节“公开课”。本题主要是对当前“公开课”的发展及存在的一些问题的反思和论述。以求得其更好的发展。

1984年在天津，由国家教委体卫艺司和中国教育学会中小学体育研究会共同组织了32节优秀课献课活动，对各地开展各类公开课起了很大的推动作用。首先于1985年天津汉沽区联合了长春市、沈阳市和平区、大连市甘井子区、太原市南地区，西安市莲湖区、成都市、重庆市、南昌市和广州市荔湾区10个城市(区)，组织了《中国十城市》中小学学校体育教学观摩研讨大会的活动，每年轮换一个城市(区)承办。至今已有25年的会史。第三轮次的活动从2009年正式启动。参加城市已扩大到12个城市(区)，名称仍然沿用《中国十城市》体研会。并于2009年在长春召开《学校体育改革与发展》的论坛(专题是学校体育建设与管理)。今后每隔3年，以不同的专题将把论坛坚持发展下去；同时第三轮的首届观摩研讨大会于2010年放在河南郑州举行。论坛从理论上、观念上，具体操作上进行了深入探讨，是对观摩研讨大会的研究发展的一个补充；以提高观摩研讨大会的内涵质量，提高会后各届观摩大会所上的“公开课”的科学性、实效性、可操作和可推广性。

我们从对25年来在《中国十城市》体研会所举办的各届观摩研讨会上所上的“公开课”的认识和反思中，明确什么是好的，应继续发展下去；什么是不足之处应予纠正，以告诫各地同行。使各地各类“公开课”能健康的发展下去，推动各地学校体育教学工作的更深入发展，以取得更新的成果。

第一，公开课促进了各地教育理念的正确发展，提高了体育教学质量。

(1)对各地新的教学理念的提高和教学质量起到了积极的推动作用。

十城市体研会的发展，是在“公开课”所表达的各种教学理念的“争纷”中成长壮大起来的：从“三基”教学到“快乐”体育；从教师的“一统天下”到“兴趣培养”；从规范教学到创新思维培养；从体质教学到健康第一；以及各种教学方法的探讨展示。这些都是通过各届观摩研讨大会上的“公开课”的表现逐渐发展而来。这充分说明了一切教育思想观念都需要从公开课而展示出来；课程改革也需要“公开课”来印证。所以，在各地区的教学改革发展中，公开课都起了积极推动作用，应坚持下去，发展壮大。

(2)公开课为各地区培养了大批教学骨干，促进了体育教学的发展。

教师准备各类型的公开课的过程，实际上是一种再学习、再提高的过程。凡是上过公开课的教师都深有体会，这是一次不可多得的锻炼提高。无论是在教学理念的确立，还是各类教学方法、手段的选用，都是一次艰苦的再学习。从公开课的准备到最后展示的结束，前后真可判若两人。据十城市各单位的统计，有近20%以上的教师被选拔到校级领导岗位；有近60%的被评为特级教师，省、市、区优秀教师。各级公开课为各地培养了大批优秀人才和骨干教师。所以说：公开课的组织形式一定要坚持下去。一来它得到了广大体育教师的拥护；二来也是学校体育教育的发展需要。

(3)公开课成果的影响，促进了各级领导对体育教育的重视和肯定。

随着学校体育改革的深入，各类公开课活动越来越得到各级领导的重视。各地各类公开课展示前的准备过程，实际上就是对本单位体育教学工作的促进过程：教师本人重视、努力；体育教研组纳入工作计划、团结协作、共同努力通过学习、研究提升了个人和集体教研水平。你说有哪一个领导不欢迎呢？从十城市各单位来看，出席每届大会的公开课，都是经过各地层层选拔，真正“过五关、斩六将”方能取得参加资格。这当然是教师的荣耀，同时也是体育教研组集体的光荣，更是学校的荣誉。所以，每届活动的公开课都是校长亲自带队，主管局长也到会，这种上下齐心合力为上好公开课的决心，何愁学校体育教育工作不上一个崭新的台阶和水平呢！所以，有些体育教师总觉得领导对自己的工作不重视、不支持，其实不是领导不重视和不支持，而是你自己无所作为。只要你努力，领导就不可能视而不见。只有个人努力拿出成绩，也才有可能获得信任和支持。而且这是一个良性循环：教师个人努力──→集体团结协作──→领导放任、支持──→教师个人更加努力，获得荣誉──→领导更大支持和帮助──→个人、集体取得更多荣誉──→学校体育工作上新的高度、新的水平，成为学校教育特色。

(4)公开课现场是改革成果交流平台，同时也是教育理念的检验平台。

各级各类的公开课是教学成果和研究的交流，更是各地教学理念的检验。在学校体育改革三十年中，教学理念的发展是有起有落，甚至在一段时期是大起大落。这些在公开的平台上都得到了检验。比如，有一段时期，扩大和转移了体育教学的主要目标和职责；体育教学功能泛化，什么问题都想解决；把一些简单问题复杂化，一般体育教师都无法操作；对学生个性发展、兴趣培养过分偏激，教师主导作用消失了；过分强调情感体验，丢弃了很多有锻炼价值的运动项目；错误提出淡化竞技技术，使教材简单化、低龄化，等等。这些都在公开课展示平台上相继出现，引起了大家的质疑与否定。而真正得到欢迎的体育课还是那些敢于教技术的课；敢于大胆发展教师主导作用的课；敢于使用教材技术难度大，锻炼价值也大的课；敢于合理运用器材，创新器材的课。这些公开课的展示，使广大体育教师明白了什么才是真正的“健康第一”的体育课。使教学理念能回归到符合时代发展的道路上来。

第二，现实各级各类公开课要认真思考和改进的问题。

(1)进一步提升教学理念，注意教学的科学性和针对性。

教与学是双边的活动，离开了教师“主导”作用的课是课外活动；而离开了学生主体的“学”，也就是不从学生学法研究入手的教学是违背学生意愿的，是不受学生欢迎的体育课。所以，公开课的展示——一是必须突出教师如何去“教”；二是必须反映出学生学习的学习态度，即兴趣和动机。所以在理念上应是符合时代发展的。但绝不能“过”。比如，前几年，很多体育教师对课改的认识偏“左”，公开课表现出来的是过分强调了教学课堂中的学生主体地位和心理健康因素的作用，技术性教学减少了，取而代之的是一般快乐性体育活动；具有一定难度的教材不上了，出现教材的低龄化。比如，2006年在重庆召开的十城市体研会的观摩现场，出现了初中学生教立定跳远教材的课。这本该是小学低段教材拿到初中阶段上，无论你教学“花样”如何“千变万化”，也是教材的低龄化，有失教学的针对性和科学性。另外，也有一些课过分追求学生的愉悦感受，一切“以学生为中心”。艰苦锻炼，勇于奋进的精神没有了，失去了体育教学的本质特性。教学课变成体育活动课。体育教学必须具有教学过程，教师如何教，学生如何学必须清楚，要有规范。这样才能还体育学科作为课程标准规划之一的学科教学真实面貌。一定要纠正一些教师的误解：把以学生发展为中心理解为以学生为中心；把降低难度要求理解为降低难度。没有“发展”和“要求”性质就完全不一样了。“发展”是需要教师全面的规划和安排，是需要在教师主导作用下去发展。绝不是放任自流，而降低“要求”，是面向全体事实求是，因材施教，分层达标，让每一个学生都能达到符合自己条件和水平的“要求”。绝不能放弃运动技术的教学和行为规范的教育。所以，只有形式上有目标，内容上有方法、要求上突显个性追求思维发展的课堂，才是真正的教学课堂。

(2)有些公开课在准备时期“排练”时间，次数过多，失去意义。

凡是排练过多、多次修改的公开课，一看就会看出来，一是学生没有“热情”；二是“机械化”了。其实任何课都不会没有问题，不会像宝石一样完美无瑕的。只要能做到瑕不掩瑜，个性突出就是一节好课了。我们都知道，上课是需要情感投入，是需要激情的，排练多了，教师和学生本来上课的激情，经你这一次一次的消磨，反而不好，得不偿失了。另外，排练使学生一切都“明白”了，没有教师的指挥也能到位，完全机械化。所以，有人强烈提出：公开课要回归常态，要葆有原生态特征。这也有一定的道理，起码是人们希望看到平实真实的体育课，是要有实效作用的体育课。但我个人认为：对于借用异地学生上公开课，还是要给教师一些接触学生的时间。教学过程如若不了解学生特性，也就无法组织有针对性的教学。但接触时间不能太多，给2～3节课时间足矣。我还认为接触学生一定不要反复串课，主要是想办法了解学生，投石问路。人们是拒绝带有“表演”成分的公开课，更欣赏带有自然的，存在一些“残缺”的真实美。才能给人更多的“回味”、更多的和谐之美。

(3)在现实中，有些公开课太过分追求新、奇、趣。

有些公开课误解了什么是创新，没有原则和科学性。他们过分的追求学生情感愉悦体验，忽略了教学方法、手段的科学性、实效性、可创作性和可推广性。他们对“创新”的认识缺乏一个基础，即创新应具有针对性、科学和实效性。所以，教学课堂上出现了插秧、点豆；也出现了扫地推磨。我们不否认劳动是光荣的，但它不能替代体育教育。他们自认为是“创新”，其实是对“创新”的误解。人们来观摩教学、观摩公开课。本意是来学习和验证新的教学理念；学习新的教学方式和方法。需要的是给人新的启示和思考，需要可操作性，学以致用。可太“花哨了”，太多的“优势”展现，只能使人不恭，也不愿意这么学。这样的公开课没有什么意义。公开课优于常规课，有些地方超前一点也是可以理解的、也可接受。但任何事情都有一个“度”，应适可为止，不然就会适得其反了。

(4)各类公开课应成为教改的“风向标”。

人们之所以踊跃的来观摩公开课，更多的是想看看教学发展趋势、教学理念的变化落实。然后再与自己的理念去比较、反思，印证最终落实到今后的实际教学中。所以说各类公开课活动应是严肃的、科学的、公开课应具有可推广性。比如，天津市1984年面向全国的“献课”活动，坚持“三基”教学的理念，影响了很多地区，在很长时内都是教学基本理念。后来因受各种思想的影响，“三基”不基了。大演什么自主学习和研究性学习，其实，上课教师自己也没有弄明白何为“自主”，如何“研究”，追求外在的形式，动不动就让学生分组“研究”，分组“创新”，实际上都是按教师早已布置的动作组合进行“演练”，这就“自主”了、“创新”了，虚假的一套只是为了追求“时尚”。所以，公开课平台上的表演，代表了各种教学理念的展现。人们可清楚的认识到哪些是科学的，是可学的，哪些是虚假的，伪科学的。如何选择，其实人们心中都有“数”。

总之，公开课是教学改革发展的产物，也是推动教学发展的有效手段。我们理应坚持下去，创出更多更好的教学模式，为我国的教育发展做出贡献。

概述：观摩交流公开课，相互学习提高多。推进教研上水平，培养骨干结硕果。领导重视促发展，教学理念得检验。问题存在反复练，动作自动无情感。

(三)如何评价一节好的体育课

对于如何评价一节体育课，尤其是一节好的体育课，人们是智者见智，仁者见仁，各抒己见。不过大体上还是相近的。总结起来无非包括以下几个方面。

(1)课堂教学目标明确、具体，具有针对性；

(2)教材内容的选择符合所教学生特征，符合教学目标要求；

(3)教学理念具有时代性和具体可操作性；

(4)教学方法、手段、教学程序的选择具有清晰有效性；

(5)有突出的教师个性特征，表现出完好的教学机智；

(6)师生关系融洽、情感真实、学生学习热情高、因材施教；

(7)运动负荷合理，有创新，教学效果明显，注重安全措施的落实。

以上7条是基本标准，在具体操作中，报据实际要求、又有所变动和侧重。比如，十城市观摩研讨会的评课标准如下：

(1)教学设计、方法与能力。权重占40%。

①教学设计　10%。

评价内容：教学目标明确、具体、切合实际；教学重点突出；教学步骤与时间安排恰当；场地设置、分布、运用科学合理、实效。

②教学方法、手段　12%。

评价内容：讲解简明扼要，术语准确，口令响亮清晰，站位合理；培养学生兴趣和能力措施有效，能激发学生自主学习能力；分别辅导和帮助，保护合理，能因材施教。

③教学组织　10%。

评价内容：课的结构严密紧凑，教学组织合理。队伍调动与安排合理得当，安全措施落实。能充分表现出教师教学机智。

④教态、仪表和思想教育　8%。

评价内容：着装整齐、端庄，教态和蔼可亲，教学有激情，对学生具有良好影响；严爱相济，思想教育自然实效。

(2)学生表现　权重30%。

①教材完成情况　10%。

评价内容：学生学习表现出自主性和积极性。新授教材完成50%以上；复习教材完成80%以上。

②学习态度　8%。

评价内容：注意力集中表现出具有主观能动性，自觉锻炼；有集体意识和合作氛围。

③意志情绪　6%。

评价内容：具有进取精神，勇于克服困难，努力完成任务，情绪饱满。

④师生、生生关系　6%。

评价内容：师生间关系融洽、平等；同学间互相鼓励、有团结、协作精神，教学氛围和谐。

(3)创新与其他　30%。

①在教学设计、教学方法、教学组织及器材研制、使用方面有创新，12%。

评价内容：在课的设计、组织上有新意，效果好；教学方法选用有独特风格并具实效；在器材设计与使用上有创新，促进学生学会学习。

②课的密度　8%。

评价内容：课的一般密度合理，练习密度控制在30%～40%左右。

③其他　10%。

评价内容：课的表演成分少、实践性强，具有可操作和可推广性。

注：此评价方案于2006年确定。

从以上分析不难看出，体育课的评价是相当复杂的，很难具体操作。可作为大型的交流活动；研究课汇报。评优课等都不能没有一个评价标准(一个全面的要求标准)。无论是特设评委或请专家评课都很难按标准逐条评价和评分。靠的都是评委(专家)本人的教学理念的直观感觉。所以，我认为作为一般的观摩者大可不必按“标准”去评课。我们只要抓住几个主要之点，就能评出好与一般了。实际上，哪怕是一节优秀课它也不可能处处都好，面面俱到。我认为评价一节课重点看三个方面。

第一，看教学过程是否统一，是否协调。

统一指：一是教学方法、手段、步骤与制定的教学目标、任务是否统一，是否适合学生特征而具有针对性；二是教师的教学中严与爱与学生表现出的学习热情是否统一；三是教学方法、手段与学生学习的最终效果是否统一。

协调是指：教学方法、手段要与学生特征、教材难易和学校特点协调，不能复杂化，也不能简单化、低龄化；要有适宜的运动强度和练习密度，教与学和谐给人以无穷回味。

第二，看这节课的“亮点”是否突出、清晰。

本节课重点要让观摩者看什么，特色要突出。健康第一的创新教育理念得到充分展示，给人以启发。尤其是在学法的研究使用上有所突破。学生是真正的学习主体。是以较大热情投入学会学习之中。

第三，看是否有创新，是否有教师教学的独特之风。

创新绝不能是“作秀”，绝不能不符合实际、不符合教学规律。要有实效性、可操作性和可推广性。

另外，以上的三点表现都应主要体现在基本部分上。不管你的开始准备或结束是如何的“好”，是如何的“新”。那都是“绿叶”。基本部分才是“花”，要处理好“花”与“叶”的关系，不能喧宾夺主。

作为一个观摩者而言，宁可看有缺点但特色突出的课，也不愿看看似无多大“毛病”，可表现是平淡无味的课。

概述：评课求易不要难，无须面面都齐全。一看统一与协调，目标方法巧配套；二看亮点有特色，激情主动有收获；三看创新有针对，给人启发新思维。

(四)如何认识和理解体育教学中的创新

继承与创新是事物发展的不可缺少的两个方面。继承是发展的基础，是科学性；创新是发展的艺术，是可持续性。只有继承与创新融洽的结合，才能促进事物健康的发展。学校体育教学仍然如此。只有在继承基础上的创新才是牢固的，才能使体育教学不断的发展。那么，我们如何认识和理解体育教育的创新呢?

第一，创新的原则。

我们讲的原则是创新所应依据的规律。必须从实践中来，再回到实践中去，提高教育教学质量。它讲究教学的科学性和艺术性。

(1)要符合体育学科的本性和内涵，要有利于教材的教学活动。

新课标反复强调教学过程要以学生发展为中心。这个“发展”看似也是学生为主体、教师为主导。但它最大的不同点是“主体”不是过去的被动式；而“主导”也不是对学生的捆绑式。它重点要求处理好传授知识与培养能力的关系；学会知识和学会学习的关系。要求注意引导学生质疑、探究，学生在学习中主动去博取知识，同伴互助，共同解决问题。所以，人们创新了一种新的教学观念：自主—合作—探究或教学。这种观念的创新符合现代体育教学的本性和内涵，有利于完成教材的教学，完成对学生“健康第一”的培养。

(2)要符合教材传授的技术规律和教材的实质和核心。

学校体育教学器材的创新和使用，是伴随着整个教学改革历程。1984 年天津市创新的能折叠的小体操垫，使体操课(尤其是小学技巧课)变得多姿多彩。丰富了技巧教学的方法；哈尔滨创新的“击打球”；长春的软式棒球；沈阳的“玲珑球”；天津的组合单杠；太原的可移动投准靶和多功能健身架；广州的轮滑课；成都可移动蓝圈；昆明的“莲花落”及中长跑的“穿花衣”等器材的创新既调动了学生上课的主动参与性，也提高了教材完成质量。这些器材的创新既符合教材技术规律，又是教材的教学实质和核心。不是那种游离教学实际的新、奇、趣、乐的形式追求。

(3)创新要符合学生学段教材要求和年龄特征。

我们坚持反对降低教材难度的“低龄化”的所谓“创新”。比如上述已举过的例子，把小学教材的立定跳远拿到中学来上，而且算新授教材，不管你的教学方法、手段有天大的“创新”发明，那也不是进步、实则为倒退。当然，作为发展腰腹力量、腿部力量的手段来使用是可以的。但绝不能算新授教材。所以，低龄化的“创新”失去了教学实效。如果我们能在高中课的难度教材，双杠、单杠、支撑跳跃或跨栏的教学中，在教学方法、手段及器材上哪怕是有很小的改进，那也是我们提倡和需要的创新。比如，跨栏架可“打开”式的“栏板”。创新必须要在学科科学性的基础上进行，这样才能促进教学质量的提高，也才能真正调动学生学习兴趣。

(4)要有个性特征，具有合理性、实践性和可推广性。

个性特征包括教师本人的教学风格，创新给人以“新”的亲切和启迪；创新也包括本地、本校的传统特征的典型发展，给人以精神振奋。前者是发挥个性优势，很多优秀体育教师的教学都给人新的情感的激发，“引人入境”；后者更多地代表了地方及民族特色，让人振奋。这也就是创新的基础。

第二，创新条件。

条件有外在和内在之分。我们在这里谈的条件主要指个人应具备的创新条件，即：创新基础。它的前提应是个人应具有高度事业心和责任感，有明确的教育教学理念。创新思维是在一定的教育理念支配下产生的。什么样的理念支配着什么样的结果。创新的过程应是艰苦的，往往是反复不断的。只有具有高度事业心和责任心的人，才能面对困难而坚持不懈，为提高教学效率，实现自己的理念。所以，人的事业心和责任感是创新必备思想基础。

(1)要具有不断追求、上进的开拓思想。

我们前面讲过，继承是具科学性；创新更具艺术性。创新是具有不断追求的体育教学艺术，是具有开拓思维的人的一种品质。它对事物不只是停在原地的观察和继承，而是要追求其发展，从发展中为自己的教学服务。比如，我们前面举过的很多例子，无论是情境的设计还是民族风格的体现，都丰富了课堂内容；营造了和谐的教学氛围；提高了学生的主动参与热情。看似一些简单变化，却体现了教师教学观念和思维的开拓。

(2)要善于捕捉零散信息，具有举一反三的综合创造能力。

具有创新思维的人，平时对工作绝对很认真，对生活也会很细心。他们能把从生活中捕捉到的零散信息，经过自己的再生思维去综合加工，创造出新的事物为己所用。比如，我们看见沈阳和平区一节小学课，他们使用的投掷物——玲珑球，就是受废弃的编织袋能编出很多生活用品的启发，那也能编织成一个球体，里面装上一个小铃铛，无论高抛，还是远投，都能发出清脆的铃铛声。使课堂学生投掷及其他辅助练习都生动活泼，学生们高高兴兴地上了一节看似较为枯燥实为生动活泼的投掷课。

(3)要有坚实的业务基础。要掌握教材的科学性也才能发展教学艺术性。

创新不是为了好“玩”，不能一时兴起。它也是一种长期的知识积累，是一种艰苦劳动。创新者必须掌握教材的内容，在知识积累的基础上去再创造。目的是为了推动专业知识水平的进一步发展。比如，我们最近在报纸上看见一条报道：国外发明了一种游泳比赛，运动员入水采用的一种类似田径短跑的“起跑器”，能提高运动员入水效果，提高成绩。这项发明就是在原来“蹬台”入水方式上的创新，它符合这项运动的比赛规则和内容，很快被各国所接受，应该说是成功的。就像“情境教学法”的创始，是为了学生情感的投入，让学生自主体验运动的乐趣而预设了若干“情境”的变化，以求生动活泼、高效率完成教学任务。这都是在教学经验上的升华。所以，必须打好教学的基础才能完成真正意义上的创新。

(4)要求不断丰富自己的知识面，扩大爱好和特长，为创新做好“物资储备”。

俗话说：艺多不压身。丰富自己的知识面到什么时候都是有用的。比如，你喜欢“集邮”，就可以找机会办个小邮展。奥运会的邮票、中国全运会邮票、各项体育项目专项比赛邮票及相关邮品，向学生公开展示。不但密切了师生关系，又能通过邮品的文化内涵感染学生，既能得到学生的关爱，又宣传了体育，促进学生学习体育，这会使学生终生记忆。又比如，你喜欢音乐、舞蹈，就可在准备活动或结束部分，安排一些教师的单独“表演”或与同学们共舞，学生心理得到了放松，又获得了愉悦的体验。将会永记学生心中。所以，教师的爱好、特长越多，再生思维和创新思维的能力就会越强，有利于“专业”创新。

第三，如何进行体育教育的创新。

我们的教学创新主要应针对完成主教材的教学目标着手，如何较快，较好地完成教学目标是我们创新的归宿点。当然，课堂上的任何创新也都是有益的，因为活跃的教学氛围对教学的成功都是很重要的，但创新应更多集中在以下三个方面。

(1)围绕你确定的教学观念去创新。我们任何公开课表面上看是如何完成已不确定的教学目标，实际上是体现出教师的教学理念。所以，课堂上采用自主—合作—探究式教学就是教学理念的反映。我们围绕如何教会学生学习去创新，都是这种教学理念的反映。

(2)围绕完成主要教材的教学方法、手段去创新。我们的每一节体育课都有其教学目标，用什么方法和手段完成教学目标是我们教学备课的必备的重点，也是如何创新主要考虑部分。人们当初创新尝试教学法、情境教学法、循环教学法等，都是为了更好地完成教学目标。还有我们上面例举的很多使用器材的创新也是为完成主教材的教学目标服务的。

(3)完成主教材的器材和场地设置的创新。

从创新在教学中取得成功的经验来看，除了教学理念和教学方法、手段的创新之外，就应是使用器材和场地设置的创新了。而在这方面的创新有大量的创新空间。因为我们教材中的运动技术一般都是从竞技运动而来，而这些技术移到学校体育教学中时，它所使用器材尺寸太小、重量规格等如完全按“竞技”去要求，必然会有些不适合学生发育条件和教学需求，这就需要从实际出发改革和创新器材。比如，出现了降低乒乓球台高度去适应小学生活动；降低篮球架和篮圈高度，使一般学生也能“扣篮”，体会其中的乐趣；开放式跨栏板；各种投掷器物的创设，等等，都体现出创新器材为教学服务。从十城市中小学体育观摩研讨大会中看，每一届现场课都有器材的创新和场地使用的创新，这是人们创新普遍考虑之点。

另外，如何对教材难度的简化；对降低难度要求方面的创新，也应成为我们重点考虑方面。希望能取得突破性的发展。

(4)探讨建立个人教学风格的创新。

建立个性教学风格必需具备两个条件，其一是要有一定的教学经验的积累。要在较长时期教学实践中去摸索适合自己的经验，创建具有个性特征的教学风格。比如，天津市小学特级教师杨欣和许大本教师(原20世纪60年代特级教师)。杨老师的小学低段“唱游课”和许老师小学教材“大容量”的课，都较大的调动了学生学习热情，都具有各自个性特点的教学风格；其二是要继承前人的经验，在学习、提高和结合个性特点基础上去创新。比如，《教育导报》2004年10月25日的一篇报道，题目是：“超前的课程意识，难得的培训体验”。记凤山小学三年级王萍老师的一节体育课。文章是这样的描述：

上课铃刚响过，凤山小学三年级实验班的孩子们还未回过神来，只听见舒缓苍劲的蒙古音乐在操场上响起，身着黑色紧身衣，白色运动长裤的体育老师在阳光下的操场上翩翩起舞，自然伸展……

最早的一个孩子愣住了，更多的孩子发现了、鼓掌、大叫……没有尖锐的哨声，没有整队，孩子们自然而然集中在一起。

几分钟后，一曲蒙古舞曲毕，王萍向孩子们：“今天，让我们一起到草原上去玩，好吗?”于是，音乐再次响起，孩子们将彩色跳绳系在腰间，模仿老师欢快起舞。一会儿跳绳又象征性地成为“草鞭”，在孩子们手中有力地挥动。一会儿，跳绳又被孩子们轻轻系起，收成一团，然后用力地投入远地。随后，绳子再次系在腰上，孩子们在抓“尾巴”的游戏中，尽情游戏，跑遍了操场，最后跳绳被两个孩子握在手中牵成一条直线，成为小组接力赛中跨越障碍的器械。

40 分钟就要过去了，《弯弯的小船》载着满船星辉来接孩子们回家了。于是在音乐声中，孩子们再次跟老师翩翩起舞，告别草原……

无论谁看了这样的描述，能不被王萍老师的才华和教学风格而深深吸引吗？这就是王萍老师的个性特征的教学艺术，是在建立教学风格中创新而获得的。

上面讲了三个方面的创新，这些是基本方面。一节体育课的表现方面是很多的，无论从哪一个方面去挖掘，去探讨都能创新。有创新就有收获，只有通过创新的收获才是最宝贵的教学财富。

概述：创新原则有规律，符合教材增效益。创新基础有条件，事业责任新理念。创新方法与手段，升华主体显情感。创新器材促教学，学会学习利实践。

(五)什么是体育教学课的分类与结构、类型与模式

第一，什么是分类与结构。

(1)分类。我们从传统的体育理论中了解，体育课堂教学有类别的划分。“类”是指体育课的分类，是课的一般性质。所以，一般的体育教学课根据它的一般性质可分为：理论课、引导课、新授课、复习课、综合课和考核课等。

(2)结构。课的结构是指教学要素在时空等诸多方面的关系，是组成一堂课的若干部分及各个部分教材内容和组织安排顺序与时间的分配等。体育课的结构主要有两种表现形式：

①我们知道，体育教学必须遵循人体生理机能活动能力的变化规律。从这一点上讲它的结构有三结构和四结构两种。

三结构式：化分为开始准备部分、基本部分和结束部分。

四结构式：化分为开始部分、准备部分、基本部分和结束部分。

一个是开始、准备合一；一个是开始、准备分开，实质上没有多大区别。从新中国成立以来直到学校体育教学改革前基本沿用此结构上课。

在体育教学改革三十年来的进程中，课的结构也有了新的发展，出现了一些教学新结构。比如，顺序式教学结构；学、导式教学结构；命题式教学结构，等等。他们都以教学方法和手段的变化，形成一些看似新的教学结构。但我认为，无论怎么变都没有离开人体机能活动能力变化规律的控制。只不过在方法、手段上有一些变化而已。

②另外，有一种新的课的结构，是从课堂调控关系中，在教与学之间的一种比例中产生的一种新结构。比如，中学 45 分钟一节课，按 1∶3∶4∶1 的结构上课；小学 40 分钟的课是按 3∶4∶1 的结构上课。什么意思呢？也就是说以 5 分钟为一个单位，中学课的主题导入、目标与旧知识的巩固为 1 个单位，用 5 分钟完成；教师的新教材讲解、示范、引导、辅导共用 3 个单位 15 分钟完成；学生个体练习、小组练习共 4 个单位 20 分钟；师生讲评、布置任务及其他用 1 个单位 5 分钟。合计为 1∶3∶4∶1 结构。小学只是把中学的第一、第二部分合并为 3 个单位，15 分钟，合计为 3∶4∶1 结构。其实这种结构是从“精讲多练”原则演变而来。在教学时空间的一个具体划分。

第二，什么是课的“类型”和“模式”。

学校体育改革三十年来，课的分类已经突破原有的一般性质的划分，产生了具有典型特征的“型”的变化。

(1)课的类型。“型”是课的形态特征和典型性质。不是一般性质的新授、复习、综合和考核的分类，已从原有“分类”概念升华为课的“类型”划分。根据其表现特征的不同，大致分为：趣味娱乐型、课题探究型、素质提高型、专项训练型、民族特色型、知识传授型、职业培训型、自主选项型，等等。

这些不同“类型”的课，形成了独特的教学特点，突出了不同学段的教学特征。比如，小学低阶段学生主要采用兴趣培养型和趣味娱乐型；小学高段一般为知识传授型和素质提高型；而初中以知识传授型和素质提高型为主，增加了课题探究型和专项训练型等；高中段根据新课标的要求，提高学生素质和体能，掌握一两项自己喜欢的运动项目重点发展。因此多采用专项提高型和自主选项型。而民族地区则出现反映民族体育文化特色的民族特色型；职业学校则增加与自己所学专业配合的职业培训型。

(2)课的教学模式。课的类型的发展，必然使符合这些类型的教学模式也起了新的变化。但真正影响模式变化的应该是教学理念的“升华”，带来教学模式的“升级”。比如，自主—合作—探究的教学理念，必定带来多种模式的发展，小学、初中多侧重在自主—合作；而高中则应更多的侧重合作—探究。那么，什么是教学模式呢？它是指在完成课型特征的教学思想和教学目标指导下，根据教学对象的身心特点、教学条件必须体现教学过程特点而设计和实施的课堂各种教学课型活动的结构和框架程序。是人们可遵循的标准样式。

过去，理论上讲，教学模式是教学理论和教学实践的中介和桥梁。这个提法有时也让人不好理解和操作。我认为在体育教学中，换一个提法解释就更好理解了。体育教学模式是“课型”与教学实践的中间联系，是为完成某种“课型”的教学操作程序、规则和方法，是教学实践中的具体运用。

比如，我们选择的是趣味娱乐型“课型”。那么，就可以运用情境教学模式。而情境教学模式有以下要求：

①以兴趣激发学生主动性与实践性；

②以观察为手段培养学生亲自感受性；

③要以情感为动力，渗透有效的教育性；

④用语言诱导思维的训练，培养学生创造性。

弄明白了情境教学模式的操作途径、目的和意义，我们的情境教学的情境设制就容易了，课堂如何调控也就明白了。

所以说，我们研究课的“类型”与“教学模式”是为了教师有效的提高课堂教学质量，提高我们的体育教学艺术。

概述：课有分类与结构，也有模式与课型。分类是一般性质，结构是内在联系。课型是课的特征，模式是遵循标准。研究类型与模式，提高艺术增效益。

(六)当前学校体育教学模式(教学组织形式)有何发展

优育课堂教学模式是完成课堂教学任务的教学组织形式。过去学校体育各学段上课组织形式没有多大差别，教学课也只有分类的类别化分。基本采用的是单班整体教学和单班分组教学两种组织形式。1984 年我在大连也观摩过单班男女分别教学形式。

1. 单班整体教学

这种教学组织形式在中、小学各段都基本采用。在各级分类的公开课也基本采用这种教学组织形式。它的优点是便于上课教师的课堂教学组织和调控；行动整齐划一，也便于观摩者观摩、研究；便于教师设想的教学目标的完成；教师的主导作用得到充分的发挥，其缺点是面向全体的施教，很难去面对学生的各方面的差异，进行有针对性的教学。另外，对场地、器材的使用，要求也较高一些。

2. 单班分组教学

这种教学组织形式在小学低段以上年级的常规课中都普遍采用。它又包括分组不轮换；分组轮换及分组部分轮换等变化形式。比如，学生按能力分组的练习一般不轮换；按男女性别分组进行的教材教学有时也不轮换；只有在新授教材与不同性质教材搭配时，分组就要轮换了；循环教学法的教学性质也应属分组教学。一节课安排了多种教材，而分组也较多时，要达到某种教学目标，也可能采取分组部分轮换的教学形式。比如，一节课的教材是支撑跳跃(新授)，篮球(复习)。教师先男女分开，男生先复习篮球，女生支撑跳跃。男生由各小组长负责，女生由教师负责。然后，女生还可以分成两组：一组跳绳；一组由教师负责学习“支撑跳跃”的技术。练一定时间，女生两组交换；再练习一段时间，男女生大交换。所以说，单班分组教学的变化形式是多样的。老师可根据教材、学生和场地器材的具体情况的不同，灵活掌握。这种组织形式便于教师因材施教，进行有针对性的差异教学，同时也调动了学生主动参与的积极性，教学更具针对性。教师不控制的小组，由学生组长负责，也培养了“小干部”骨干作用，融洽了师生、生生关系。但此教学选用时，一定要注意运动安全。另外，教师对整体的调控也很难做到，所以，一般公开课都不采用。从整体性质上看，分层教学也应属于分组教学。

3. 单班男女分别教学的教学组织形式

1984 年我在大连市观摩一节这种组织形式的课。一个班男、女分开，分别由两教师分别代课。这种组织形式从理论上讲很好，学生上课人数减少；男女性别集中，便于因材施教。但最大问题是教师工作量翻一番。尤其是现在小学、初中的课时量又增加的情况下，很难普遍采用。

另外，各地实施的按能力分组教学也是分层教学，也是分组教学。

4. 合班选项教学形式

随着高中课改的深入发展，为适应高中段学生体育教学目标向个性特长发展的转化，高中段的教学形式增加了合班选项课。

一般而言，此教学组织形式从高中二年级开始实施。高中第一年为学生打基础和教师了解学生的时期。其目标重点是全面提高学生各项身体素质，教师更了解和掌握学生实际水平，为高二的学习打好基础。到了高二时，学生可根据个人爱好和教师建议进行选项教学了。选项教学是由几个班合在一起同时上课。按教师专业特点分若干个班，学生自选项目(班级)纳入教师专项分项上课。学生的选项要符合教师的专项分项(班)，一般由 4 个班，分 4 个运动项目上课。每学期可有 2～3 次重新选项的机会。此种形式相对尊重了学生的兴趣爱好意愿，对学生个性特长的发展大有好处，对高中阶段的体育特长生的培养极为有利。现被高中学校普遍采用。

其实，这种形式也有两种变化。其一是没有统一要求，完全按学生意愿的选项教学；其二是有一定规定条件的选项教学。后者要求学生基本素质达标后，方有权选项。不然，将进入素质专项提高班学习。什么时候达标，什么时候再选项。这种做法对学生提高素质是一种鞭策。但处理不好也容易刺伤学生的自尊心。应注意操作方法。另外，在各专项学生分配上可能出现有多有少的矛盾，应做细致工作，说服学生调整选项。

随着中考加试体育工作的普遍落实，分值从 20 分增加到 40 分或 50 分。这必然会使家长和学生对中考体育的重视。有人说这又回到了应试教育：“分、分、学生的命根”。不管人们怎么说，既然政策已确定，我们就应重视。如果中考没有体育，那么体育在学校就更没有“地位”了。所以，中考加试体育是好事，对学校开展体育活动有积极作用。好事就应积极去“办”。所以，人们又有了创新；初三合班分层达标教学形式。

5. 各学段教学组织形式选择与各学段教学培养目标的关系

决定各学段选择教学组织形式的依据就是各学段体育教育教学目标。目标决定形式。

(1)小学低段的教学目标是以培养学生参加体育活动的兴趣为主，提高其主动参与性。同时也完成对学生柔韧、协调、灵敏等素质的培养，为今后体育能力的提高打好基础，而且学生素质差异不大。所以，教学组织形式一般以单班整体教学为主。

(2)小学高段逐步进入运动技术的学习，学生本身的各种条件差异也逐渐显现出来。除了身体素质提高的项目外，应逐渐采用单班分组教学。无论是异质分组还是同质分组都为面向全体，人人受益。在素质方面增加对速度和一般力量素质的培养和提高，尤其是速度的培养是最有利的敏感区。

在小学的分组教学中，也包括分层教学的组织形式。在基础教育阶段，小学不搞选项教学为好。对学生的个性特长的培养可以放在分层教学中去完成。也能培养学生的合作学习、探究学习。

(3)初中阶段主要是单班分组教学。进入初三可以考虑合班分层教学。初中阶段学生应该学会各基本运动项目的基本技术，为今后的发展打好基础。因为这一时期，学生的素质和能力的差异增大，所以，分组教学中也应包括按能力分组教学和分层要求的教学了。不过一定要考虑学生心愿，不要强迫。到了初三就要考虑如何让学生都能达标或超标，以合作分层教学为主。

(4)高中段，前面已讲明白了，采用合班选项教学。

总之，学校体育课堂教学组织形式是随着学校体育教学的改革不断深入而发展的。我们相信，今后会有更多的创新。

概述：教学组织变形式，学段特点是依据。整体教学对全体，分组教学减差异。合班分层并肩进，合班选项提能力。教学应有针对性，体质体能全推进。

(七)什么是体育课的“说课”，如何准备

当前在各地进行的教研活动或体育课评课活动中，出现了一种新的形式——“说课”。一是在教研活动中安排的主要内容，“说课”评议；二是在进行现场观摩课观摩之前的先“说课”后上课。无论是哪种形式，“说课”都被各地普遍采用，同时也是提高教师教学能力的一种有效手段。所以，对它的研究就越来越被重视，也取得了一些研究成果。

今天在这里探讨“说课”，主要从两个方面分析：其一是如何准备体育课的“说课”；其二是如何说好体育课的“说课”。前者是探讨如何遵循它的科学性；后者更多的是探讨“说课”的艺术性。

第一，如何准备体育课的“说课”。

首先，我们必须弄明白，什么是体育课的“说课”。顾名思义就是把人们的视觉、听觉感受到的一节体育课，完全变成用上课者的口头语言和非口头语言的形式，说给人们听。并要使人们能生动的感受到这节体育课，把教师的隐性思维显性动态化。

有人总结体育课“说课”特点是：一种风格、两个突出、三种价值、四点结合、五大规律、八个环节。一种风格即形成独自的“说课”风格；两个突出是突出运动项目特点和突出体育课类型特点；三种价值是指：具有学术研究价值、审美价值和借鉴价值；四点结合是：教与学相结合，传授体育知识与形成动作技能、培养运动能力相结合，知识点和面相结合，增强体质和思想教育相结合；人体对运动负荷的适应规律及运动中注意情绪等心理变化规律，包括五大规律：掌握认知规律、运动技能形成规律、人体生理机能变化规律，涵盖八个环节：说“大纲”、说教材、说技术、说教法、说学法、说程序、说理论，说场地器材。很全面，不过这么全面的“说课”不知听者是否爱听，是否有兴趣去听？我认为一个问题的复杂化不见得是好事会失去人听的耐心。应该是复杂问题简单化，干脆、明白，便于人们思考、学习、操作。尤其是对普通体育老师来说，要求太多，大而全不现实，也不具艺术性。那么，应该如何去准备呢？

这里还有一个大问题必须弄明白，即你准备的体育课是按教材去教呢？还是利用课程资源去教。如果是前者，重点是分析教材，确定教材的重难点；然后才是选择什么样的教学方法、手段去调动学生完成教材，以及有无创新因素等；如果是后者，是利用课程资源去教，就必须说明白利用体育学科哪方面的知识、采用的活动方式方法，还需说明情感、价值和培养目标。简单而论，要说清体现的时代精神。从学生发展角度调动学生学习热情，有利于学生素质与技术的并重。前者重点在教技术，以教法入手说清如何教，以教师为主线去说；后者重点在育人，以发展学生什么情感、什么素质，以学生角度说学法入手，以学生主体为主线。我觉得在现阶段(在有"说课"时间规定的情况下)两种方法都可以用。不过教学的发展会逐渐以后者为主。(注：什么是课程资源？我们理解是除了你选择的教材作为教学内容外，还应包括情感态度、价值观念、培养对象的培养目标在内的诸多因素，其难度高于按教材去教)如果"说课"的时间允许，将两者结合，以后者为主，教材为辅就更好了。

第二，如何说好体育课的"说课"？

前面讲的是如何准备，现在要讲如何去实施，如何去表现了。要说好一节课，是综合素质的调动，是具艺术追求的。听者从"说"者方面能接受到的刺激来源于两个方面：一是视觉形象，也就是"说"者的仪表、形态、手势等外部形象和内在气质对听者的感染程度；二是听觉能感受到的口头语言的完美程度。口头语言的发挥程度包括"说"者情感、语音、语调、节奏变化等。

(1)教师"说"课时的外部形象与气质。

总的来讲，外部形象有利的感觉应该是着装得体，有着健康的春春气息。给人以和蔼可亲、落落大方之美。说课时有一定的面部表情和手势动作配合(但也注意千万别"过头")。气质是人的内在的美，是综合素质，是需要经过较长时间修养方能获得的一种感染力。包括文化、道德、品质修养诸多因素的综合表现。只有通过平时"锻炼"中获取。比如，对人的热情；对事物的包容；对事业的专爱、责任；对学生的关爱、亲切；对困难的坚韧意志等向上的阳光之气。

(2)教师"说"课中的口头语言的表达。

"说课"者的口头语言表达，一般要做到五个"要"，即：一要"准"；二要"情"；三要"变"；四要"精"；五要"新"。

①一要"准"。口头专业术语一定要准确无误。这代表起码的学业水平；采用的教学方法、手段要准、要恰到好处，这代表你的教学艺术水平；技术重、难点的分析也一定要准，更要适合你教的学生学段、年龄特征，这代表你的专业水平。总之，说准是最起码的专业要求，也是衡量你的业务、教学艺术水平的一杆秤。

②二要"情"。"说课"的语言表现要亲切、具有"亲和力"。说课切记不要背诵教案，死记硬背没有感情投入。你应该假设下面"听"者就是你的学生，你如何"说"才能"打动"他们高高兴兴来上你的课。所以，情感发挥很重要。苏联教育家苏霍姆林斯基说过："他的讲述缺乏情感，那么，儿童就不会感兴趣，而在没有兴趣的地方就没有了不随意的记忆。教师越是能够运用自如地掌握教材，那么，他讲话就是情感鲜明……"可见情感投入也是你对教材掌握情况的一个判断，是说课不可缺少的。

③三要"变"。首先是"说课"的语音，语调要有变化。要抑扬顿挫、生动形象、自然动听。给人一种享受而愿意听、愿意从你的语言变化中感受到激情。从而都想投入到你的课中去享受运动的快乐。这对学生而言是相当重要的。"变"还应包括口头语言与非口头语言

(形体语言)的变化配合，给人以协调类。

④四要“精”。口头语言的表达要“精练”，绝不能啰嗦、拖泥带水。我们在实际教学课堂上要求是“精讲多练”。不要占用学生过多的自我锻炼的时间，要讲究课的锻炼实效。“说课”也同样如此。要“精讲”，重点地方要讲深讲透，要让听者明白你为什么这样安排，明白你的“高明”之处何在。一般的地方一带而过，不占用浪费时间让听者心烦。

⑤五要“新”，一定要讲明白你的创新。每一节好课都有自己的“亮”点。也许是你的教学方法或手段具有个性特征的创新；也许是使用器材上的改进或创新；也有可能是你的场地器材布置的新颖性。这些都是你上课的“亮”点，也应成为你说课的“亮”点。要“说”得有声有色，达到隐性成物的感觉而吸引听者而感叹。

总之，要说一节“好课”，必需要“说”得具有个性风格。什么事情都千篇一律无变化，就印象不深，也就吸引不了听者。本来是一节好课，也许让你“说”不成好课了。

概述：说课主要讲科学，艺术追求讲明白：一要准确抓特色；二要情感显亲切；三要语汇有变化；四要精练讲透彻，还要创新有亮点，隐性成物有感觉。

(八)关于对“淡化”竞技体育运动技术教学问题的认识

首先，这个提法来源于“在学校体育教学中淡化竞技体育”。这两种提法都是错误的。“淡化”的标准是什么？如何“淡化”无章可循。这种提法本意是：减弱在学校体育教学中的技术教学。那么，我们必须弄明白，体育课要不要教运动技术。没有教“学问”的课，岂不成体育活动课。那它在学校课程计划中也就“站”不住地位了，将面临被课程计划“清出”的危险。那将是谁都不愿意看到的结果。其次，无论你是按教材去教的体育课，还是按教学资源去教的体育课，都回避不了竞技运动技术。我们不能整天让学生玩“推铁环”、“踢毽子”、“抽陀螺”、“跳房子”、“放纸飞机”等娱乐项目吧。这些只能是竞技运动项目一些补充和调节，是“加餐”。真正增强学生健康水平的还只能是竞技运动的各项技术，所以，“淡化”的提法是不科学的。再次，没有竞技运动的技术教学，就会失去绝大多数学生对体育课的兴趣。因为只有竞技运动的影响(通过报纸、电台、电视台对各种运动文化的宣传)才使它们爱上了体育运动或者说爱上了某些竞技运动项目。并可通过这些来表现自我，充实自我和锻炼自我。

课标的“解读”对这个问题也进行了深入的阐述：首先，我们反对的是体育课程的竞技化而不是竞技运动本身，竞技运动项目仍然是体育与健康课程教学的重要内容和形式；竞赛仍然被用作重要的教学手段。体育课利用它们的是形式，是其不断超越和勇于拼博的精神，而不是竞技运动追求的终极目标——更快、更高、更强。从健康的目的出发，我们需要的只是适度的体能。因此，为了实现教育的目的，我们可以根据有利于学生兴趣、有利于学生发展原则，降低竞技运动项目的难度和强度，简化其规则，使竞技运动为促进学生的身心健康服务。

所以，现在的问题是竞技运动技术应该如何去教。原则已经确定，即：简化技战术，降低难度要求。

(1)反对为教技术而教技术，教技术不是最终目标，是手段。

在过去的体育教学中，重视“三基”教学。天津市在较长的时期中严格规范的执行。在对学生的基本技术、技巧和技能的传授中很注重教师“主导”作用的发挥，注重应该怎么教，怎么才算会教。单从这一方面看是不能否定的。关键是我们的教学理念是什么？不能为教技术而教，必须从学生主体出发，为学生的身心发展去教技术。比如，高中教材跨栏跑，它是竞技项目，而且很“精彩”，也很能激发兴趣。那么，我们作为教学的教材来教跨栏技术，就不应只是为学该技术而教，应该是为了培养学生敢于超越障碍，敢于面对困难去学习最科学的技术方法而教学。因为这项运动的专业技术是经无数考验，总结出来的最“快”

跨越技术。我们不教最好的技术，难道是教学生如何“跳”过吗？问题是“主”与“次”要分清楚。主要是培养学生敢于跨越障碍的能力、勇敢面对困难的品质。所以，对技术的学习和掌握就不能像专项训练那么“细”，敢于跨是主要的。这样，我们在教学方法、手段的安排上，在器材规格的使用上，就与“三基”教学有区别了，把重视教技术转变、落实到重主体的发展为中心上了。所以，只要教学观念转变了，就不存在技术的“淡化”问题。教技术一定要根据学生的特点去考虑技术怎么教，怎么降低难度要求去教。

(2)在教运动技术中，应采取两个降低和两个开发去教。

①两个降低。其一是降低竞技运动项目的技术难度要求。关键是难度的要求，不搞“一刀切”，人人都过关。比如，男生纵箱分腿腾越的第二腾空的技术难度就很高，要求空中先并腿再分腿的技术学生很难掌握。我们就可以不作要求，只提供给少数“尖子生”参考。另外，要分解难度，采用分步学习手段。同样是男生纵箱分腿腾越分成两个阶段学习，第一阶段是助跑—踏跳(上板)—腾空；第二阶段是箱上支撑—分腿跳下—落地。前者可加帮助托举腾空；后者可加保护落下。经过多次分段练习后通串联起来。重点是提高学生踏跳腾空能力和分腿安全落地能力。培养勇敢面对困难的决心和信心。尤其是能显出男子的健壮、勇敢之类的运动技术，一定要想尽办法去鼓励男生完成。20世纪80年代中期，在锦州举办的一节汇报课上，一个高中男生班，单杠引体向上技术，最少的也能完成30多个。请问，现在这样的班还有吗？整天追求“玩”、“乐”、“享受生活”，那么，今后的中国男子都将“阳衰”，谈何富国、强国、保卫祖国啊！其二是降低竞技运动器材标准，为学生学习之用。现在，我们学校体育器材的规格标准，都是按竞技运动规则而制定。比如，小学篮球架的篮圈太高，学生身高不够高，“玩”不起来。就可以降低篮圈高度，让学生跳起来也能扣篮，学生兴趣能不高吗！就是投篮技术也合理了，抛物线也会标准了。还有很多器材都可以降低规格难度，为教学服务。

②两个开发。其一是开发适宜学生学习技术的创新器材，在前面我们已举了不少例子，开发器材是为教学服务，为学习技术服务；其二是“校本教材”的开发，形成各校教学的特色。

总之，学校体育教学一定要教学生运动技术。无论是竞技体育还是非竞技体育项目，都要教其技术，这是对学生身心发展的负责，对我们教育事业的负责。

概述：课堂教学教技术，不容置疑要执行。竞技技术是手段，提高兴趣强身体。难度要求要降低，符合个性尊差异。创新器材促兴趣，身心发展为目的。

(九)什么是“校本教材”，如何认识和开发

新课程标准倡导开发“校本教材”，鼓励各地、各校结合本校实际选择适合本校特点的运动项目，开发适合本校实际的校本教材。同时，也提倡制作简易器材，合理规划、发挥已有的场地器材，简化规划、简化技战术、降低难度要求，改革教学条件。这一指导思想明确表示出：其一是校本教材的开发一定要结合本校特点和实际，创新运动项目为提高学校体育教育教学质量服务。比如，我们前面已举的例证，哈尔滨一所小学将原来学生进行的“触口袋”游戏开发为新的互动项目“击打球”，受到学生欢迎、形成了学校特色；其二是原有竞技运动教材提倡合理规划，改善教学条件为教学服务。比如，长春宽城区一所中学在哈尔滨举行的十城市观摩研讨会上，上了一节“快乐篮球”的教材课，就是将原有篮球教材重新整理、加工，形成新的教材“快乐篮球”。另外，从这一指示的精神来看，校本教材的开发不仅针对体育课堂教学教材的开发，应该是对整个学校体育教育的“校本开发”，应包括体育教学、课外活动训练和课外体育活动的全方位开发。

从现实情况来看，“校本教材”的开发又被分为广义和狭义两种。广义的开发落实到学校体育的各个方面，不单一指课堂教学；狭义的开发是专指用于课堂教学的“教材”。比如，前面已举过的“移动篮圈”例证。不管是何种教材开发，对学校体育工作的发展都有意义，是符合新课标本意和实质的。

(1)校本教材开发意义和作用。

“校本教材”开发更重要意义是要开发学校体育项目特色，要具传统性、个性化、民族性和特色化。而不是体育运动的娱乐化。所以，“校本教材”不是一般意义的体育教材化补充和扩展，而是学校体育特色形成主要标志。

“校本教材”的开发，也不是一件简单的事，它需要在校领导的支持下，在体育教研组全体同人的共同参与下，发挥每一位教师的才华、经过充分研究探讨、实践总结和创新才能逐步实现。它的开发至运用之路具有很多有价值的意义和作用。

①校本教材的开发有利于教师知识层面的拓展。

每一项校本教材的开发初始，开发者都要运用自己的知识，从实践中去总结，寻找适合本校学生特点的运动项目。有的是借鉴改良，有的是发展创新。无论哪项校本教材从开发到实施，教师都要通过自己的辛勤劳动去学习、去创造，最后确定都要弄明白开发项目的使用特点、培养功能、发展前途和安全措施。这个过程对教师本身就是再学习、再提高，拓展了知识层面。

②校本教材的开发有利于校本教研活动的提升。

哪一项校本教材的开发，往往都是经过学校体育教研组的反复论证，通过教研组集体智慧而确定。它不但丰富了校本教研组教研活动的内容，更提升了教研质量，更具实践性、可操作性，有利于教研水平的升华。

③校本教材的开发，有利于校内教师的交流合作。

校本教材的开发加深了教师之间的工作交流，团结合作。因为这已经不是教师个人的事，是全体体育教师的共同心愿，只有通过互相交流、合作才能成功。上述的很多例证，都不是哪一位教师的“发明”，都是集体智慧的结晶。

④校本教材的开发有利于提高学生的运动兴趣。

校本教材的开发，本身就是通过教师调研、考证，适合提升本校学生运动参与兴趣的项目。一经实践使用，均能得到学生的欢迎，对发展学生各项身体素质极为有利。我们在很多研讨会上都看到，凡是使用自己开发的教材，学生都是生龙活虎般的积极投入，身心得到了全面发展。

⑤校本教材开发，有利于学校创建体育运动特色校。

校本教材的开发往往不是影响着一个人、一个班，而是影响全校师生。它也不局限于体育教学课堂上，而是覆盖着整个学校体育工作。因此能创造出学校的运动特色。我们前面举的例子，哈尔滨一所小学的开发的“击打球”就是全校师生人人会“玩”，形成特色。有一些学校就因为具有某种运动项目的特色，而被命名为某某项目的传统特色学校。提高了学校名誉，成为市、区级先进体育学校。

(2)校本教材开发应注意的问题。

校本教材的开发，在各地、各校显现出强劲的生命力，对学校体育工作质量的提升，起到了积极促进作用。但也出现了一些问题值得我们思考和纠正。

①校本教材的开发，是贯彻新课标的重要方面，也可以说是一个系统工程。要“稳扎稳打”，不能急于求成，上一个要成功一个。要边实施、边总结，再扩大，要讲究实效，讲特色。

②校本教材的选用一定切合学校实际、学生实际。不能难度太大，也不能低龄化、娱乐化。比如“滚铁环”只适合小学低段学生，小学高段以上就没有意义了；同样，“快乐篮球”不适合小学低段学生，没有一点基础也就“快乐”不起来。

③校本教材是贯彻新课标的重要方面，但也只能是教材的补充，不是全部。我们绝不能放弃那些有锻炼价值的运动项目，应该教的技术，一定要教好、学好。

④校本教材的开发一定要注意运动的安全性，有危险性的项目一定要慎用。加强安全教育、杜绝运动伤害。

概述：校本教材是特色，反映出独特风格。校本教材是补充，多元教学更丰富。有利教研得提升，教师知识更拓展。开发一定符实际，提高兴趣增效益。

(十)如何认识和处理在体育教学课堂上学生的“逆反”现象

体育教学课堂上和谐的氛围，是完成体育教学“教”与“学”任务的基本保证。从人们关系角度看，和谐包含着两种关系：一是师生关系；二是生生关系。只要有一方面出现问题，和谐的教学课堂就将被破坏，教与学就会出现矛盾了。

在体育教学课堂上，学生不听讲，不听指挥的逆反心理现象的发生，说明了师生关系出现了矛盾，因而才表现出这种“冲突”现象。一般而言，在教学中师生间的矛盾是隐形性的，学生对教师有意见、有看法，往往是从学习态度中表现出来的。不听讲、不听指挥只能算学生情绪、情感的正常表达。有了这种信号传递，教师本应是这种矛盾审视的主要方面。

第一，教师是师生关系产生矛盾的主要方面。

(1)教师在教学中，直接面对的是学生。那么，对学生的一切言语、行为的情感表现，是影响着师生关系和谐的首要因素。首先，教师的人格魅力是否得到学生的尊敬；教师的行为举指、言谈话语的方式学生是否能接受，是否有反感；其次，教师的专业学识是否得到了学生的认可和佩服。只有心服口服，学生才能无条件的听从你的指挥；再次，教师对学生的情感投入是否使学生产生了亲切感。只有感觉到了你的真情、感觉到了你的尊重、信任和爱护等，有了情感的倾向，他也会真情相报，愿意接受你的教学安排，全身心投入到学习中。

(2)教师对学生的了解，对教学管理“度”的把握，是直接影响和谐氛围的重要条件。

①我们都会讲教学要以学生的发展为中心。那么，以学生发展为中心的第一要素，是了解学生、尊重和理解学生。“教”与“学”是双向反馈的关系。要“教”好学生就需要废除传统的“师道尊严”，要成为学生的朋友。要了解他们的共性与个性，要从学生的角度去考虑教学方法与手段。当然，这绝不是迁就，而是要尽量满足学生的学习欲望。不能办的或暂时不能办的，一定要耐心合理的解释和引导。了解学生还要知道学生的差异情况，便于因材施教。满足个体学生的个性发展，也是我们教学任务和责任。要尽量使全部学生都能从运动的进步和成功中享受运动带来的愉悦。这就是我们备课的基点，也是教学是否成功的检验。

②教学管理要有“度”。这里指的“度”是课堂教学管理宽与严的和谐。俗话说：严师出高徒。这话无疑是正确的。只有严格要求才能使学生真正掌握运动技术；只有严格要求才能使学生身心得到合理锻炼；只有严格要求才能培养学生组织纪律性和集体主义精神；只有严格要求才能养成顽强拼搏的作风；更主要的是只有严格要求才能合理安全地从事运动。这个“严”是对学生的爱，只有爱才能真正的严，不然就是“害”了。这些要求都是正确的。但体育教学课堂从事各种运动的主体是学生。我们一定要允许学生在运动中的合理“自我表现”。学生的天性是活泼好动，越高兴、越兴奋动得就越“欢”。这是后天应给的权利，不能任何时候都要求整齐划一，要给予适当的“自由发挥”空间。其实这也是一种因材施教。比如，有的学生按教师要求做了“基本”动作，还另加一点有“难度”的延伸动作。这时教师不用批评，而应用语言激励或表扬。同时也指出只有掌握了要学的基本动作，今后才会有更大发展，会有更多的“难度”等着我们。甚至也可以让学生再做一遍，说明这个动作今后我

们都会学、都会做的，这就是善意引导。所以，课堂上的严，一定要严而不“死”；把握着一个“度”，课堂上需要欢快的氛围。但“宽”掌握至“活而不乱”就行。当然，严与宽的掌握要有经验上的积累，也更需要观念上的更新。要废弃师道尊严，创新教学方法，让我们的教学课堂师生关系更融洽。

第二，有的放矢是解决矛盾的主要方法。

学生不听讲，不听指挥，千万不要“乱”批一通图一时痛快，那将后患无穷。要认真查明原因，要多渠道疏通，要有的放矢解决矛盾。学生的意见可能主要存在于以下方面。

(1)学生对教师本人或是对教师处理问题有意见，心不服。

现代的学生多多少少都存在一些盲目崇拜心理。这种心理情绪直接影响着上课情感。所以，教师自身修养、良好形象和高超的专项水平都会使学生佩服和尊敬。要做一名好教师，学生能听你指挥，就一定要具备以上几方面的素质。要从知识层面去影响学生，树立威仪，取得学生信任。另外，遇事要冷静、处理要公平、公正。千万不能在课堂上与学生发生正面冲突。要利用课下多沟通、多谈心，沟通感情或通过其他同学共同努力，要晓之以理，消除隔阂。经过不断努力，让学生体会到你的关爱、诚意和尊重，问题也会自动解决。

(2)对教师课的设计安排有意见，缺乏对学生的吸引力。

由于教学观念、学校场地、器材条件限制，教学组织上又过于追求整齐划一的统一性，而忽视了学生个性发展的差异性。教法缺少创新，缺少对学生的吸引；再加上社会、家庭的传统影响，学生往往以自我意愿或自我素质条件和兴趣去选择运动项目。这诸多因素直接影响学生在课堂上的表现。唯一的办法是教师要改变教学理念，必须以学生发展为中心去进行教学活动，尊重学生的个体差异，可分层教学，创新教法使学生人人有收获。当然，有时候也需要严肃的思想工作，学段越是高，思想教育工作更应加强，要学生明白锻炼的道理。只要思想通才能听从教师的安排和指挥。

(3)因为现时的学习压力大，课堂表现是一种情绪的发泄。

现在有一些学校，尤其是所谓的重点校、“名牌”学校的文化学习压力特别大。学生整天生活、学习很紧张，很疲劳，神经都绷得很紧。文化课的考分成了学生的“命根”。所以，从心理渴望“放松”一下。好不容易有了一节体育课。可以舒展一下。可体育老师又讲这、又讲那；指挥东、指挥西，捆绑得太严。当然使学生极不满意，这种情绪发泄出来就是给你“顶”着干了。其实，这些教师还是不了解学生，不能教学“对症下药”。像这类学校的体育课，本应当受到学生欢迎。关键是教师的教学一定要灵活，对教材不能呆板处理。教师要有灵活性，要精讲多练；要想办法激发兴趣，要尽量满足他们的情绪“发泄”与情感体验。要通过体育活动调节和培养正常心理的发育。要有利于学生的成长。我们讲的也绝不是“迁就”，要引导、疏通。在教学方法上创新。

(4)有些学生平时散漫成习，不能接受教师的严格管理。

对这一部分组织纪律差的学生，严格要求是正确的，是爱，是安全活动的保障。但工作要做在“课下”，课上绝不发生直接冲突。只要课下的思想工作和情感沟通到“位”，学生也绝对会给教师“面子”。其实，这种学生虚荣心强，又爱表现自己。教师也可让他“表现”，多鼓励。对他们应严厉和爱抚并存；恰当的批评与适时的表扬并存。让他们感觉到的不只是严，而又有爱，那问题也就解决了。

总之，体育教学课堂上的师生矛盾、生生矛盾都尽量不在课堂上解决，要课后做工作，要深入学生，了解学生，做学生的朋友；要对症下药；要改变教学理念，努力创新；要调动兴趣，情感为先。这样一定会改变了学生的同时提升了教学效益。你也一定会成为学生心目中的好老师。

概述：教学课堂出矛盾，教师自我找问题。教师爱心须到位，严宽结合有针对。课上矛盾要回避，课下谈心须抓紧。尊重学生的差异，教学灵活巧分配。

(十一)对如何上好有技术难度而又有一定危险系数的运动教材的认识

当前，在“课标”的贯彻中，有部分学校的教师在认识上和实际操作中，进入了一些“误区”，严重干扰了“课标”精神的落实，给学校体育教学工作的发展，带来了极其不利的影响。其后果将会使广大学生身体素质和体能严重下降；学生体育知识将会越来越匮乏；体育教师工作的认真、严肃、责任将受到挑战和打击。这些都源于现时的一部分学校对教学教材的选择上进入了一些误区：不考虑或很少首先考虑教材的实际价值，以各种理由自行降低了教材难度，出现了教材选择的娱乐化和低龄化。对一些技术含量高，有难度同时也有一定危险系数的教材弃之不用了。长此下去，后患无穷。

(1)误区之一，教材选择简单化、低龄化和娱乐化。

受淡化竞技体育项目技术教学的错误影响，误解了“课标”中提出的“简化技战术、降低难度要求”。使教材选择简单化、低龄化和娱乐化。其实，“简化技战术”，一是指不要将竞技项目技术的复杂性和战术，原封不动地搬进中小学教学课堂；二是指应根据学生年龄、认识规律特点去简化技术教学，让学生容易接受和掌握。简化的过程是教师再创造，创新教学方法、手段的过程。给教师联系实际教学的一个空间，提升教学水平。而降低难度要求也是这个意思。不能用竞技水平的难度统一要求学生，降低的主要是“要求”，不搞“一刀切”。比如，高中男生的纵箱分腿腾越的第二腾空难度大，技术要求先并腿再分腿，一般学生很难完成。在这里就不再做统一要求，有条件的可以做，但对全体不做“难度”要求。所以说，简化技战术不等于教学中不教技术。降低的也是难度的统一要求，而不是不教有难度的技术。现在的教学给教师自行选择教材的空间加大了，我们一定要认真把握这个“权力”。对于有锻炼价值的技术，还应成为我们的首选。这才是对国家负责，对学生负责而应具有的教师天职和责任。

(2)误区之二，错误的理解了提高学生的运动兴趣。

有些教师为了提高学生自主参与运动的积极性，提高所谓的运动兴趣，享受体育运动的乐趣。错误的“教材游戏化”、“教材生活化”、“教材娱乐化”。这些成了课堂教学的“主打”教材。其实，学生最大的运动兴趣和乐趣的享受，是必须经过本人的努力，勇敢的征服了困难而获得成功后的体验。为什么青少年都很喜欢网络游戏，越是有难度，级别越高的更能吸引他们。这就是年轻人的“好胜心”。他们敢于面对困难去获得成功，这才是他们心中的享受。当然，学生中也有“胆小”的，这不正是需要我们去培养他们的勇敢顽强的品质吗！所以，没有技术难度的教材，兴趣只能是一时的，“享受”也是短暂的。而真正能吸引学生的，必须是有技术、有一定难度的教材。

(3)误区之三，对“校本教材”开发实质认识不清。

有一些学校在“校本教材”开发问题上，对其真正意义还认识不清，娱乐性教材占绝大多数。而对极有锻炼价值的，又有一定技术的项目被遗忘，被埋藏了。这实际上是对“开发”的曲解。“校本教材”的开发主要是突出学校体育特色，是结合学校、学生实际的特色反映，要能代表学校的体育水平，不能用“滚铁环”、“抽陀螺”、“跳房子”等娱乐性强的一般活动来代表，那也太“低级”了吧。“校本教材”本身也只是一个补充，不应是“主打教材”。只有开发那些反映学校特色的运动教材才算真正的校本教材。主次一定要分明。

(4)误区之四，怕出现运动伤害事故。

防止运动伤害事故的出现，无疑也是正确的，是可以解决的。我们的工作只要做在前面，加强宣传，加强实际的帮助和保护，是完全可以正常进行的。有一段时间因受运动伤害事故赔偿问题的影响，在某些校领导支持下，对于有一些危险性的教材都停用了。而这些教材的锻炼价值是极高的。比如，体操类教材对人的身心发展都是不可缺少的。其实，越是有难点的运动技术，是对学生最好的锻炼和勇敢品质的培养。如果长期弃之不用，人们都不知单杠、双杠为何物，不知在“上面”能做什么了。也影响了对运动竞赛的观赏了。教师在选择这些项目时，一定要把安全措施落实，把问题想在前面，把危险概率降到最低。我们不能因有空难取消航空事业，不能因为车祸而取消汽车和火车吧。如果学校都不抓有技术难度的教材教学，将来后果不堪设想。

(5)误区之五，学校不管，教与不教都一样。

现时，由于一些学校的教学管理和教学评估不到位；也有一些学校领导不重视体育教学，不管不问。使部分老师产生“干多干少一个样”、干好干坏一个样“的错误思想和想法。上有难度技术的教材又辛苦，又费力，能不上就不上了。只要哄着学生玩，不乱跑就算完成教学了。领导再不管，使得这些学校教学放任自流了。这些现象要改变必须先从管理层入手，加强教育与管理，加强对教学的评估，使其早日步入运轨。

那么，教学教材的选用问题应该如何解决呢？

我赞成毛振明先生对教材现状四个层次的分析和使用指导：把教材合为精学教材、锻炼性教材、粗学教材、介绍性教材四种。

精学教材包括包括：一般性走、跑、跳、球类的三大球及乒乓球、形体体操等；

锻炼性教材包括：以体操为主，兼顾田径的跨栏跑，耐久跑、实心球及武术等，以提高学生力量、耐久力、速度、灵敏等素质，又能提高学生心理素质。其一般运动技术较强，要求也较高。

粗学教材包括：以提高学生运动兴趣为主，也含校本教材中的娱乐性较强的教材，体育舞蹈、羽毛球、形体训练等。

介绍性教材主要指因场地、器材及其他原因，不适合在学校开展，但应将一般知识介绍给学生，使学生懂得如何欣赏就行了。如：高尔夫、保龄球、跳水、网球、台球、极限运动等。

我认为，一学期安排比重应为，精学教材50%；锻炼性教材30%；粗学教材15%；介绍性教材5%。当然，主要还应根据学校和学生具体条件而制定。总之，教学一定要“教”；“学”一定要让学生学知识、学技术，学会学习。

概述：教材是否要难度，锻炼价值要尊重。竞技技术要首选，简化降低要适度。精学教材是基础，锻炼教材任务重。身心全面求发展，娱乐自选是补充。

(十二)如何选择和掌握体育课堂教学中的“讲解”与“示范”时机

我们从事学校体育工作的教师都明白：讲解与示范是体育教师传授三基(基本知识、基本技术和基本技能)的重要而最基本的教学手段，同时也是建立学生正确的运动技术概念的基本途径。因此，本文对讲解与示范艺术与功能不再作过多分析，重要是如何结合新的教学理念去重新认识和理解如何选择最佳时机进行讲解与示范的探究。

在教学过程中，教师选择不同时机进行讲解与示范，体现出不同的教学理念。其实，整个教学过程最核心的部分是由三段构成，即“教师对运动技术分析的讲解；教师运动技术的直观示范演示；学生的运动技术的学习实践。这三部分谁先、谁后进行，其中大有“学问”。它也是教师教学理念思想的直接反映，体现了不同教学方法和特点。

(1)陈述式教学法。

它采用的讲解与示范的方式有两种：其一，先讲解运动技术，后做动作技术示范，学生再运动学习实践；其二，一边讲解，一边示范，学生再学习实践。这反映出的是灌输式教学。此方法突出了教师在教学过程中的“主导”地位和作用，是教师“教”什么，学生就“学”什么。这是我们长期以来最普遍采用的一种教学方法。有利于教师教学的组织与调控，不利于学生自主性学习和积极性的提高。比如，前滚翻技术教学，先讲“团身”滚动方法，再进行示范，接着学生“滚动”实践，然后再讲如何蹲撑，如何蹬地低头，接团身滚动抱腿起。教师最后做完整示范。有时也可做第二遍或第三遍，让学生明白后再分组或集体听教师的口令指挥统一练。在学生体验中，教师观察，找出问题再组织讲解、示范。突出技术的重、难点。这是很规范的陈述式教学，教师进行的是知识、技术的灌输。学生“主体”地位的体现只要教师是面向全体学生，中间也可能进行个别或小组辅导，也可能有表扬、鼓励等手段的运用。总的来说，还是“教”会学生学习技术的“教”的体现。学生的“学”还是被动的，是在教师一步步的指挥下进行学习。怎么讲“主体”地位是不突出的。但今后这种陈述式教学还会长期被普遍采用，尤其是有难度技术的教材、有危险系数的教材，是不可能一下就取消了。只有当新的教学理念在教师心目中已经成熟，其相应的教学方法也很丰富时，它自然会逐步减弱了。

(2)启发式教学法。

这种教学法的体现一般是教师先做运动技术的示范，让学生先看形成直接兴趣，让学生思维中产生“好”、“真棒”、“该怎么做”、“我行吗”等很多联想，这时可以让学生亲身体验，教师再组织学生讲解技术重、难点，学生受到启发后再分组或个体分别进行实践。它包括着很多教学方法的。比如，情境教学、主题教学、目标教学、信息教学以及游戏教学等。这当然是启发式教学。在学生的实际练习中，教师还可循环指导、帮助、表扬和鼓励。也可集中提出问题让学生思考：“这个动作最困难的地方在哪里”？“你是怎么做的”等。教师归纳学生意见后，再进一步指导。要表扬学生的动脑筋学习，主动解决问题。这种教学不但体现了教师的主导作用，也体现出了以学生为“主体”的新思想，更充分调动学生学习情感。这在学法上有了进步，突出了学生如何“学”。这种教学方法将会越来越得到重视，成为体育教学的主要教学方法之一。

(3)自主探究式教学方法。

此种教学方法的表现为，先不讲技术，也不做动作示范，而是首先提出问题，学生去实践体验，最后教师总结示范。学生在实践中得到升华。它也包含学生实践探索中的合作讨论式的运用。这是新的教学理念，突出了学生的学是自主、探究式的主动学；是伙伴集体的讨论合作学，完全激发了学生的学习兴趣，这样的学习就是教会学生学会学习。现时的一些公开课也出现了这种形式，但还不完善。不“自然”，总带有“表演”成分，但我相信它一定会成熟起来，也成为今后体育教学的主要方法之一。但对于技术难度大，有危险因素的教材，要认真研究，不可乱用。

随着教学改革的进展，我们预测今后体育教学过程中的讲解与示范两个环节，会由教师与学生共同完成。随着年龄的增长，学段的上升，学生的知识面越来越丰富，有意识地让学生承担部分技术的讲解与示范，将会逐渐得到加强。本来教学过程就是师生共同活动的过程；而对于体育学科而言，有很多运动技术都存在着密切联系，或是层层提高，完全可以在教师指导下完成“举一反三”之工。当然，我们不排除教师的主要职责是“教”，学生的主要任务是“学”。但教不一定用灌输式；学也不能只是“接受式”。教师主动地把有些运动技术让学生去体验，并要在体验中讲出来，教师只是归纳、精练。示范也同样可以如此进行。比如，学生学会了前滚翻技术，可以让他们体验“远撑前滚翻”动作技术。哪怕是不标准，但是学生自己的体验，意义与影响绝不会一样。同样，会做远撑前滚翻了，再去体验“鱼跃前滚翻”(当然应注意安全，加强保护)，虽然学生的“鱼跃”高度和远度都不够理想，但是学生自己体验中做出来的，对个人、对全班都是鼓舞。教师最后再归纳、总结，讲明要点，再做标准示范，学生赶超这个“标准”。这样的合作教学过程的意义将是深远的。主动—合作—探究教学理念得到完美的实现。这是我们提倡的讲解与示范的最佳组合形式。

总之，教学过程中的讲解、示范和学生实践的三个主要环节，应如何处理、如何变换，都是由教学理念指挥的。如何选择最佳时机进行讲解与示范不仅是方法问题，也是教育新观念的落实问题。今后随着教学改革的深入发展，必然会形成很多新的组合形式。我们在此仅是抛砖引玉罢了。

概述：教学讲解与示范，反映教学的理念。一是先讲后示范，陈述式教学体现；二是不讲先示范，启发教学自主练；问题提出不示范，探究学习求检验。

（十三）在体育教学课堂上，如何引入音乐助教助学

从20世纪70年代到80年代初开始，在中、小学体育教学课堂上引入音乐助教助学，大概已有三十年的历史。音乐进入体育课堂已从当初的、疯狂的搬用风琴、钢琴到操场，而逐渐理性回归。充分利用音乐的功能去提高学生学习兴趣和参与积极性；消除疲劳、陶冶情操；丰富学生的想象力等，都较好地促进了体育教学的发展。音乐进入课堂问题已经不用再争议，但关键是如何恰当运用，仍需深入研究。

第一，要根据运动项目特征去选用音乐的配合。

一般而言，比较单调、枯燥的运动项目，适宜引入音乐。比如，田径的中长跑。项目本身是周期性规律的运动，使学生容易产生枯燥感而过多过早产生疲劳。如果把音乐引入其中，优美的旋律、动情的乐感能提高学生学习的兴奋感，帮助创造良好的课堂气氛。我们观摩过无数节带有音乐伴奏的中长跑教材的公开课。虽然引入的音乐方式和手段各不相同，带给人们的印象确都是美妙、回味无穷。这就是音乐的独特魅力。但这绝不是所有项目引入音乐都这样有效。比如，技术难度大、而又有一定危险因素的体操项目——单杠、双杠、支撑跳跃以及部分田径的投掷项目等，音乐能转移学生的注意力，优美的或紧张的旋律容易产生陶醉而干扰了学生的运动节奏，造成伤害事故。所以，需要学生精力高度集中的运动项目，尽量不用音乐，减少外界对学生学习的干扰，保证学习安全。

第二，音乐节奏一定要服从运动项目自身的节奏特征，不能喧宾夺主。

任何音乐自身都带有节奏感，有感染力强烈的，也有旋律优美感人的，能影响人的思维和情感波动。而任何体育运动项目本身也是有节奏的，它的技术内涵的区别，决定了运动具有不同动感节奏。运动节奏具有双重含义：其一，是从事运动所表现出来的有条理和有规律的运动进程；其二，是运动项目自身技术特征的一种有规律的表现，是技术要素，是本质属性之一。在音乐的选用中，其音乐节奏一定要服从运动节奏。不能干扰运动节奏，否则运动技术将“变异”，影响该项目的学习和掌握。举个很简单例子，短跑是高频率、快节奏的运动技术，如果你播放圆舞曲来伴奏，就绝对干扰了跑的技术。所以，一般正式运动会（田径），无论哪个项目正式进行比赛时，音乐一般都会停止播放，就是这个道理。虽然我们是教学而不是运动比赛，但音乐的节奏一定不能干扰运动技术本身节奏特点，不然，放音乐就不是喧宾夺主那么简单，完全是“破坏”了。

第三，音乐的选用要与美育相结合，要有意义，要把好质量关。

音乐是美育教育的重要部分。寓美育于体育教学之中，也是现代学校体育的任务，是培养学生全面发展所不可缺少的。我们应从以下两方面去努力。一是教师，一个具有美学情操和审美能力的体育教师，才有可能应用美学特征于体育教学之中，对学生进行美育教育，也才有可能选好和用好音乐，帮助体育教学上一个更高层次。所以，体育教师本人一定要加强美育修养，只有“美”了自己才能“美育”学生。二是音乐的选用。现代社会上的音乐曲目“五花八门”，什么情调的都有。我们引入课堂的音乐，不能只考虑“动听”，除了考虑节奏以外，还应具有鼓舞、教育的意义。音乐的选择也应为教育服务。

第四，音乐的运用要适当，是助教助学。

我们经常讲，什么事都应把握一个“度”，过度了就让人厌烦了。有一段时期，正是音乐进入体育课堂的“高峰”期，什么课都有音乐，而什么音乐都敢用。整节课音乐不断，让人感觉“吵死了”。所以，音乐入课堂只能根据教与学两个方面的需要来安排。只能用一“点”的绝不能加多。无论音乐多么的“动听”，它也只能为“需”而用。我有一个这样的感觉，如果连续看两节以上的带有音乐的课，突然再上一节什么音乐都没有的课，更会让人关注。

总之，体育教学引入音乐元素，总体看是有益的，有调节、鼓舞和放松心理紧张之功效；也能激发学生学习热情，取得好的教学效果。但一定要把握好“度”，用多了“添乱”，反而适得其反。

概述：体育教学配音乐，调节情感能助学。音乐旋律的优美，鼓舞奋进有作为。音乐使用要适度，服从运动同节奏。音乐选用有原则，美育中助教助学。

(十四)对如何上好小学体育课的一些思考

我们看了很多有关如何上好小学体育课的研究文章，普遍都集中在一个方面，即如何提高小学生上体育课的兴趣。可我认为这不应该成为影响小学体育教学发展的问题。我认为小学阶段的学生，无论是对体育活动的直接兴趣——由事物或活动本身感到需要而产生；还是间接兴趣——由对活动的结果感到需要而产生，都不缺。小学阶段处于人生初期——儿童时期或少年初期，天生就爱活动，对体育运动普遍都感兴趣，什么样的活动都想亲自试一下，这是人的天性。再加上小学阶段的学业压力相比较要轻一些，所以更爱参加各项活动，我们对小学生运动兴趣的看法，出现了一些误区。

误区之一，是迎合学生兴趣，不是开发学生的运动兴趣。

以单纯的培养学生兴趣为名，以开发“校本教材”为名，大量选择一些娱乐性教材占用大量的教学时间。可这些教材锻炼价值小，只是迎合了学生玩的心理。其实这些学生能自己玩的项目，学生早就会，对他们来说只是玩而谈不上什么兴趣培养，长期下去只能使学生体质下降。另外这些在课外活动中开展的运动项目，没有搬到教学课堂中的必要。那么我们应培养什么样的“兴趣”呢？我认为，应该是那些对身心锻炼有极大价值、应在小学阶段提倡的运动项目。如发展学生柔韧、灵敏、速度素质的项目。因为这些素质在小学阶段必需要解决，过了这个阶段发展就很困难了。教材开发的首要标准是锻炼价值。越是有锻炼价值的项目，越应该重点“开发”，这是提高学生兴趣的主要落脚点。要从教学方法、手段上去创新，使学生爱上这些运动，在运动中真正受益。

误区之二，没有理解“差异”教学是为了使全体学生都受益。

在如何针对学生体质的差异教学时，不是从如何更好更快地去提高“差”生的身心素质着手，而是给予更多“照顾”。这些素质本来就差的学生被“照顾”得越来越差。分层教学的原意应该是针对不同素质的学生，采取不同的有效方法去分别提高。素质差的更应提高。没有兴趣更应引导，开发兴趣，只有他们逐步取得成效，取得“胜利”，才能真正体会到运动的愉悦，才能培养和发展学生自尊。就如前面的例证，重庆盲校的孩子，他们的眼睛看不清或根本看不见外界事物，而为什么要做支撑跳跃的原地横箱分腿腾越呢？没有人要求他们必需达标，而是盲校孩子们内心的一种追求。他们想要像正常孩子一样去享受体育，去享受阳光。所以，我们的教育，我们的体育教学，一定不要去照顾所谓的“差生”，而是要想办法去“补差”，让他们早日提高素质，早日达到该年龄段所要求的素质标准。有位老师告诉我，他在进行小学按体能差异分层教学中，有的“差生”就不服从分配到“差”组，而要留在本组或好组内。这使学生的自尊心受到伤害。你说他“差”，他不认同，要留在本组或好组。我说应该鼓励，只能多增加个别辅导去解决。所以，不能片面地强调个体差异去进行“差异教学”，去体验什么“成功”。更何况小学阶段的学生差异性存在不大，不要轻易地区别好与差。

误区之三，所谓的培养学生自主性学习。

有的小学教师提出了以下论点：其一，给学生一个空间，让他们自己往前走。他们展示出一种器材在学生面前，不告知怎么“玩”，让学生自己想办法，自己创编各种“玩法”，说是发挥学生创造性思维。他们忘了这是体育教学，不是其他的自然学科的教学。学生的身心锻炼需要教师的合理指导、需要安全活动。前人已经从实践中总结出来的知识你不去教，让学生自己再重新去想，纯属故作姿态，浪费时间。没有教学目标的提出，没有教学手段的运用，没有教师的引导、指导，这不就是“放羊课”吗？还美其名曰“给学生一个空间，让他们自己往前走”。小学阶段的学生，尤其是中、低段的学生，没有教师的引领，自己就没有办法正确往前“走”。小学生自己都会“走”了，还要你教师干什么。其二，给学生一个条件，让他们自己去锻炼。他们说，给学生准备足够的器材，在一定范围和时间内，练自己喜欢的运动项目，内容自选，伙伴自己挑选，效果自我评价。说是满足了学生不同层次、不同个性的需要，说这就是“自主—合作—探究”式学习了。还提出了什么：给学生一个时间，让他们自己去安排；给学生一个权利，让他们自己去选择，等等。比课外活动还“自由”了，这就是所谓提高兴趣？提高学生自主学习？纯属为“放羊课”灌一个“美名”而已。

总之，小学体育课的学生“兴趣”不能去“迎合”，而应是对有锻炼价值的运动项目进行“兴趣”引导和开发，从教学方法上去开创教学新局面。

那么，小学体育课究竟应该如何上呢？我认为：其一，提高小学生的身心基本素质，比什么“兴趣”开发更重要，更何况小学生不缺运动兴趣。人的基本素质的发展有一个发展敏感期，小学阶段是柔韧、灵敏以及速度素质发展的最佳时期，我们有责任去完成这个使命。教学要有目标、有计划、有方法去完成对学生基本素质的培养。我们不反对提高学生的运动兴趣，但兴趣的提高必须为发展这些基本素质服务。其二，小学体育采用素质＋兴趣是最佳教学组织方案。在实际教学中，素质是教学发展核心，兴趣是灵活多样、变化万千的教学方法与手段。小学生喜欢在游戏中学习，在竞争中去自我表现。应多采用这些手段有效地组织教学。20 世纪 80 年代后期，笔者观摩过太原迎泽区校尉营小学体育教师韩学仁的一节低段体育课。40 多个孩子纵叉到位，横叉也基本完成，而且全班同学都能直立“下桥”，只有个别的需要老师帮助“托”一把。垫上技巧动作灵活轻巧，前、后滚翻动作干净利落、准确到位，具有如此柔韧性和灵活性的班级现在还有吗？现在教学不在“素质”上下工夫，是对学生的不负责任。他们自己还设计、制造了一个圆形多层健身器，学生们在上面翻转自如、轻如小燕；又能同时劈腿下腰，尤如一朵开放的莲花，美不胜收。在这个器材上活动，既有锻炼价值，学生又感兴趣。笔者不知如此好的健身器在深入教学改革中是否保留住了，还是被开发“兴趣”给“开发”丢了。我们必须明白，小学阶段是给学生打好身体基础的最关键时期，是各种身体素质的发展最佳期。教学还是要从实效出发，为学生健康负责，为国家下一代接班人负责。

概述：小学体育是基础，柔韧灵敏和速度。发展素质是核心，学生正常求发育。小学体育有兴趣，锻炼价值靠引领，教学组织有方法，灵活多样靠变化。

(十五)对如何上好武术教学课的认识和思考

武术是中华民族传统文化的瑰宝，具有高度的哲理性、技术性、健身性和娱乐性。它不但对发展学生身心素质有极高的锻炼价值，而更重要的是学校开展弘扬和培养民族精神教育的重要教材。从古代的岳飞抗击金兵、精忠报国；民国期间的津门大侠霍元甲不甘忍受侵略者欺凌和狂妄，飞上擂台，横扫帝国主义列强的拳师；还有现代的李小龙、成龙、李连杰等的中国功夫巨星震惊世界。这都深刻的寓于了民族精神和爱国主义精神。这无疑是对学生自强不息的激励，增强了民族自豪感。所以，武术运动本身就是一部民族精神教育的好素材。

武术运动作为一项体育运动教材，在各类学校已推行了二三十年，可效果始终不理想。现时又大有被外来项目“跆拳道”替代的危险。再加上武术多次“申奥”未获成功，使奥运项目跆拳道更火了。这是什么原因造成的呢？

其一，要练好武术，必须过武术基本功这一关。传统的武术训练中、讲究是严格训练、刻苦训练；讲究“严师出高徒”、“棍棒之下出人才”。“苦”字当先才能苦尽甘来；没有刻苦训练是不会有“功夫”的，也不会“出师”。所以，它不讲究如何去提高学习兴趣。练之则来，不练则走。这一套在现时的体育课堂教学中是行不通的。我们看社会上办的武术班，报名上百人。因为“武术”影片、电视剧的影响很有“兴趣”，经过一段较枯燥的压腿、搬腿、劈叉、下腰等“吃苦”训练后，“兴趣”就没有了，真正能很好坚持下来的所剩无几。所以，武术基本功是练武最艰难的一“关”，这一“关”不解决，做出的“武术”动作就不到“位”，缺精神、缺“架式”，变成了“四不像”。非体操、非舞蹈、非健美、非韵律。学生自己也越来越失去了兴趣和信心。所以，随着年龄、学龄的增长，体育教学课堂上教武术就越来越难了。教师也难“教”，学生也难“学”。

其二，绝大多数体育教师都没有经过武术专门训练，不是武术科班出身。其本人的武术基本功就差，自身武术动作也“四不像”。一方面很难吸引学生学；另一方面自身也没有信心教好，只为“走过场”完成任务。尤其是学球类运动的大个子老师，自己柔韧性差，“朴”步下不去，“歇”步也难蹲，“马”步不平，“弓”步不绷，自我感觉都很难看。让他们教武术教材真是勉为其难了，更谈不上正常发展了。

其三，我们的武术教学到底是要教学生什么？这个问题绝大多数体育教师始终都没有搞明白。只是追求动作套路的“形”似，而不是动作的“神”。只是“照猫画虎”，越是追求形，离真正武术就越来越远。最终教师失去信心，学生失去兴趣。

其四，武术作为教材，自身就有难点没有解决。我们前面提到的民族英雄都是靠武术的技击性表现出民族精神，而武术的健身性娱乐性都不是吸引学生兴趣的强项，肯定不如球类运动。而其强项的技击性作为教材又很不好教，弄不好就会出伤害事故(真正练之人，很少不出伤害事故的)，所以又不能教。在过去的好几套统编教材里，器械套路都只能是花架子，对练套路也只是摆设。一是教师都不会“技击”、不会“打”；二是那么多学生的大场面，几十个人“对打”起来，怎么控制。所以谁都教不了，谁也都不教了。没有技击性的武术，“花拳绣腿”当然也就失去了学生。技击性问题没有解决，始终是武术进不了“奥运”的真正原因。

由于以上几点原因，武术教材在现时学校的体育教学中，很难很好地开展下去，怎么办？唯一办法是抛开原来的思路，重新开发。

第一，学习跆拳道的一些传授长处，跆拳道的训练，讲究精神贯注，讲究是“拳道”，给人以精神焕发之感。跆拳道讲究“发力”、“发声”，以气势“压人”。这些都能深深地吸引学生，激发情感而全神贯注投入。我们武术的核心是精、气、神；讲究内、外合一；神、形合一。要想办法把这个核心突显出来。首先，从起势的抱拳相互问礼开始，也应发出声音；其次，无论动作形态如何，“神”气必须充沛，“手到眼到”，讲究手、眼、身、步的配合，一个快速有力的变化。把精气神充分体现放在教学的第一位。跆拳道讲究“拳道”，武术讲究是“神术”。

第二，武术教学应以腿法训练为主。武术的腿法变化多样，丰富多彩，蹬、弹、踢、摆、踹、扫，等等。无论是哪一种腿法都具有技击健身性。而且具有一般柔韧性的学生均可练习。追求集体合练的气势，单人练习的迅猛。不练则罢，一练精气神全力贯注。突出气魄、突出威武。尤其技击性强的“连环腿”、“燕子点水”、“前扫接后扫腿”、“旋风腿”、“腾空摆莲腿”等腿法，都能较好地吸引学生，提高主动参与兴趣。我们要以变幻莫测的腿法的演练带动手、眼、身、法、步的配合，以下肢训练促上肢发展。

第三，要重新研究武术的教法。言传身教、师带徒学的老一套要改进。要以兴趣的调动，威武的气势表现征服学生。民族精神不是讲出来的，一定要从“实战”中去激发和体现。要把武术课上成一种“精神”训练和展示课。上成一种“男儿有志在四方”、“巾帼不让须眉”的气概。

第四，关于教师自身问题。如果没有武术基础，又没有经过较长时间专业培训过的教师，就不要选武术教材去教学。现在允许教材选择的灵活性，我们也应更看重教材选择的实效性。明知不会“教”，也“教”不好。那干脆就别教了。不要影响学生心目中对武术美好的印象。不能歪武术本质将武术变成“四不像”了。

以上是对学校如何上好武术课的一些思考和建议。但我觉得要想上好武术课要走的路还很长。应该有专人不断研究去“开发”，拿出一套好的教学专用教材，创新教学方法。否则学校开展武术教学，真的是很难很难。

概述：武术是传统文化，武术是国之瑰宝。武术是民族精神，武术是自强不息。武术需要精气神，重点是神形兼备。武术要进入课堂，创新教法路还长。

(十六)如何认识和运用语言类教学语言以及非语言类教学语言进行教学

语言类教学语言是教师进行教学特有工具，是教师在教学过程中传达教学信息知识的载体，同时也是表达思想、交流感情和对学生进行思想教育的工具。所以，在教学过程中正确运用语言类教学语言是体育教师都很重视的课题了，也有很多的研究成果。我们在此分析的主要是在体育教学过程中关于语调、节奏和个性特征的运用与变化。

人们必须了解学校体育教学的语言类教学语言是由教师教学口头语言与口哨语言组成，这有别于其他学科教学的特点。口头语言的功能，大家都比较清楚，在此不再论述。而口哨语言，其一是教师课堂教学口头语言的延伸和补充；其二也是教师口头语言的扩展和艺术追求。前者的表现是口哨比口头言语更明亮。音量大小和音调的调节又往往是一般教师口头言语难以达到和表现的效果；后者的表现是口哨的音量太小，受教师的控制，口哨长短音的变化受节拍的影响。它更具运动色彩的动感感染力。体育教学离不开口哨的运用，这是体育教学的特殊语言。

教师在体育课堂上的教学语言，无论是教师的口头语言还是口哨语言，主要都由语言的语调、节奏和个性气质特点三个部分构成。

第一，口头教学语言的语调变化。

语调是口头语言的变化语音。教学语言中的语调是指教师语音的高低、强弱，语气的快慢、长短以及断续变化。教师的每一句话都有一定的语调，表示出轻重缓急、强弱协调的语气与情感变化。学生对教学中的知识与情感的准确理解，是通过教师的语调以及与其他教材内容相一致的语调变化刺激来实现的。和谐而富于变化的语调就能加速学生的理解，调动学生学习情绪。比如，我们在陈述式教学中，学生是接受学习。教师对运动技术的描述，如果是完整技术的描绘，要求概念清楚，运动路线要明确，此时的语调要平稳，强弱结合，具有语言的连贯性；如果是技术细节的描述，语音应该较低显平和，语气轻重相向。又比如在启发式教学中，语音首先以轻为主，显示亲切而具感染力；语气在言语的描绘中感情充实、生动形象，使学生在平静中思考。

语调在课堂教学中的变化，对教学效果的影响是相当大的。有时候，同样一句话的语调变化不同，就会引起不同的教学反应。比如，“你为什么这样做?”语气重时，语音又较强，学生会理解成“!”号，代表了教师的批评；如果语气平稳、语音弱而亲切，学生可以理解为“?”号，是教师的提问，是关切。又比如，学生在中长跑的过程中，亲切、关心的语调会鼓励学生坚持下去，是一种鼓舞；而最后阶段的强烈急促的“加油”、“坚持”、“最后冲刺”，是一种强烈刺激，调动学生的勇气去取得最后胜利。

长时间的过高的语音会增加学生紧张不适感，师生都容易产生疲劳；而长时间的语音过低，又会造成消沉、有气无力之感觉，激发不了学生参与运动的激情。因此，在教学过程中，教学口头语言的语调应有高低强弱变化的适度感；语气要有轻重缓急变化，要因人而异、因项目而异、因地而异。总之，语调是语音与语气的不断变化过程，一定要与我们采用的教学方法紧密配合。什么时候重、什么时候轻，要根据教学情境而定，要根据有利学生学习而定。

第二，口头语言中的节奏变化。

教学语言中的节奏是指语音、语气的节拍强弱、大小的一种速度的交替变化，从而形成长短抑扬规律。比如，体育教学中的口令就是一种语言节奏变化。它必须有预令和动令之分：“预备——跑”、“立——定”、“向左(右)——转”、“向后——转”，等等。语言节奏变化是受两大因素的控制。其一，是运动项目自身运动技术节奏的变化，相应要求教师在教学语言中的语言节奏表现出相似性或同一性。这样才不会打乱项目自身的运动规律。比如，在短跑教学中，我们要求学生快点跑，语言的节奏就是“快跑”而不是“快——跑”，语气上重在“跑”上。其二，是受教学过程中的情境变化因素的影响；受学生年龄所引起的接受能力的影响；受教材重难点的影响等综合因素的控制，教学中的语言节奏是在不断变化着的。总之，只有节奏变化的语言才能使教学课堂具有动感而充满活力。越是运用现代教学观念去进行教学，越是需要教师语言的节奏变化。又比如，我们用自主—合作—探究的教学理念去进行教学的过程中，无论是学生的“自主”、“合作”，还是“探究”，都需要从教师语言中的节奏变化去感受启迪、感受鼓励和支持。这样师生才能共同营造一种适合教学的氛围，也才能实现教学目标。

第三，口头语言是个性气质特征的体现。

体育教师在课堂教学中的教学语言的语调与节奏的掌握与表现，从一般理论上讲是受教师个性气质特征而制约的。气质在心理学中是指人的一种心理特征，是与人的神经类型活动相关的。一般活跃型的气质、谐趣潇洒型的气质、情感型的气质所表现出来的口头语言更受学生的欢迎，容易被接受而受到鼓舞；激发运动情感。所以，我们总是强调教学要有情感投入、要有激情。整个教学和谐氛围主要是教师的口头语言来调控的。人的气质很重要，但同样也能经过自身努力去改观的。只要内心能充满对事业、对学生的爱，口头语言的情感就必然会丰富。现时有很多新的教学方法的创新运用，都离不开语言的表现。教师要学会幽默、夸张、渲染和比喻的教学语言，才能体现新的教学方法对学生主体的尊重，才能使运动更加生动，受学生的欢迎和喜爱。也只有有了学生的积极的爱向实际行动的迁移，新的教学方法也才能真正体现出“新”的创造，使学生更大的受益。

总之，一个好的体育教师在备课中必须考虑教学语言的设计与运用，至少应包括以下三个方面。

其一，教学组织的语言设计。对于体育学科而言，学生队伍在课堂上是不断调动变化的。所以，队伍调动语言就必须是“指令性”。要求声音洪亮、短促有力、节奏鲜明、铿锵响亮。比如，“立正”、“向左(右)——转”、“齐步——走”、“二路变四路——走”，等等。一定要求语句准确，音量灌满课堂。其二，教学方法中的运动技术的技术描述语言一定要有调节变化性；任务的布置要语言强弱适中，语气连贯顺达；对于技术细节，语言是语音低显平和；而对于动作技术的纠正，则语音高亢、语气加重。要学会对学生运动“胆怯”时的鼓励语言——“不要怕，老师保护你”；学生兴奋时的提醒语言——“注意安全”；对犹豫不决的提示语言——“想好动作，一步步练习”；对于鲁莽冲动的警示语言“危险！不要着急，慢点来”，等等。这些教学语言的运用，不但能保证教学的进步，也能增强师生关系。

其三，要注重自己在教学过程中的情感表达，一定要注意口头语言的生动有趣和严格要求相结合；鼓励与批评相结合，以鼓励为主。

没有语言就没有教学，我们应重视口头言语与口哨语言在体育教学中的重要作用。一定要根据个性气质的特征去取长补短；要加强口哨语言的技巧训练；要学会用变化的口头语言表达情感，这样，我们的教学就一定能成功。

概述：语言类教学语言，口头口哨两齐全。口头语言有语调，节奏变换不能少。口头语言显个性，教学需要有特征。情感激情要投入，调动热情靠鼓舞。

以上我们分析了体育教学中的语言类教学语言，即：口头语言和口哨语言。体育课堂师生的信息交流除了口头语言、口哨语言外，还有教师的非言语行为语言。在一般自然学科中，师生间的言语交流是最重要的交际手段，而非言语行为是伴随着言语的一种补充和扩展。而体育学科的非语言语类的教学语言具有典型特征，与其他学科存在明显差异。运动项目的动作技术知识不能完全用教学口头语言来表达和描述，而必须通过师生身体姿态的运动变化来交流，并且具有不确定性和差异性。不确定性是指运动技术交流信息的容量大小的接受是不确定的，它在很大程度上要依赖客体——学生的理解和感受。如果客体有兴趣、积极自觉地参与性，这种感受信息量就大，否则无效果。所以，教学一定要注意学生主体积极性的发挥。一切教学手段的变化与使用，都是为了学生这个客体能对教学信息最可能大的吸收。而它的差异性，则是指客体的具体条件的不同特征，直接影响它破译信息的能力，从而所获得信息的准确度就不同，反映出对运动动作技术的理解和模仿差异。所以，为什么教学一定要因材施教，就是要对不同差异的客体采用不同的教学方法，从而减少对信息吸取和动作模仿的差异。

对于体育学科而言，非言语行为语汇是与教学语言同等重要，甚至在某些方面它的直接作用还会超过口头语言的效果。它直接影响教学语言的交流成果；影响师生情感交流；影响整个教学氛围和结果。

非言语行为语言对体育教学课堂的意义与作用大致表现在以下两个方面：

其一，教师个体的动姿态不间断地对学生视觉系统进行刺激，使学生保持学习的兴奋感，增强摄取信息的功能。所以，我们为什么要求教师要做运动技术示范，就是这个道理。没有教师教学示范的课也是不完美的体育课。

其二，教师在体育教学过程中，不断地从学生人体动姿语汇的各种不同反馈中，随时调整教学内容、方法、手段、节奏、运动量和练习密度，以达到满足学生信息接受系统对信息接收的适宜度。现在的教学进步在这方面更为突出。学生主体的主动学习、合作学习、探究学习的信息反馈，教师必须恰当地去调整，引导学生、帮助学生尽可能的多获得正确体姿语汇而学会学习。

我们根据非言语行为对体育教学具体作用的不同，将体育非言语行为划分成：仪表动姿语汇和运动技术示范语汇两大类。后者已在前面“讲解与示范”专题中，做了较详细的分析论述，本题就不再论述。本题只专题分析体育仪表动姿语汇。

仪表动姿语汇是师生交流信息的一种重要“语言”，它是情感沟通的重要渠道。仪表动姿语汇主要包括教师的仪表、面部表情、眼神及举止行为语汇四个方面。

(1)教师的仪表。

教师的仪表是对学生的第一印象。苏联著名教育家加里宁说过：“教师必须认真检点自己，他应察觉到他的一举一动都处在严格的监督之下，世界上任何人也没有受着这样严格的监督。”体育教师对人最理想的第一印象应该是大方、潇洒。大方包括衣着整洁，色调的和谐稳重而富于朝气；潇洒是精神的“帅气”，是通过仪表对内心世界的反映。这些被学生所接受，使一开始就愿意上你的课，认可了你的“标签”。是“名牌”还是“水货”那是另外的事，是通过今后实践的进一步检验了。起码是第一关通过了。仪表语汇中健康与优雅的气质，不是通过你的长相的美丑来体现，而主要是你外表穿着所表达的一种简朴、整洁、自然的美。那就算你是一个既年轻又漂亮的人也是必要的。一位名人说过："从口袋里掏出揉皱了的脏手帕的教师，已经失去了当教师的资格。"虽然话说重了些，但理是这个理。如果一位体育教师穿着一套不合体又皱皱巴巴不和谐的运动服去上课，怎么能激发学生运动兴趣呢？

(2)教师的面部表情。

教师的面部表情是教师内心情感的主要表现之处。如果说仪表是教师的"标签"，那么，面部的"脸语"则像是商场的"门脸"，它决定了人们是否愿意进入。对学生而言，教师的自然大方、亲切或严肃的情感表露，能左右学生思维方法和能力；能影响学生兴趣投入的大小。所以，教师面部表情的喜、乐、哀、怒等对学生的刺激，将会直接影响教学过程和最终的效果。有的体育教师说："我天生就是一张严肃的脸，没办法。"那就需要手术"整容"，不过不是用手术刀，而是需要内心的"手术"，那就是两个"爱"。一个是爱自己的事业；一个是爱自己的学生。心中有了爱你也就会有自然大方、亲切的"脸"去面对学生了。另外，有的时候需要"压"住心中的不快或悲伤去"设计"上课的面部表情，不能用你的"消沉"去面对学生，因为他们并不"欠"你什么，而是在"期待"。苏联教育家马卡连柯在《论共产主义教育》一书中曾下过如此论断："做教师的绝不能没有表情，不善于表情的人就不可能做教师"，"这种表情不是舞台式的表面的那种表情，而是我们心灵里所有的那些变化的真实反映。"可见，真切自然是一个教师表情美的主要特征。

(3)教师的眼神。

俗语说：眼是人心灵之窗。它对教师和学生来说都至关重要。当学生运动失去信心时，教师投以关切和蔼的目光，投以微笑点头，都会感染学生，体会到期待与鼓励。同时，有些体育运动项目的眼神，又是这个运动项目的精髓之处，教师一定要在教学中表现出来。比如，武术运动的眼神是武术精、气、神的主要体现，它的手法、身法和步法都需与眼神相配合，做到手到眼到，手有劲、眼更有神。就是一般课上教师对学生的情感感染，也都是通过眼神来传递。

(4)教师的举止行为语汇。

举止行为语汇对体育教师的重要性高于其他学科的教师。室外学生的活动面积大，又始终处于一种动态变换之中，教师也如此。所以，体育教师的举止语汇的表现无论从时间、数量、内容上来看都比教室里丰富得多，也重要得多。因而对体育教师在教学中的体姿语汇也更严格。首先要求是自然准确、大小力度有分寸、动静比例应协调，要使学生能感到自然舒适。尤其是教师的讲解言语要与举止语汇密切配合，因为它往往与运动技术有关，是运动方向、运动幅度、用力顺序以及体态变化的重点难点；由于技术讲解不容易起到的最直观信息的传递，因而它的准确与从容对学生学习有直接作用。

总之，体态语言首先是帮助加深有声语言的表现以及在一定方面的有声语言的替代。体育教学的有声语言和体态仪表动姿语汇的结合是"珠联璧合"的。在学生的运动实践中，教师的一个简单的"点头"就表现出对学生的赞同；而"闭眼摇头"则表示对学生动作的失望；哪怕是简单的一笑或亲切地看一眼，学生都会感到亲切而受鼓励。此外，体态仪表动态语汇能扩大教师教学信息的发射量，增加了学生对有用信息的接受强度，印象更深刻、记忆也更牢固。这是一种有声与无声的双倍发射，同时也是教师与学生的双向反馈，是教学中最需要的一种融洽氛围。

另外，在体育教学中，体态语汇与有声言语的运用要协调，各有各的功能，谁也不能完全替代；体态语汇还应与运动专项技术示范语汇运用协调，要互为补充与充实。体态语汇的运用应本着适度原则，不能过多过滥、影响学生正常的注意力，干扰技术示范语汇的进行。所以，不用则罢，一用则应合理生动。

概述：非言语教学语言，是语言补充扩展。非言语行为语汇，影响着教学氛围。教师仪表要和谐，面部表情催人进。眼神是心灵传递，举止动静要分明。

(十七)如何认识和掌握在体育教学中对学生创造力的培养

培养学生的创新能力，是教育改革的一个相当重要部分，也是学校体育教学改革探讨的重点课题。各地在此课题上也取得了一些大的突破，但要真正获得较好的成效，还必须认真解决以下两大方面问题。

第一，对学生创造力的培养，教师的教学本身必须具有创造力。

对学生创造力的培养，重点培养学生的创造思维习惯、创造思维的能力、基本独立操作和实践的能力。这些综合能力的开发，必然要求教师在教学中努力创造促使学生独立探索、发散求异的教学情境；创造和谐愉悦，积极向上的情感氛围。以教师的教学创新去启发、感染学生，这样才能培养学生的创新思维，激发学生学习的主动积极性、自主参与性、灵活协同性和探索求异性。这样的教学创新也才能培养学生创造力。我们教师的教学设计一定要从教学实际出发，以创新发展为主线，转变教与学的学习方式，引入和创新新的教学方法与模式，加快教学的飞跃发展，真正提高教学质量，达到从教学中培养学生创造力的目标。所以，在教学实践中应注意以下几个方面的协调。

(1)学生创新能力的培养要注重学生智力因素的开发。

智力是认识能力和实践能力的总和，智力是人脑功能的表现，是人的观察、记忆、想象、思维等心理活动多种能力的综合表现。教师可以利用在练习中的指导和点拨来启发学生的思维，使其把学到的知识变成感知，加深理解。当然，也不能忽略非智力因素的开发利用，因为学生的学习活动是智力因素和非智力因素交织在一起的复杂的心理活动。教师要重视调动学生的主动性，开发智力的“想象”，促进创造力的发展。促使学生由“要我学”转变为“我要学”，让学生自觉性学习的热情始终处于主动学习的最佳状态，这样才有可能去“创造”。

(2)创新能力的培养需要多样化的教学活动的实践。

首先，是教学模式的多样化，教学是多种模式的综合运用；有的取向师生、生生关系的变化运用；有的取向教学内容的安排组织和变化；有的取向技能学习与学生心理发展结合运用。模式的选择是追求从被动向主动学习的转化；追求从学会向会学的转化。

其次，要强调多种方法的灵活运用，实现教学手段的多样化。方法的选择要根据对学生个性发展需要出发，采用以集体教学、分组教学、小组创新教学、循环教学，情境教学等多样化教学方式。教师要有意识地组织多种形式的生动有趣活动，来感染学生，激发学生的情感，使之全力以赴地投入到学习中来。

再次，是教学内容的多样化和可接受性。教师在教学内容的设计中，一定要考虑学生的真实情况，要在单一普通教学课基础上向多项、多选、多样化的方向发展。要从“以运动技术为中心”向“以传授体育方法、体育动机、体育活动、体育经验为中心”，“以学生的发展为中心”方面来。当然，这绝不意味对运动技术教学的否定。只是对影响学生正常生长发育的一些内容和方法、理念进行调整。教学内容的广度被拓宽，包括理论、技术、保健、素质等方面，都将呈现多样化趋势，突出体育教学健身性、娱乐性、终生性和实用性。

(3)创新能力的培养要求教师对学生进行自主性教学。

创新教育倡导鼓励学生求异创新，强调学生掌握独立分析问题的能力，能独立地获取解决问题的多种途径和方法。达到以上的教学要求必须是培养学生自主性学习。在学生自主性学习中，教师在教学中注重对学生综合能力的开发，努力创设促使学生独立探索、发散求异的教学情境；培养学生的创造思维，激发学生学习的主动性。教师在教学中尽量少讲，使教学内容相对地保持一定的思维价值，推动学生思维能力的发展。教师也可以提出有多种解答方案的发散性问题，启发学生获得解决问题的方法。

(4)体育教学要创新发展，教师应注重把握好以下几种关系。

①学生主体与教师主导的关系。以学生为主体的教学过程，就是培养学生主动探索知识、增强主体意识的过程。要充分调动学生的参与意识，使学生成为课堂的主人、学习的主人。教师的主导则表现在如何组织教学并启发学生的思维；要善于调动学生学习和接受教育的积极性、主动性；要使学生能做到活泼主动得到发展；要有利于保护和培养学生的好奇心、求知欲望，这样才能具有探索的精神。

②建立新型的师生关系。教学要民主、平等；要以互相理解、互相尊重为基础；要以师生教与学的合作关系来对待师生关系。合作是双向的、主动的、协调的、和谐的关系。教师是年龄上的长者，更应该是人格上平等的朋友，从而才能尝试良好的创新学习环境。有了这个环境就会时时处处激发学生创造的兴趣。在丰富多彩的体育教学活动中，教师要善于理解处于学生这个年龄阶段的许多幼稚的想法和做法；要善于不失时机地加以正确的指导和引导，要注重保护和培养学生的自主性。如果我们真正能建立起这种新型的师生关系，学生自然会心情愉悦、思维活跃、视野开阔、乐于参与。他们的主动性和积极性会得到充分的发挥，他们创造意识的萌芽会得到精心的呵护。

③创新能力的培养要处理好知识与身体活动的关系。

由于体育教学是以身体运动为主的，因此运动的活动量和生理负荷量是最显而易见的因素，但身体运动又并不只限于人的生理上的作用，还兼有知识的传授、技能的发展、情感的体验等作用。所以体育教学是知识学习与身体锻炼不可分离的。学生在学技能的同时也在增长知识、培养人格，促进社会性的发展。对体育创新能力培养必须要处理好锻炼身体和人的成长发展的关系。

第二，对学生创造力的培养，教学必须走特色创新的发展之路。

中小学学校体育的几十年的改革发展实践，已改变了单纯以运动技术为中心的教学方式，把体育运动技术的学习与学生健康发展融为一体；改变了以往的教师角色与地位，显现了新型的师生关系，并使之体现在教育教学、家庭教育和社会教育的各个方面，体现在教育教学全过程。很多地区在体育教育教学方面都坚持走特色、创新发展之路。据我所知，长春市宽城区在学校体育特色建设方面，已经取得初步成效。

(1)补进了新兴体育活动项目(包括民族、民间体育)，不但丰富了体育教学教材内容，而且丰富了整个校园文化，充实了学校大课间活动。比如，“校园定时跑”、“抖空竹”、“藤球”、“毽球”、“软式排球”、“软式垒球”、“花式篮球”，等等；并创办了“冰雪运动”、“各类棋类”、“跆拳道”等教学训练俱乐部。

(2)在教学方法的研究创新中，创设了“点名上课”，“沉浸教学”和“多层次、多项目全方位的选项教学”模式。

(3)在坚持走教学特色之路的前提下，体育教研人员积极进行课改实验。总结出“三变”、“四则”、“五规”、“六化”的课改观念。“三变”：变“唯教材”为积极开发体育课程资源；变“唯教师”为建立多元的体育学习共同体；变“唯技能”为健康第一。“四原则”：体育教学的真实性原则；运动技术学习的连续性原则；自觉锻炼实效性原则和运动技术与兴趣练习的协调性原则。“五观”：树立体育教学的“大课程观”、“大课堂观”、“大课型观”、“大课件观”、“大课间观”。“六化”：在体育教学实践中的具体目标实现“六化”，即体育教学民主化、锻炼方式多样化、体育活动服务化、学生成长个性化、教师业务多能化、器材发展均衡化。

长春市宽城区的学校体育特色创新的发展之路，是教师教学创造力的培养与形成之路，两者紧密结合。为学校体育教学对学生创造力的培养打下了良好基础，也创造了创新的教学氛围，这对学生创造力的培养起了极大的促进作用。当然，体育教学对学生创造力培养方面的思路和手段还很多，需要我们认真研究和探讨。

概述：培养学生创造力，教学本身要创新。启发思维很重要，教学灵活要多样。师生平等互理解，教学民主要互尊。创新意识倍呵护，教学积极要自主。

(十八)如何正确认识“传统”与“现代”学校体育教学方式

教学方式是在一定教学理念指导下所产生的教学组织形式和教学学习方式。从一般理论上讲，现代学校体育教学方式是在“传统”基础上的更新与发展，是人的发展和社会发展的需要和必然。没有传统的教学方式也就不会产生现代的教学方式。从课程改革至今，如何去划分“传统”与“现代”还没有一个值得“信服”的说法，但是，如果对“传统”与“现代”的体育教学方式没有一个比较正确的认识，将会直接影响课改沿着正确方向深入。因此，这是一个值得认真分析和探讨的重要课题。

当前，在一些地区和学校以及体育教师本人，对于“传统”和“现代”的无论是组织方式还是学习方式，都存在着一些认识和判断上的误区，直接影响了学校体育教学的发展。

(1)误区之一：传统的就是过时的、陈旧落后的，都应抛弃。

现在，有很多人发言或写文章，一提到“传统”二字，就认为是过时的、陈旧落后的，都应该抛弃。其实，完全不是这样。我们首先应肯定的讲，很多“传统”的东西，在今天仍是有效的经验总结。“传统”绝不代表过时和陈旧落后，应该继承的必须继承。我们的原则应该是在继承基础上的更新，在继承基础上追求更新的发展。比如，在传统的教学组织形式中的单班整体教学和单班分组教学仍然是现阶段中、小学的主要教学组织形式。在此传统的基础上，根据教学观念的发展，在教学组织形式上又有了“分层教学”和“选项教学”组织形式的发展。而在教学方法上，“三基”教学(基本知识、基本技术、基本技能)在传统概念上给予了新的内涵。传统的“精讲多练”、“启发式教学”、“发现学习”、“有意义学习”等教学心理学的学习类别也仍在现时教学中发挥积极作用，而且今后也将会发挥作用。就拿我们认为所谓的“陈述式”教学来说，在今后一个很长时间内，它仍是普遍采用的教学方法。只是我们会注入很多新的内涵去发展形成新的“注入式”。另外，换一个角度讲：我们的青年教师(尤其是刚从学院毕业的新的体育教师)，仍需要努力继承传统教学中的大多数积极有效的教学方法与手段。在继承的基础上，根据本地区、学校和个人特征再发挥，创造属于自己个性特征的教学风格。

有人提出：“传统的学习方式把学习建立在人的客体性、受动性和依赖性的基础上，忽略了人的主动性、能动性和独立性。”我看不能一概而论、一孔之见。不能把有问题的课都说成是“传统”的学习方式带来的。一定要具体问题具体分析。我们过去看过天津市老一辈的学校体育专家杨欣、徐大本、岳子光老师的课，无不受感动。在他们的课堂上，学生个个生动活泼，天真可爱，积极主动。大容量、节奏鲜明、师生融洽的特征都是我们所谓“现代”的反映。那么，他们的“传统”不也就是“现代”吗？其实，我们这一代、二代人不是所谓的“传统”体育教学的“受害者”，真正的“受害者”是当代的学生，有很多有价值的体育运动技术都没有学，也不知去“运动”。这是社会问题，是教育制度问题。现代的学生千军万马去竞争中考、高考的“独木桥”。这不是体育教学的“现代”方式就能解决问题的。就像有人赞扬西方的教育，说是注意了人性的开发，注重了个性的主动、合作与探索。可最近美国总统认为美国的教育质量低，要进行教育改革了。所以说，教育问题是复杂的，与社会发展有密切关系。同样，学校体育教育也不是什么“传统”与“现代”的划分就能解决问题的。过去，所谓的“传统”体育教学也非常重视智力与非智力因素的培养；在课时计划的教学任务中也有教养任务的制定，也讲究因材施教。我们绝不能像某位“专家”在辅导讲学中说的：“要把杯中的水倒尽、倒光，才能装上新鲜的‘先进的水’。”科学永远是在继承基础上的提高和发展。对于“传统”教学中的灌输式，该“灌”的也一定要“灌”，要掌握先进运动技术。当然，应尽量地改进“注入”，让学生更多地主动学习，学会学习。

(2)误区之二：有人一提到“现代”，就说是“自主—合作—探究”教学模式。

有人提出：“现代学习方式的本质特征主要是：主动性、独立性、独特性、体验性、问题性、交互性和生成性，等等。”一些所谓“好的”、“先进”的都给予“冠名”，他们忘了教育最需要的应该是从实际出发的有针对性和实效性。他们把“现代”的教育方式归纳成“自主—合作—探究”式。只要课堂教学上出现了学生自主学习，合作学习，学生探究学习，那就是现代教育方式了。我认为，“自主—合作—探究”是一种教学理念，不是具体的教学方式。俗话说：一把钥匙开一把锁。万能的钥匙是没有的。“万金油”不治大病。我们讲的教学应该是有的放矢、要因人而异、要因材施教，不是所有学龄段的学生，不是所有的教材的教学都同一模式，那是违背教育原则，违背教育规律的。在教学四个要素教师、学生、教学信息和教学媒体中，每一个要素都不是固定不变的，也都不可能用某一所谓“先进”方式来统一的。如果那样也就不是教学了。而只能是表演、是演戏。我们的老教师都会有这种体会，同样的一节课的备课，不管你如何精心准备，分别到甲、乙、丙、丁四个班去上，所收到的效果反馈绝不会是相同的，甚至有较大的差距。为什么？那是因为所教的对象——学生情况不一样。在教学四要素中，学生的变量最大，也最复杂。所以，只有符合学生实情的教学才是好的教学。教学方式、方法和手段，永远不会有最好。我们提倡的是，不管你是“传统”还是“现代”教学方式，教学一定要体现学生的积极主动性；教学方法与手段的有效性；解决问题的实效性和实事求是性。不能像现在出现的一些公开课那样，让学生分组“探索”创新组合，拿此来展示。其实，哪有那么容易的创新，只不过都是早有准备的表演。

另外，现在的体育教师都是在“传统”教学理念和方式中培养出来的，他们不可能一下子就转变成现代教育理念下的“现代”教师，他们需要时间过渡，需要从继承“传统”中去实现“现代”的教学。不然，他们就不知如何去教学了。现在，在有些地方的课堂教学“混乱”就是如此造成的。所以绝不能随意去否定“传统”。我们的课标制定专家，是大学体育教育工作者，不想办法先去改变大学的未来教师的条例培养计划，就急于改变中小学的教学现状，不是有点脱离实际的理想化了吗？现在大部分体育院校和师范院校刚毕业的年轻体育教师，连“传统”的体育教学都教不好，又如何去“现代”呢？

我在此重申，我绝不是反对使用现代体育教学方式。我要提倡在继承中去创新、去实现“现代”；反对对“传统”教学的一概否定。另外，“自主—合作—探究”式教学不管它是教学方式还是教学理念。它绝不是唯一的“现代”方式。教学方式还应是多元化。

(3)误区之三：教师在教学中的主导作用，在现代教学中的重要地位将逐渐减弱。

俗话说：“名师出高徒。”这在教育领域中是一条永不可改变的真理。教师在教学中的地位是不可削弱的。一节课的好坏全看教师的教学准备和教学选择。学生主体的主动积极性需要通过教师合理而有效的教学方法去调动，无论学生的学习方法是接受式学习，还是体验式学习，甚至是研究式学习，都必须在教师合理的“导”中去完成，越是“现代”的学习方式，主导的要求更高，难度也更大，教师备课付出的也会更多。就拿合作学习来讲，那不是简单的学法问题，不是分组教学那么简单。首先是学生合作“心向”如何形成，如何让学生有合作愿望和合作内在动机；合作成员的组合，合作成员有意识地分工和担当的责任，如何形成一个学习的合作体，等等。说起来容易，具体操作困难很大。而且教师要尽量提供有价值、富于挑战性的问题去激发学生的求知欲，启迪思维，又要学生便于合作。这些越是“现代”的教师的主导作用越大，要求也越高。有些看似学生主体的“作用”，实际全靠“主导”去引导、指导。我可以说，让一位教师准备一节以自主—合作—探究为专题的公开课，虽然有难度，但还可以勉强去完成。但如果贯彻到我们的平时常规课中去，节节课如此上谁也做不到。主要是教师主导“精力”达不到。所以，还是那句话，越是“现代”的对教师“主导”的要求更难、更高；主导作用不仅是没有削弱，反而更增大、增强了。说句不客气的话，学生的一切活动与成长，都是在教师指挥“主导”下去完成、去实现的。

总之，我们在教学实践和教学研究中，不要过多地围绕“传统”与“现代”去作无聊的辩争，更何况“传统”截止到何年、何月；“现代”又始于何年、何月，谁能说得清。中国古代教育家“孔子教人，各因其材”，你说孔子是“传统”还是“现代”。从实际出发，从学生特点出发，从学生的发展出发的教育教学都是有益的，永远不会落后。其实，中国的教育真正需要革命之处还很多，体育只能是九牛一毛也。

概述：教学的传统现代，无须严格去化界。现代包含着传统，文化知识需承传。教学需要符实际，根据特征去实施，教学需要有创新，教育现代作推进。

(十九)如何正确认识和上好中小学体操教材课

体操教材是学校体育教学教材的主要组成部分，也占有相当重要的位置，历来受到重视。实践证明，它对学生的身心健康发展和提高学生，对自我身体的控制能力、指挥能力都起到了很大作用，是学校体育教学所不能缺少的重要部分。可当前学校体育教学的实际发展现状是体操教材(尤其是专项器械体操)大有被“踢”出学校体育教材范围之趋势，这将是无法估量的损失。

1. 当前，中小学体操教学存在的主要问题

由于当前学校体育教材的选用，各学校的选择权越来越大，形成了以下的失误。

第一，由于对学校体育教学中出现的运动损伤事故的认识有误，再加上事后处理工作的麻烦，很多学校分管领导支持或号召学校体育教研组放弃那些存在有一定危险性的教材，专项器械体操教材首当其冲(比如，单、双杠教材和支撑跳跃的跳箱)。因此形成了现在到学校去看实际体育课，根本看不到专项器械体操的体育课了。如这样长期下去，我们的后代人将对专项器械体操课一无所知。学生将失去对自我身心的良好训练，失去了对自我意志品质的严格训练，同时也失去了对体操运动的欣赏能力。那将是可悲的，也将是无法弥补的损失和伤害。

第二，由于教师自我选择教材的权利加大，使得有一些教师(特别是缺乏教育事业心和对学生责任心的教师)，自觉或不自觉地放弃了那些备课较复杂、课的准备又较烦琐、上课时又得特别精神贯注的教材(其中，特别是专项器械体操教材)。体育教师否定了这些教材。这是认识问题，是对学生的不负责任，严重的讲也是在教育教学上的“犯罪”。

第三，现在实施的高中体育课改。重视了学生个性爱好的选择，注重了学生个人特长的培养，这无疑是正确的，是教学观念的进步和落实。但问题是事物总是具有两面性，特别是对于人生观和人生价值观还没有真正成熟的高中阶段的学生来讲，他们的选择是一种一时兴趣和爱好的倾向，很难理智性地去判断，很少或根本就没有考虑所选项目的锻炼价值，更考虑不了对自己一生的作用和益处。再加上现行的标准中，高中段的11个学分，没有体操专项的位置。因而自然把体操(尤其是专项器械体操)抛弃了。我参观过几个不同地区的高中选项教学课，根本没有体操(器械体操)的选项课，全是球类(篮球、排球、足球、乒乓球、羽毛球)和武术、健美操。所以，编者认为，对高中学生的合班选项体育课应加强两个方面的工作。其一，加强教师对学生选项的正确引导和指导，应将锻炼价值和学生的兴趣爱好培养有机结合，既能满足学生的兴趣爱好，又能充分发扬项目的锻炼价值，让学生终生受益。其二，编者建议将高中阶段的11个学分中，除了体育与健康知识占1分外，

田径与体操应各占2分(有利于中长跑、障阻跑、器械体操项目的开展)；学生自选项目的学分，每学期1分，三年共6分，这足以达到培养学生特长的目标。当然，这需要相关领导的统筹安排，提高对体操项目的认识。

2. 如何正确认识和上好体操教材的课

体操是一种徒手或借助器械进行身体操练或身体控制的活动项目。它能全面锻炼身体；发展柔韧、灵敏、协调、速度和力量素质；能增强身体各运动器官、内脏器官和神经系统的功能，促进人的匀称发展；促进人体自我对身体的控制和指挥能力。体操项目对青少年的身心发展有不可取代的独特作用，对人的生活、工作都将带来不可低估的益处，所以，它在中小学体育教材中占有重要位置。学生的生长发育一般分为6～12岁的小学期和13～18岁的初、高中期。前者可多采用队列、队形练习、徒手操或韵律操、轻器械体操和技巧练习；后者则可多用健身操、技巧和专门器械体操(单、双杠及支撑跳跃)练习。这两个时期正是学生体格和智力发育的关键时期，身高和体重快速增长，大脑的机能和心理的发育也进入了高峰期，行为和习惯也在这个时期逐渐发展和形成，是人生中最具活力的时期。把握了这一时期的锻炼，对今后的身体各部分机能的发育，将打下坚实的基础。体操运动将起到重要的促进作用，而且是其他项目不可取代的作用。但由于中学时期的专项器械体操(单、双杠和跳箱)的部分动作存在着一定的危险性，容易使学生产生畏惧情绪，表现为不敢做动作或肌肉紧张、动作僵硬，于是对动作失去信心或兴趣，影响了学习和锻炼。但又恰恰是这些器械体操的动作技术，是对学生身心锻炼和意志品质的提高最具实效，能使学生终生受益。所以，如何上好此类体操教材，应掌握以下三点关键要求。

第一，培养学生对体操的兴趣，调动学习积极性是上好体操教学课的关键因素之一。

兴趣是人最好的老师，兴趣对人的行为有着积极的推动作用，它能激励一个人积极地去获取知识，参与一定的活动。为此，在教学中首先要注意学生对体操的兴趣培养，调动其积极性。其中，教师的正确优美的示范动作是使学生对体操产生浓厚兴趣的最好手段。因为体操动作本身就是美的表现，对学生必具一定的吸引力。动作技术示范是体操教学最有效、最常用、最简便的直观教学手段，能有效地揭示技术动作的内在规律。所以，要上好体操课(尤其是专项器械体操课)教师必须具备能示范动作技术的专业水平。同时，教师进行动作技术示范的目的，除了让学生看清楚动作结构、路线外，还具有消除学生的各种心理障碍，激发学生从事学习，提高参与热忱的作用。比如，做跳箱分腿腾越的示范，助跑自然协调，上板轻松自如，第一腾空高且身体舒展，顶肩动作有力、明显，第二腾空高，滞空时间长，落地远、稳。这种优美示范动作能给人一种凌空而落的美感，学生看后会产生情感的联想，会产生一种想参与、想活动的跃跃欲试的刺激作用，学习的积极性油然而生，对体操也就会慢慢产生兴趣。

第二，实施简化技术，降低难度要求，承认、重视差异，加强技术指导，提高身体素质是开展好体操教学的关键因素之二。

在对体操的学习过程中，有些身体素质较差，又天生胆小的学生，在学习中会比较费劲困难，因此容易产生畏难或自卑心理。针对这种情况，教师在教学过程中应从学生实际出发，承认差异、重视差异，应采用不同的教学手段和方法去简化技术，降低难度要求。对这部分学生最重要的是敢去做，能跳过去就是成功，起码是成功的开始。比如，上面例举示范的跳箱分腿腾越的完成技术动作中，对于顶肩动作的有力明显、第二腾空的高度和滞空时间、落地的远近这些较难之处，可不做统一要求，有条件的学生鼓励完成，加强技术指导；对于没条件学生鼓励完成“过箱落地”，加强帮助与保护。采用分级定标准，促使全体学生都能过箱，都能通过此技术动作的学习得到锻炼提高，追求今后更好的发展。在体操教学课中，表扬鼓励是对学生的行为给予肯定的评价，能促进学生学习积极性，追求自己更大进步。特别是对于一些素质较差、技术动作掌握不好的学生尤为重要。当他们取得点滴进步时，给予肯定、表扬的同时，再提出进一步要求，学生既受鼓舞，又容易接受新的“任务”，提高了完成动作的自信心。

另外，本着循序渐进的教学原则，从简到繁，从易到难，动作由一般性徒手操到节奏欢快的韵律操；由垫上滚动到垫上滚翻；由技巧到跳箱；由简单低杠到较为复杂的高杠。要注重发展各种身体素质，提高运动能力。教师要力求了解每一个学生，对每个学生的身体条件及技术水平都要做到心中有数，分级要求、分层达标。这样必会取得较为理想的教学效果。

第三，重视保护与帮助，加强安全措施是上好体操课的关键因素之三。

保护与帮助是体操教学内容的特点之一，也是上好体操课的保证。我们有一批优秀的体育教师，上了若干年或一辈子的体操课，从未出现过学生因上体操课后出现运动损伤事故的问题，原因就是具有高度事业心和责任心，重视课上的保护与帮助、重视安全措施。保护与帮助的合理运用，既能减轻学生的心理负担和畏惧感，又能加快学习过程，预防运动损伤的发生。尤其是对学习困难、身体素质差的学生，教师要尽量亲自去帮助与保护，学生有了安全感，会促进其努力完成技术动作。如果学生因做某个动作受了伤，哪怕是小伤，也可能使他终生难忘，再做此类动作必有心理障碍，影响进一步学习。所以，教师在上体操课时，一定要加强责任感，把保护与帮助的安全措施认真落实到每节课、每个动作和每个学生中去。同时，也要尽量注意和培养学生的互相保护与帮助以及自我保护能力。这样学生有了安全感才能有有效的教学质量。

总之，在体操教学过程中，认真贯彻以上三个关键因素，并通过各种灵活多样，切合学生个体实际的方法与手段，不断消除在教学过程中学生出现的各种不同的心理障碍，就一定能安全有效地完成体操教学任务，有效地促进学生身心全面发展。

3. 如何预防中小学体育教学伤害事故

要上好中小学体操教学课，除了掌握上述关键因素外，如何预防上课伤害事故的发生，应采取什么样的有效措施，就应是我们必须探讨的重要课题。现将郑州市采取的有关预防体操教学伤害事故的经验介绍给大家，以供实践参考。

第一，教学中应淡化竞技性，增强实用性。

目前学校体育课程中的体操内容，如：技巧、器械体操等，大多都是从竞技体操沿袭而来，成套的技术动作是竞技体操比赛动作的基础动作或是低难度的再现。由于体操各项目的动作数量多，难度较大，而相对课时却不足。使体育教师和学生都感到体操课难上，动作很难学会，更不要说学好。再加上体操练习中易出现伤害事故，对器械、保护设备、帮助手法等要求也较高，因此，目前体操运动尤其是器械体操在学校体育教学实践中呈现渐衰趋势，高中学生选修教学中，也很少有学生选择。其实，体操运动中有大量简单易练，实用性很强的内容，是学生人生发展中不可缺少的。如基本体操中的各种攀爬、搬运、跳绳、徒手或轻器械的练习等。这些练习如果设计得当，很容易在体育课中开展，也容易引起学生的练习兴趣，提高学生基本活动的能力。其中有些内容与生活贴近，有较高的实用价值，符合新课标提出的课程理念。另外，对技巧、器械体操这些竞技性强的内容进行一些必要的改进，淡化竞技性，增强实用性，也是一种有效的改革思路和方法。如利用技巧课在垫子上练习各种滚动或跌倒时的自我保护动作；在单、双杠上各种支撑、悬垂以及一些变化或移动练习；利用跳箱做各种越过障碍的练习等。在这些练习中不仅发展了学生基本素质同，培养了勇于克服困难的勇气，而且还增加了一些在紧急状态下的自救、互救的情景，这对学生的全面教育会取得更好的效果。

第二，降低教学难度，提高教学趣味性。

动作难度在体操比赛中是获得高分的重要因素，但在学校体育教学中却是一个影响体操运动普及开展的重要障碍。要让学生喜爱体操，教师应精心选择体操内容，降低技术难度，提高动作趣味性。实际上，体操中有很多动作是非常有趣的，如各种队形的跑、蛙跳、爬行或技巧双人合作练习等，这些动作学生一看就想练。又比如把体操中的肋木、平梯、单双杠、跳箱、垫子等器械巧妙组合，编成成套的攀爬钻越动作练习，还可进行小组间的接力赛，都能引起学生较高的练习兴趣，而且锻炼价值也高。还有，学生非常喜欢的街舞中的一些技巧动作，教师如能在课上指导这些动作学习，一定能引起学生的极大兴趣。所以，体育教师应下工夫挖掘、开发这些体操宝库中的趣味性动作，让学生热爱体操，愿意练习体操，并能从中受益(这是其他项目不可替代的收益)。

第三，保持健身性，开发拓展性。

体操运动的健身价值已被我们所了解，应当继续发挥这种独特的健身价值。同时，体操运动的心理拓展价值则应引起我们的高度关注。由于体操运动的许多动作具有一定的难度和危险性，对练习者之间的相互合作和相互信任有一定要求，因此，体操运动具有明显的促进心理发展的作用。例如：当学生在跳箱上练习跪跳撑——向前挺身跳下这一动作时，完成这一动作技术的主要障碍不是技术，而是心理问题。练习者只有在克服了恐惧、担心等心理障碍后，才能有勇气向前跳下。这一动作对培养勇敢、果断的意志品质具有的独到价值。只有教师善于发现、善于开发体操运动的心理拓展价值，体操运动这一古老的传统运动项目一定能焕发青春，再现魅力。

第四，因人而异加强指导，提高身体素质。

由于体操动作技术繁多，技术有些较复杂，学生在学习动作技术的过程中，不可能一帆风顺，特别是身材高大或身体素质较差的学生，在学习动作技术时比较费劲困难，因此，很容易产生畏惧或自卑心理。针对这一情况，教师在教学中应从学生实际出发，承认差异，重视差异，采用不同的教学方法、手段，分不同层次促使学生分层达标，都能在自己的实际基础和水平上取得进步，得到发展。另外，表扬和鼓励是对学生的行为，是对学生取得进步给予的肯定性评价，能促使学生更大的进步。特别是对那些身体素质较差、技术动作掌握不好的学生，当他们取得点滴进步时，在给予肯定、表扬的同时再提出进一步要求，这样学生容易接受，能提高完成动作的自信以及增强学好这项技术的愿望。另外，体操教学应本着循序渐进的教学原则，从简到繁，从易到难，从单个技术到组合技术，并要加强力量、协调等素质练习；课上和课后对不同学生进行不同的个别指导，逐步提高他们的运动能力。教师应对每个学生的身体条件及技术水平都要做到心中有数，这样对消除学生学习的不利因素，增强学习信心是非常有益的。

第五，充分做好准备活动，加强对场地器械的检查。

练习前进行充分的准备活动是非常重要的，不做好准备，不仅影响运动学习效果，而且容易引起伤害，影响学习兴趣。因此，每个学生在锻炼前都必须做好准备活动。这是运动技术学习的开始，也是正常运动学习的保障。

在体操学习的练习前和练习中，都应严格检查场地器械，切莫大意。应检查场地是否平整，器械安装的好坏，器械的布置和安放是否合理，特别是技巧运动和器械体操的落地垫子间的接缝处是否并拢、垫子是否平整，下面是否有杂物，器械是否稳固，高度是否合适，器械周围是否有不安全因素存在，如器械周围是有其他物体、安排的跳马距前面的墙太近等，这些都是影响体操学习安全的因素，因此，教师和学生在体操练习时，应对场地器械认真检查，对其安全要充分重视。

总之，在体操教学过程中，只有通过各种灵活多样，切合实际的方法和手段，不断消除在教学过程中学生出现的各种不同的心理障碍，分层指导、分层达标，建立良好的师生、生生的信任，才能顺利完成体育教学任务，有效而安全地提高教学质量。

概述：课程改革新思想，发展个性增特长。一代新人求发展，身体素质需增强。田径是发展基础，促进生命有保障。体操是发展灵魂，人生价值数倍增。

(二十)如何认识和进行体育(与健康)课程学生学习评价

长期以来，我国教育教学的评价方法，由于受到应试教育的负面影响，评价体系始终存在着单一、片面的状况，虽然从新中国成立以来评价体系，做了多次改革，但还未能摆脱“应试教育”的框架，对学生的全面发展仍存在着许多不利因素。如评价过程没有考虑学生的个体差异，仍然用同样的评价内容、评价方法及评价标准来评价具有个体差异的学生；或只重视教师的单方面评价，忽略了评价主体的多元化；或只重视评价的结果，忽略了学生过程的评价；或只重视定量评价，忽略了定性评价：或只重视绝对评价，忽略了相对评价，等等。虽然应试教育的这种评价体系操作起来相对简单方便，但从多年的实践中观察到，这种评价方式不利于激发学生学习的积极性。那么，要如何改变这些问题呢？厦门市实验区一线教师通过几年的实践摸索已经总结了一些经验，下面介绍他们在小学、初中、高中三个学段学生学习评价的办法，以供教师参考。任课教师可以根据学校和学生的实际，制定更切合实际的学习评价办法。只在符合本校条件和学生特点的方法、才是好的评价方法。

1. 小学体育课程学生学习评价

小学 6 个年级的学生正处于长身体的发展过程，学生在身体条件、兴趣爱好和运动技能等方面存在着个体差异。要如何根据这种差异制定学生学习评价办法，并在教学中激发学生主动学习的积极性，这是一线体育教师所关注的重要问题。为做好小学生体育学习的评价工作，教师在课前要研究体育《课程标准》中对学习评价的基本要求，然后结合学校的实际，创造性地制定学生学习评价的办法，使评价能促进学生学习和进步。

(1)明确学习评价的目的。

小学生体育学习评价的目的，是让教师了解学生的学习情况与表现，以及达到教学目标的程度，同时判断学生学习中存在的不足及原因，并及时向学生反馈，为改进教学提供依据。为此，教师在制定评价方案之前，要正确认识学习评价的目的，这样才能做好此项工作。

(2)正确认识评价的重点。

以往体育课的学习评价是围绕运动项目的测试查找评分标准，然后确定体育课成绩。新课程的教学目标、评价内容方面与以往相比有了较大的变化，因此，在学习评价的重点方面也相应有所变化(见表 1)。

表 1　小学体育课程学习评价的重点

序号	不太强调	比较强调
1	评价与遗传因素相关较大的体能等	评价与教学过程较为相关的态度、行为等
2	评价体育知识的记忆	评价对体育知识的理解和运用
3	评价单个运动技术掌握的水平	评价运动技术的运用和运动参与程度
4	仅评价最终成绩	既评价最终成绩，又评价学习过程进步程度
5	仅由教师进行外部评价	学生在学习过程中的自我评价、互相评价和教师评价相结合

(3)学生学习成绩的评定。

体育课程学习成绩评定是对学生的学习表现以及达到教学目标的程度进行的判断与等级评定。教师在评定前，应先确定评定内容、评定标准，然后再确定评定方法。

①学习成绩评定的内容。

体能——选择的内容，与同一学习水平相关的体能项目。

知识与技能——选择的范围，对本学期体育健康知识的认识，科学锻炼的方法，体育技战术知识与运用能力，有关健康知识的掌握与运用。与同一学习水平相关的运动技能及运用情况。

学习态度——选择的内容，学生对待学习与练习的态度，以及在学习和锻炼活动中的行为表现。

情意表现与合作精神——选择的内容，学生在体育学习中的情绪、自信心和意志表现，对他人的理解与尊重，交往与合作精神。

②学习成绩评定的标准。

体育课程学习的评定应采用绝对性标准与相对性标准相结合的方法进行，如在体能成绩评定中可参考《国家学生体质健康标准》，或体育教学大纲评分标准，然后结合每一位学生的基础及提高的幅度进行评定。运动技能成绩的评定，可采用定量评定与定性评定相结合的方法进行。知识成绩的评定可采用口头评价等方法。

③学习成绩评定方法。

根据小学生年龄、学段的特点，体育课程学习成绩评定方法应有所差异。小学1～2年级可采用评语制，小学3～6年级可采用等级评定制，也可以将等级评定与评语式评定结合使用(见表2)。

表2　小学体育课程学生学习评价参考表

年级______　人数______　教师______　时间______

编号	评价内容	体能			知识与技能			学习态度			情意表现与合作精神			评语
	学习表现	好	中	差	好	中	差	好	中	差	好	中	差	肯定优点，指出不足，提出改进意见
1														
2														
3														
4														
⋮														

评语(示例)

________同学：

你在本学期篮球项目学习中，表现良好，不仅在运球技术上学得较好，而且在互助方面也表现突出。但是，作为一位6年级的小伙子，你在跑400米时的毅力还不够。希望下次跑400米时能提高自信心，老师等着你的行动，相信你一定能做到。

教师__________

年　月　日

④学习成绩评定的形式。

小学生虽然年纪小，但在评定时不仅要有教师参与，同时在教师指导下也要重视学生的自我评价和相互评价。

自我评定——学生对自己的运动技能、学习态度、情意表现与合作精神等进行的综合评定。

组内互评——学生对组内各个成员的运动技能、学习态度、情意表现与合作精神等进行的综合评定。

教师评定——依据学生的学习目标达成度、行为表现和进步幅度等，考虑学生自我评定与组内互相评定的情况，对学生的学习成绩的四个方面进行综合评定。

2. 初中体育与健康课程学生学习评价

当学生从小学进入初中学段时，刚开始要有一个适应过程，特别是初一年级的学生。由于这个年龄段的学生还带有儿童时期的心态，表现出好动、注意力容易转移。因此，教师在制定学习评价办法时，不能只停留在传统的几项测试上，应重点思考和选择一些能吸引学生学习的评价内容和评价方法，使学习评价能真正起到促进学生主动学习和进步的作用。

由于初中学生在体能、技能、兴趣、个性等方面存在着较大的差异，一些学生平时不用怎么努力，体能和运动技能成绩仍可达到优秀；还有一些学生“天分”素质较差，虽然平时非常努力，但成绩仍无法达到优秀(或良好的标准)。对此，根据《课程标准》的精神，结合学校的实际，制定初中学生体育与健康课程学习评价的办法，供教师参考。

(1)明确学习评价的目的。

初中学段，通过每学期对学生学习的评价，使教师能够了解学生的学习情况与表现，并及时反馈给每一位学生、班主任和家长，使之能共同关注孩子们的健康问题，同时也为教师制订下一学期的教学计划提供参考依据。

(2)正确认识学习评价的重点。

以往学生学习评价，主要以竞技技术和运动能力的考核结果来评定学生的体育课成绩，忽视了平时的出勤、学习态度和进步情况的评价。因此，给学习评价造成了一些不利的影响。新课程总结了以往存在的问题，提出了终结评价与过程评价相结合，强调了评价的公平性，既要有教师的评价，也要重视学生参与的评价，尽可能使绝大多数学生通过自身的努力取得可喜的成绩。

(3)学习成绩评定的内容。

《课程标准》在水平四中提出了六类运动技能的基本要求(球类、武术、体操、舞蹈或健美操、田径、地域性运动项目)，各校可结合本校实际，每学年选择七项内容进行考试(其中三项体能、三项技能和一项知识)。每学期可选两项体能(或一项)一项技能(或两项)和一项知识进行考试。除此之外，每学期还应对过程性进行评定。

(4)学习成绩评定的标准与方法。

体育与健康课程学习的评定可分为终结评价与过程评价两个部分。终结评价可采用体能、技能的测试和知识的问卷考试办法，评价的标准可参考《国家学生体质健康标准》和体育与健康教学大纲评分标准。过程性评价可采用出勤、学习态度及技能与体能项目提高的幅度进行评定。评价之前，教师要制定评分细则，以便更好地操作。

学习成绩评定的方法可先采用结构性的定量评价(如体能、技能与知识的测试占 80 分，过程的出勤、学习态度和学习进步占 20 分)，然后统计总分确定等级(见表 3)。

表 3　初中体育与健康课学生学习评价参考表

班级______　人数______　时间______　教师______

编号	姓名	性别	知识与技能 40%				体能 40%					过程性评价 20%；出勤 10%、学习态度 5%、进步幅度 5%			总分	等级
						均分					均分	自评	互评	师评		
			分数	分数	分数	40 分	成绩	分数	成绩	分数	40 分					
1																
2																
3																
4																
5																
⋮																

(5)学习成绩评价的形式。

为培养学生的评价能力，《课程标准》提出了学生学习成绩评定，不仅要有教师参与，同时也要重视学生的自我评价和相互评价。操作时，教师可根据过程性评定的三项评价内容和 20 分值制定评分细则，然后设置学生自我评定、小组互相评定及教师评定的要求，使评价有依据，师生操作起来可互相督促。

3. 高中体育与健康课程学生学习评价

学生进入高中学段，不管是学习方式或是评价方式都发生了一些变化。《课程标准》规定了高中三年中，学生修满 11 个必修学分(含田径类项目系列必修 1 学分，健康教育专题系列必修 1 学分)方可达到体育与健康课程的毕业要求。为满足学生学习的需求，促进学生爱好与专长的形成，《课程标准》提出了每一学分 18 课时，旨在集中课时让学生更系统学习和提高运动技能。为适应学分制模块教学的需要，结合高中学生的实际情况，下面介绍高中学生模块学习评价的办法，供教师参考。

(1)明确学习评价的目的。

教师在制定学生学习评价办法之前，首先应明确评价的目的是为了更好地了解学生的学习状况，判断学生学习中存在的不足原因，以便及时改进教学策略，同时也向学生反馈学习情况，使学生心中有数，并更好地制定接下的学习目标。

(2)正确认识学习评价的重点。

传统的体育课程主要以运动项目测试成绩作为评价的主要依据，忽视了心理健康和社会适应两个方面的评价。为促进学生全面发展，新课程在学习评价方面加强了心理健康和社会适应这两个方面的要求。强调评价与教学过程较为相关的态度、行为等；强调评价对体育与健康知识的理解和运用；强调评价所选运动技术的运用和运动参与程度；强调评价过程，既评价最终成绩，又重视学习过程和进步幅度；强调评价时既有教师评价，也要有学生自评与小组互评相结合。

(3)学习评价的内容与方法。

根据《课程标准》的精神，高中体育与健康课程每学期至少安排两个模块的教学计划，学生每完成一个模块的学习，且成绩合格即可获得 1 个学分。高中体育与健康课程的学习评价先可采用结构性的定量评价，(如体能占40分，知识与技能占40分，过程性出勤、学习态度、进步幅度占20分)，然后再统计总分确定等级(见表4)。

表4　高中体育与健康课程学生学习评价参考表

年级________　模块________　教师________

编号	姓名	性别	原始班级	原始号	知识与技能40%				体能40%					过程性评价20%；出勤10%、学习态度5%、进步幅度5%			总分	等级
					分数	分数	分数	均分40%	成绩	分数	成绩	分数	均分40分	自评	互评	师评		
1																		
2																		
3																		
4																		
5																		
⋮																		

评价内容的设置分终结性测试和过程性评价两块。终结性测试可从模块教材内选择体能一项、技能一项，或体能两项(或技能两项)，然后通过测验、技能评定、成长记录等进行评价：知识方面的评价可结合在实践之中，也可采用问卷的形式进行考试。过程性评价内容包括出勤、学习态度、进步幅度等，教师可根据各项内容制定评分细则，然后由学生自评、小组互评及教师评定。

(4)学习评价的形式。

高中学生经过九年的体育学习，已经具备了较为扎实的知识与技能基础，有较强的分析问题、解决问题的能力。在学习评价中，教师应积极指导，根据过程性评价的要求，制定评分细则。鼓励学生进行自我评价与小组相互评价，使评价既能发现自己的进步，从而体验成功带来的快乐，又能了解自己的不足之处，以便进一步改进学习方法。

4. 结束语

厦门市实验区中小学在新课程学习评价方面进行了较有效的改革，改变了过去“不考虑学生个体差异，用统一的评价标准来评价不同水平、不同身体条件的学生”；改变了过去“只重视教师单方面的评价，忽视了评价主体的多元化”；改变了过去“只重视评价的结果，忽视了学生过程的发展”；改变了过去“只重视定量评价，忽视了定性评价”；改变了过去“只重视绝对评价，忽视了相对评价”。使评价能为教师了解学生学习情况，发现不足，找出原因，以便改进教学策略和方法；使评价能为学生反馈学习和激励进步，而不是甄别和选拔。因此，体育教师应转变教育观念，正确理解“健康第一”的指导思想，在实施学生学习评价时，应选择正确的评价方法，积极探索新的评价模式，使学习评价能达到促进学生学习和发展。

概述：评价突出发展性，个性人性要鼓励。评价重点过程化，情感欲望需齐发。评价中心激励性，不是选拔和鉴定。评价方法多样化，定性定量全面发。

主要参考文献

1. 天津市教育教学研究会. 教学科学词苑. 1999 年版.

2. 体育(与健康)课程标准研制组. 全日制义务教育体育(与健康)课程标准解读. 武汉: 湖北教育出版社, 2002 年版.